地藏本願經

經法研探及地藏法門對照表

忉利天宮神通品第一
如是我聞。一時佛在忉利天。為母說法。
爾時十方無量世界。不可說。不可說。一
切諸佛。及大菩薩摩訶薩。皆來集會。讚
歎釋迦牟尼佛。能於五濁惡世。現不可思
議。大智慧神通之力。調伏剛強眾生。知
苦樂法。各遣侍者。問訊世尊。是時如來
含笑。放百千萬億大光明雲。所謂大圓滿
光明雲。大慈悲光明雲。大智慧光明雲。
大般若光明雲。大三昧光明雲。大吉祥光
明雲。大福德光明雲。大功德光明雲。大

黃勝常——編著

南無本師釋迦牟尼佛

南無地藏菩薩摩訶薩

目錄

整編組的話

黃老師經常回顧自己從一九九一年發願學佛以來，繞了不少彎路，跌了許多跤。有時掉進一個坑裡，很久爬不出來，直到初步認識地藏菩薩摩訶薩，可以信託交付我們的憂擾，並得到回應後，這個問題才開始解決。

二〇〇〇年的八月，黃老師在地藏菩薩摩訶薩的加持護念下，開講《地藏本願經》，並於二〇〇一年出版《地藏本願經白話講解及地藏法門》。

回想當時，同學們雖然都相信這是一本面臨生老病死苦時急需要一讀的書，但是卻不認為自己當下就有這個「急迫需要」，所以雖然有參與整理工作的興奮，卻對地藏菩薩摩訶薩的深誓大願力和真實救拔力，以及地藏法門的殊勝，沒有正確地認識，感受不深，更沒有足夠的感激。

二〇〇三年，當黃老師準備帶領同學們做《占察善惡業報經》中，地藏菩薩摩訶薩教導的「悔過發願法門」時，發現大家的資糧不足。最重要的是，我們一定在過去對三寶和地藏菩薩摩訶薩造過大不敬的惡業，以至對地藏菩薩摩訶薩，存在著許多的不解和錯誤的認識。

還有一個重要的原因，就是當時同學們對佛陀和地藏菩薩摩訶薩所說的——此時此土的一切眾生，都是「剛強難化習惡罪苦眾生」，還不服氣。總認為自己是「好人」、「善人」，起碼是「不錯的人」，「雖有過失，但心地還算善良的人」，又已是「學佛的人」……。

於是，黃老師在二〇〇四年五月，把《地藏本願經》又做了一次深入、細緻的開示。把「我是誰」、「地藏菩薩摩訶薩是誰」、「誰歸依誰」的正確基本立場和目標，重新校正，並且把這個重新認識，一品一品地做了「法要補充」，囑咐同學們將來有再版的因緣時，一定要把這些重新認識和補充，落實在再出版的內容裡，為「立信」累積資糧。

更在二〇〇五年四月，親自撰寫了：「學習《地藏本願經》的十個重點」，連同原先撰寫的三篇讀經前的「祈禱文」，和讀經後的「偈」和「讚」，幫助我們端正學習的立場、觀點、方法，以確保大家能與這部深入淺出、難信難解的經典相應，受到真實的惠利。

二〇〇五年七月和二〇〇六年的一月，黃老師兩度中風。對這兩次中風，黃老師一直很感激。認識到是地藏菩薩摩訶薩對他的「疼愛」，讓他有機會「真實地」親近地藏菩薩摩訶薩，跟地藏菩薩摩訶薩「求救」，並很快有了親身「被救」的經驗。

黃老師經常提醒我們「佛法無諍」，因為沒有人能以「說服」來讓任何人立信。

每個人只有拿自己的生命來做「實驗」，也就是我們都必須經過幾次親身向地藏菩薩摩訶薩「求救」，並且「被救」的真實經驗，再勇敢誠實地去對照自己以往以及其他眾生「自救」的成果，看看哪一條路才是真正「趨吉避凶、離苦得樂」之路，這樣「果因相應」，方能立信。

隨著參與實驗「求救」、「被救」的同學和朋友增多，「數據」也越來越豐富，越來越細緻。只要有實驗結果和資料，黃老師一定幫著大家作總結和提升，進一步與佛法相應。

於是，「個案」不再是個案，變成大家都可以受到真實惠利的「緊急求救法」、「五步親近供養地藏菩薩法門」和「學習親近供養三寶和地藏菩薩摩訶薩法式」。還有原本為了方便不識字的同學念誦、求救而編寫的「十二句稱念法」，也廣為流布開來。黃老師也把自身怎麼遠離病痛，乃至讓病痛作為覺悟資糧的心路歷程——「九句病痛稱念歌」，在二〇〇九年六月往生前及時布施，跟大家分享。

每每念到十多年來，參與學習親近供養地藏菩薩摩訶薩，拿自己生命中所發生的種種情況來做實驗，為佛陀所說的真理來作證、取證的同學們、朋友們，個個勇敢誠實、認真堅持，讓我們在感激之餘，對一直沒有能夠把黃老師開示的重新認識和補充，儘快地整理出來廣為流布，倍感不安。

黃老師往生後，同學們彼此之間的互動多了起來，但在痛失大善知識的驚愕和各人尚未被降伏的惡業力中，出現了嚴重的溝通障礙，造成各種人事物上的傷毀，讓我們陷入極大的痛苦和惶恐。幸虧我們還有那麼一點相信「作善獲福、為惡受殃、自造自受」的基本因果法則，想到：如果我真的是像自己所認為的那麼正確，那麼好意，那麼為什麼我這麼苦？經常這一念，給了自己一個在苦時，就立刻回頭向地藏菩薩求救的機會。

在一次次的向地藏菩薩摩訶薩求救、被救中，對自己是「剛強難化習惡罪苦眾生」服氣了，也作證、取證了地藏菩薩摩訶薩「不罪不罰、只幫只救、不離不棄」的救拔是真實的，因為自身受到了實際的惠利，對於去重新整理經典，同學們的心也比較踏實了。

去年（二〇一四年）的五月，我們在求地藏菩薩和黃老師的加持護念中，在主編——心力同學（吳江南女士）的帶領下，開始了這項重新整理、校訂的工作。

這次在出版形式方面，決定分成四個單元：「祈禱求救」的小冊子、讀誦本、白話講解、經法研探和地藏法門。其中除了小冊子的設計，為了方便隨身攜帶學習應用，並可於緊急求救時，受到立竿見影的實際惠利外，其他三個單元放在一個匣子裡，這樣可以輕便的分開來閱讀，也可以方便的對照閱讀和學習。

內容方面，除了黃老師叮囑的重新認識的開示和補充，是必要的增訂，以及將多年來，大家一起學習親近供養地藏菩薩摩訶薩，求救被救、作證取證的心得感受，更明確地落實在字裡行間外，其它的部分還是保持二〇〇一年的版本，大部分沒有變動。

就在我們一品一品的重新學習，討論、整理、修訂到第三輪的「經法研探」時，心力復發的癌症更嚴重了，癌細胞蔓延到肺部、骨頭乃至腦部。但是只要體力允許，他仍堅持主持每一次的討論，即使在往生前的兩個禮拜，在家人和醫生的勸說下住院了，還讓我們把稿件帶到病房工作，繼續幫我們把關。

臨終時，心力還一再地讚歎：「地藏菩薩摩訶薩真的太靈了！我現在幾乎全身都是癌細胞，但是身上一點都不痛，躺在這個病床上，有如躺在地藏菩薩懷裡的感覺，好安心！」

心力生病時的願望是「不要受癌症的疼痛，要活在地藏菩薩的身影裡，往生在地藏菩薩的懷抱中」。他往生前不要靠醫藥來續命，以一心奔向地藏菩薩的決心，一直神志清醒，也沒有受到疼痛的折磨。最後在稱念聖號及誦經聲中如願的往生。讓陪伴在心力身邊的親人們、同學們，再一次感受到地藏菩薩摩訶薩慈悲救拔力的真實，也幫助了我們對地藏法門更生信心。

感動之餘，我們更願和讀者們一起，通過對這本經解和法要的學習，與地藏菩薩摩訶薩結緣、結深緣，一起在生活、生命中，得到寬慰，解開迷悶，遠離驚恐，如願的離苦得樂，乃至自在解脫。

南無地藏菩薩摩訶薩！

整編組　敬上

二〇一五年十月

讀《地藏本願經》前的祈禱文

釋

我今至心憶想遙擬：

惟願我今翻開《地藏本願經》，猶如親身參與當時忉利法會。親炙本師釋迦牟尼如來、地藏菩薩摩訶薩，及諸菩薩摩訶薩之教誨。

願我現在讀誦此經，猶如佛菩薩、地神、閻羅天子，以及鬼王，親口為我說法開示。

願我與諸善知識，所開示之法，至心相應——一心相應、勇猛相應、深心相應。

願我恆常讀誦此經，信受奉持，憶念不忘，護令不失，流佈將來，廣度有情。

願以讀誦此經功德，與地藏菩薩摩訶薩，深結法緣。

願以讀誦此經功德，迴向我久被覆藏之智慧覺性——迴向阿耨多羅三藐三菩提。

願以讀誦此經功德，迴向十善業道。

願以讀誦此經功德，迴向一切罪苦眾生、一切十方六道眾生。

願以讀誦此經功德，迴向過去無量生死——願我及一切眾生，速得依此經功德，除滅無量劫來，十惡、四重、五逆、顛倒、謗毀三寶、一闡提罪。

願以讀誦此經功德，迴向＿＿＿＿，願令＿＿＿＿依此經功德，速得除滅惡業重罪，離諸一切障礙、一切苦厄，現得安隱。

惟願我及＿＿＿＿以及一切眾生，速疾皆得，地藏菩薩摩訶薩，哀憐垂愍、慈悲攝受、救拔提升、開示化導。

為臨終者或四十九天內新近命終者，讀經前的祈禱文

頭面頂禮地藏菩薩摩訶薩雙足之前！

恭敬供養地藏菩薩摩訶薩！

回歸依止地藏菩薩摩訶薩！

唯願＿＿＿＿以及一切新近命終者，速得地藏菩薩摩訶薩緊急救拔！

唯願地藏菩薩摩訶薩以慈悲、方便、無畏神通力加被我等，我等已發願為＿＿＿＿以及一切新近命終者，讀誦《地藏本願經》，欲以救拔此人於大苦難之中！

唯願地藏菩薩摩訶薩以慈悲、方便、無畏神通力，加被＿＿＿＿以及一切新近命終者，令其勇敢誠實，面對此前所造一切身、口、意三種惡業之十種惡行：

殺生、偷盜、邪婬；妄語、兩舌、惡口、綺語；貪欲、瞋恚、邪見等罪，悉發慚愧懺悔之心，除滅業障。

唯願地藏菩薩摩訶薩以慈悲、方便、無畏神通力，加被＿＿＿＿以及一切新近命終者，令其和善柔軟，寬恕放過一切怨親仇敵，除滅業障。

唯願地藏菩薩摩訶薩開解＿＿＿＿以及一切新近命終者，救拔＿＿＿＿以及一切新近命終者，引領＿＿＿＿以及一切新近命終者，免受大痛苦，令其勿墮地獄、畜生、餓鬼等三惡道，令其受生人天高處，令其生生世世追隨地藏菩薩。

南無地藏菩薩摩訶薩！

南無地藏菩薩摩訶薩！

南無地藏菩薩摩訶薩！

祝願文

我三寶弟子＿＿＿＿＿＿，於地藏菩薩摩訶薩像前，以至誠至敬之心，發此宏願，願曰：

南無地藏菩薩摩訶薩！

南無地藏菩薩摩訶薩！

南無地藏菩薩摩訶薩！

願我及一切眾生，常受持讀誦《地藏本願經》；

願於受持讀誦此經中，深解諸佛菩薩真實義；

願護持此經，及地藏法門，直至此土一切罪苦眾生，皆得度脫；

願我累世父母、夫妻、兄弟、姐妹、子女、眷屬，以及此土一切罪苦眾生，皆依此經功德而得救度；

願一切諸佛剎土，有地獄處，一切罪苦眾生，皆依此經功德而得救度；

願一切時、一切處、一切眾生，與我同發誓願，皆得地藏菩薩，大願威神力加持，皆蒙惠利，出離五無間獄、出離一切大小地獄、出離三惡趣、出離六道輪迴、出離三界火宅、出離生死苦海，永離一切八苦，依如來正教、如來方便（註）修行，共登佛地，共證佛果，共享真常、真樂、真我、真淨之大涅槃；

願隨地藏菩薩，至彌勒菩薩成佛以來，度盡此土一切罪苦眾生；

願以此願，接引地藏菩薩大願威神力，加持於我；

願我依地藏大願威神力，具足圓滿成就此願；

願以此願功德，恭敬供養三世諸佛、恭敬供養三寶、恭敬供養地藏菩薩摩訶薩；

願以此願功德，迴向三世十法界一切有情。

南無地藏菩薩摩訶薩！

南無地藏菩薩摩訶薩！

南無地藏菩薩摩訶薩！

（註）南無：梵名 namo，音「拿摩」，意譯「歸依」。

如來正教：四法印、四聖諦、十二因緣法、三十七助道品。

如來方便：六波羅蜜及慈、悲、喜、捨四無量心。

開經偈

無上甚深微妙法
百千萬劫難遭遇
我今見聞得受持
願解如來真實義

地藏本願經經法研探

忉利天宮神通品第一

（經文）如是我聞：

一時，佛在忉利天，為母說法。

爾時，十方無量世界，不可說不可說一切諸佛，及大菩薩摩訶薩，皆來集會。讚歎釋迦牟尼佛，能於五濁惡世，現不可思議大智慧神通之力，調伏剛強眾生，知苦樂法。各遣侍者，問訊世尊。

（經法研探）我們知道，釋迦牟尼佛從久遠劫來就不斷地在修行，以功成果熟故，於此世此土示現成佛，教化眾生。因此，佛陀絕不是被摩耶夫人創造（生育）出來的，她只是佛陀在人間示現受生的「最近因緣」。

儘管如此，佛陀還是要示現具足答報這個最近因緣，故為摩耶夫人說法。從這個緣起，引出貫穿本經的特點，就是「最近因緣」。

我們先從摩耶夫人看起，她是釋迦牟尼佛在娑婆世界示現受生的最近因緣。她死後所受生的忉利天（請見附圖一），正是與人道最接近的一天，也就是說，忉利天是人道向上受生的最近因緣。而若往下墮落受生的最近因緣，正是下三趣：餓鬼道、畜生道、地獄道。地藏法門正是救拔三惡趣並能令諸有情轉惡行善的直接對治。

是故，娑婆世界的人道，若要斷絕下三趣受生的最近因緣，更欲得生天上，乃至踏上成佛之路的最近因緣，皆當好好修學本經所示的「地藏法門」。

地藏法門是從聽聞地藏菩薩名號，稱呼地藏菩薩聖號，瞻仰地藏菩薩形像，思念地藏菩薩功德開始，這是娑婆世界眾生歸依三寶的起手式，更是踏上解脫路的最近因緣。

同時，地藏法門的精神正是地藏菩薩的大願威神力。此大願，不只是娑婆世界的一切有情，想要究竟離苦得樂的最近因緣，更是一切佛剎土的諸天菩薩乃至一切眾生，欲共證佛果的最近因緣。

在本經中，佛陀曾多次付囑地藏菩薩，如第二品中言：「令娑婆世界至彌勒出世以來眾生，悉使解脫，永離諸苦，遇佛授記。」身處末後世、娑婆世界的我們，正是娑婆世界至彌勒菩薩出世以來的罪苦眾生，正是要被地藏菩薩「頭頭救拔」的對象。因此，

無所有處天　　非想非非想天

六道——天道、人道、阿修羅道*、餓鬼道、畜生道、地獄道

天道（共有二十八天）

三禪三天　　四禪九天

福生天

少淨天　　福愛天　　無熱天

無量淨天　　廣果天　　善見天

遍淨天　　無想天　　善現天

無煩天　　色究竟天

化樂（自在）天　　他化自在天

忉利天

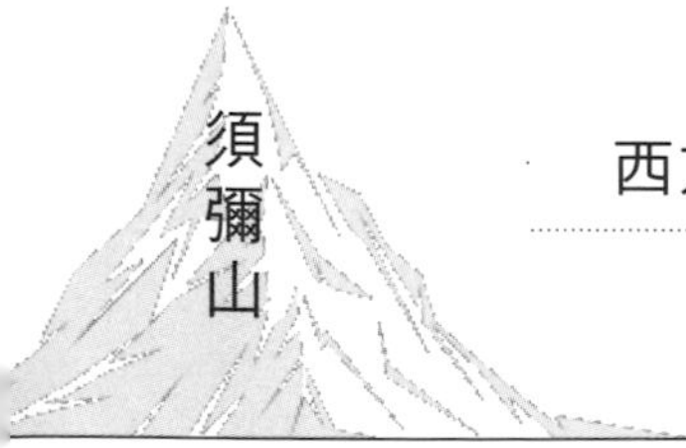

西方廣目天　　北方多聞天

星辰

四大海水

人道

三惡道

洲、北俱羅洲

*阿修羅道化身於五道之中

世界

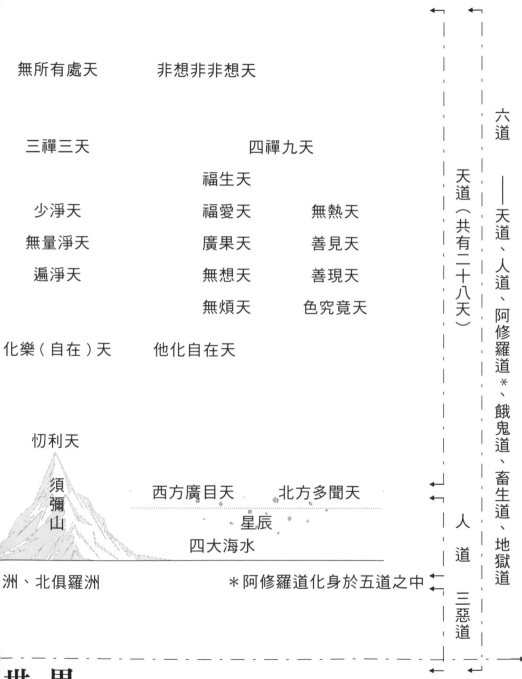

附圖一：娑婆世界與三界、六道的關係簡圖

三界——欲界、色界、無色界

無色界

空無邊處天　識無邊處天

色界

四禪天：初禪三天　二禪三天

梵眾天　少光天

梵輔天　無量光天

大梵天　光音天

欲界

六欲諸天

須焰摩天　兜率陀天

四天王天：東方持國天　南方增長天

日　月

四大洲

人四洲：東勝身洲、南贍部洲（南閻浮提）、西

三惡道：餓鬼道、畜生道、地獄道

娑婆

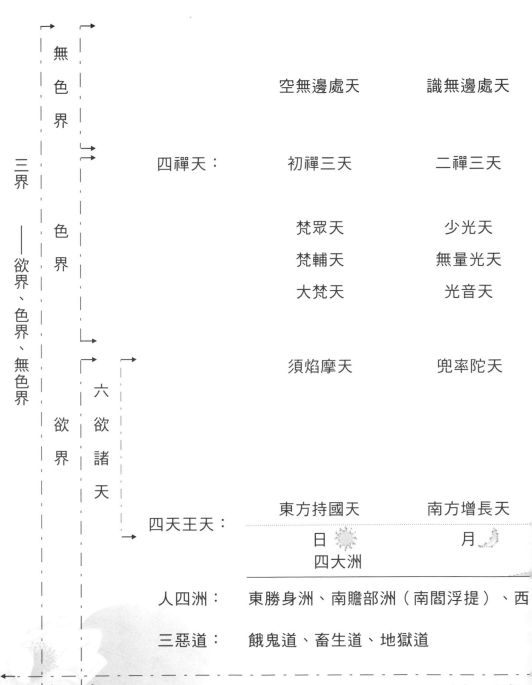

本經不只對與會大眾說，更對我們說，所以，我們也正是此經的最近因緣。

因此，佛陀為三世十方一切有情開啟無量佛緣，引發心中的無量善根和無邊佛性，故借摩耶夫人這個最近因緣，開此地藏法會，引出了一切眾生畢竟成佛的最近因緣。

此段經文還有一個重點就是，不管在哪個佛剎土的佛和大菩薩，都親自趕到這場法會，還各派侍者向釋迦牟尼如來問訊，齊聲讚歎世尊功德。諸佛如來及諸大菩薩的這個示現，到底是要告訴我們什麼？

當我們想到阿彌陀佛時，他的身量是那麼高大，有六十萬億那由他恆河沙由旬，佛壽無量，他所在的極樂世界是那麼光明快樂，乃至沒有女人以及下三趣。釋迦牟尼佛身量短小，佛壽八十，正法住世五百年，他所在的娑婆世界，此時被稱作「五濁惡世」，他所教化的眾生被形容作「剛強難化」。

我們不禁要問：同樣是佛，為什麼彼此差這麼多？是不是他們的功德，有的大、有的小？我們起這樣的疑惑，正是不平等心在發作，邪曲地妄自分別，這個佛比那個佛強、別的佛比這個佛好。

我們要知道，一切十方三世諸佛都是平等的。什麼平等？佛性平等、功德平等、智慧平等、慈悲平等、神通平等，都無有高下。因為，他們全都是法身佛的分身，只是為了度化不同世界、不同時代的眾生，必須以眾生業力所能召感到的形象來示現。因此，無論是哪個佛，都在示現無量無邊的功德、智慧、神通之力。

在《維摩詰所說經・香積佛品第十》中提到：「如世尊釋迦牟尼佛，隱其無量自在之力，乃以貧所樂法，度脫眾生。」因此，世尊為了要度脫此土剛強難化眾生，必須要隱蔽他那無量的尊貴，示現如此短小短壽身。

此次法會，以如是隆重開場，正是給娑婆世界的有情，有機會認識到釋迦牟尼如來無量無邊的功德、智慧、神通之力。

（**經文**）是時，如來含笑，放百千萬億大光明雲。所謂：大圓滿光明雲、大慈悲光明雲、大智慧光明雲、大般若光明雲、大三昧光明雲、大吉祥光明雲、大福德光明雲、大功德光明雲、大歸依光明雲、大讚歎光明雲。

（**經法研探**）雲是普覆、能遮、能做安隱，也還有普照一切的意思。此處，世尊渾身所放出的光明雲，能普覆、普照一切眾生心，正是所謂的「佛光普照」。

從這些光明雲的名稱來看，它們沒有任何顏色，也不是什麼肉眼看不見的X光、遠紅外線，更沒有任何具體的象徵。因此，絕不是能用眼、耳、鼻、舌、身所去感受的色、聲、香、味、觸。

這些所謂的大圓滿、大慈悲、大智慧、大般若、大三昧、大吉祥、大福德、大功德、大歸依、大讚歎，正是佛陀所釋放出來的「法」。這些法只能用心意識直接去感應。

因此，這些光明雲又叫做法光明雲或法雲，這正是佛功德。諸大菩薩中，唯有十地菩薩才具有此「法雲功德」，因為，十地菩薩位又稱為法雲地（請見《華嚴經‧十地品》）。

（經文）放如是等不可說光明雲已，又出種種微妙之音。所謂：檀波羅蜜音、尸波羅蜜音、羼提波羅蜜音、毘離耶波羅蜜音、禪波羅蜜音、般若波羅蜜音、慈悲音、喜捨音、解脫音、無漏音、智慧音、大智慧音、師子吼音、大師子吼音、雲雷音、大雲雷音。

（經法研探）這種種微妙之音，從名稱來看，除了師子吼、大師子吼、雲雷、大雲雷是形容聲音的威武、雄壯、震撼人心外，其餘的皆與音量的大小、音波震幅、聲音的品質無關。其中，從布施波羅蜜到喜捨正是十波羅蜜多，再加上解脫、無漏、智慧、大智慧，所代表的正是「法」。

佛陀所釋放出來的如是微妙之音，正是法音。此法音不由語言、文字、音聲、調子來表達，更不是超聲波。它完全不屬於聲塵，因此，沒辦法用耳根去接觸聲塵來聽，只能用心意識去感應。

我們來體會一下什麼是法音？回顧十九世紀末的印度，當時整個印度是又窮困、又落後、又無知，再加上原來的種姓制度，就把印度分成四個無法團結乃至互相輕賤的階級，同時，又被英國殖民主義踩在腳底下。

面對這些只能淪落作次等民的現實，聖雄甘地是如何領導印度人民站起來，乃至不費一兵一卒、一炮一彈，讓印度獨立？

甘地領導的「不合作運動」，提出不少理論和說法，從尼赫魯總理一直到全體印度人民並不很能理解，但是，所有的印度人、英國人乃至全世界對真理有擔待的偉人，都被甘地所示現出來的光明、正直、善良所感召。這份感召，不是甘地的文章、語言、音聲，正是念念導向真理的「法音」。

（經文） 出如是等不可說不可說音已，娑婆世界及他方國土，有無量億天龍鬼神，亦集到忉利天宮。所謂：四天王天、忉利天、須焰摩天、兜率陀天、化樂天、他化自在天、梵眾天、梵輔天、大梵天、少光天、無量光天、光音天、少淨天、無量淨天、遍淨天、福生天、福愛天、廣果天、無想天、無煩天、無熱天、善見天、善現天、色究竟天、摩醯首羅天……乃至非想非非想處天。一切天眾、龍眾、鬼神等眾，悉來集會。

（經法研探） 世尊放出的法光明雲和微妙法音，所起的作用好比是打板撞鐘集合，所有無量的天龍八部受到感召，全都趕來參加法會。

本法會進行到此，能感應到世尊所釋放的法雲及法音的會眾，正是十方無量佛剎土的諸佛、諸天菩薩以及天龍八部。由此可見，能與法雲及法音相應，必須是具有一定的功德、智慧、神通者。

（經文） 復有他方國土，及娑婆世界，海神、江神、河神、樹神、山神、地神、川澤神、苗稼神、晝神、夜神、空神、天神、飲食神、草木神，如是等神，皆來集會。

復有他方國土，及娑婆世界，諸大鬼王，所謂惡目鬼王、噉血鬼王、噉精氣鬼王、噉胎卵鬼王、行病鬼王、攝毒鬼王、慈心鬼王、福利鬼王、大愛敬鬼王，如是等鬼王，皆來集會。

（**經法研探**）地藏法會開場到此，會眾已全部到齊。會眾之齊備，除了人道和下三趣眾生以外，十方無量諸佛剎土的一切有情都來參加。

既然，法會會眾來自十方無量諸佛剎土，本經當然就是為三世十法界一切有情而說。但是，這裡還是有個重點：在空間上指向娑婆世界，在時間上指向末法時期，在對象上指向人道。換句話說，《地藏本願經》正是為此土此世的我們而說。

我們正屬娑婆世界、末法時期的人道。在這個特別的時空交會點，各個神祇跟鬼王對我們有很大的影響力，並有直接的互動關係。因此，才要特別介紹神祇和鬼王。

無論是神祇或鬼王，都跟我們一樣，皆是色、受、想、行、識所和合的五蘊身，都有喜、怒、憂、思、悲、恐、驚之七情，更為善業、惡業召感而行事。又因其法力遠大於人，故能依「作善獲福，為惡受殃」（見《未曾有說因緣經》）這條善惡因果律，去獎勵善人和懲罰惡人。

他們對人道共同的願望是，不要因作惡而墮落到下三趣，乃至能因作善而得生人、天兩道，享受福德，常處安樂。因此，他們共同護念人道，企圖軌範人道走上止惡行善的道路。

我們先來看看海、江、河、川澤（湖），草木、山林、苗稼、大地……等，都為人類帶來資源，都在福利人類。可是，我們貪心大作，把能長期福利人類及畜生道的資源，一下子變賣成眼前近利。

這顆貪心，讓臭氧層破了個大洞，如是會讓地球的溫度慢慢增高，這將使北極冰帽融化，冰山開始移動，對著太平洋跟大西洋推進。到那時，全球的溫度會大幅下降，更不用說在北邊，那將是天寒地凍、一片冰霜。

到那個時候，地球將進入一個新的冰河時期，大地萬物盡皆銷毀。這等於是海神、江神、河神、樹神、山神、地神、川澤神、苗稼神、晝神、夜神、空神、天神、飲食神、草木神……等，衝著人類集體的貪、瞋、癡三毒一齊收手不管了。

接著來看看諸大鬼王，他們共分兩類——

一類專管「為惡受殃」。遇到有人為惡，就降災、降難給他。遇到有人為善，就遠離他，不去傷害他。經文中提到的惡目鬼王、噉血鬼王、噉精氣鬼王、噉胎卵鬼王、行病鬼王、攝毒鬼王，即屬此類。

另一類是專管「作善獲福」。遇到有人為善，就會福利他。遇到有人為惡，就不再利益他。經文中提到的慈心鬼王、福利鬼王、大愛敬鬼王，即屬此類。

以攝毒鬼王為例，他是掌管各種毒物對我們的侵犯，我們被毒侵犯的傷毀程度，也歸他管。像有些人對火蟻、蚊子、蜘蛛……等特別敏感，一被咬就得送醫院，明明中毒的程度，對一般人來說根本沒事，可是對他來說就是有事。還有，就是對藥物敏感，雖說「逢藥三分毒」，有些藥物的毒對一般人沒事，但對藥物敏感的人來說卻是大毒，誤食之後就得送醫院急救。

而所謂的敏感不敏感、中毒的深淺，取決於中毒者的傷害心。這顆傷害心的大或小，就能召感出攝毒鬼王降災的重或輕。

再以大愛敬鬼王為例。若是有人對三寶、諸佛菩薩、善知識、善友、修行人和一切賢善人有愛敬心的話，大愛敬鬼王就會護念他。假如原本有愛敬心，後來卻消失了，大愛敬鬼王就不再護念他。如果他心中還對三寶起惡的話，就會覺得跟善知識、善友等格格不入，如是就歸依不上僧寶，接著就歸依不上僧寶所傳的正法，結果就不能依正法去見佛。

在初步了解神祇跟鬼王的職掌後，就不難去體會，應當如何跟他們互動。例如，當我們認定：我跟某某人良性互動，他就能福利我，因此，絕不會隨便去得罪他，更不用講，碰上了黑道大哥大，更是不敢得罪他。當我們摸清楚跟人互動的關係後，那該如何跟神祇、鬼王互動，也就有個數了。

總之，我們不要用愚夫愚婦的迷信，去諂媚鬼神、去害怕鬼神，應該要從智慧的角度來認識鬼神。當我們了解到，鬼神是來護念我們的，就應當學會彼此尊重，停止自害害他的惡性互動，開啟自利利他的良性互動。

當然，從佛法的究竟義來看，正是「萬法盡空」，什麼神、鬼都沒有。若論「自心萬法具足」，這一切神、鬼都在我們一心之中，都是由我們善業、惡業所召感出來的。

但若不能降伏自心，我們的心依舊狹劣，因而不能把神鬼認領回來的話，那一切就都在外面。當神、鬼都屬於客觀世界，是那種掌握了既能福利人、又能懲罰人的大法力者，那我們就得要好好持戒，老老實實地止惡行善吧！

當我們能如是認識神、鬼，以及神、鬼跟我們的互動關係，就等於開始不從迷信的角度，而是依智慧來學習本經。此智慧正是承地藏菩薩大願威神力加持而出，欲令末後世的我們能正確地來信受奉持此經，如是方得真正惠利。

（經文）爾時，釋迦牟尼佛，告文殊師利法王子菩薩摩訶薩：「汝觀是一切諸佛菩薩，及天龍鬼神，此世界，他世界，此國土，他國土，如是今來集會到忉利天者，汝知數不？」

文殊師利白佛言：「世尊！若以我神力，千劫測度，不能得知。」

（經法研探）如來各個法會，都有主講人和主持人。法會裡的這兩個主角，一個問難、另一個就答難，好比說對口相聲裡的兩位演員，一個逗哏、引出笑料，逗聽眾笑；另一個捧哏、增益幽默效果。

釋迦牟尼佛的法會有個規矩，若是大乘經典的法會，通常是以菩薩為上首，等於是法會的主持人。本經乃大乘經典，故此地藏法會的主持人，就由如來法王之子——文殊師利菩薩來擔任，而主講人有時是釋迦牟尼佛，有時是地藏菩薩。

文殊師利菩薩乃是與佛等位之大菩薩，他們兩位的功德、智慧、威神之力是一樣的。因此，世尊也不必問文殊師利，文殊師利也不必回給世尊聽，他們倆的這場對話，對彼此、對會眾裡的諸佛大菩薩來說，都是多餘的。

其實，這段對話主要是說給我們末世眾生聽的，也就是，這次法會會眾之多，實在盛況空前，此乃是諸經、諸法會所不見的。由此，要我們注意這次法會的重要性。

又，這一品從開始，就描述十方無量世界、無量諸佛菩薩摩訶薩，都來參加忉利天的這次法會，他們都是佛陀以他的「根聚法門」聚來的。佛陀又聚來百千萬種大光明雲，以及無量微妙之音；又聚來各天鬼神，乃至眾鬼王等。這些會眾，都是地藏菩薩摩訶薩已度、當度、未度；已成就、當成就、未成就的眾生。佛陀在一念間，把他們統統聚來了。

佛陀問文殊師利，這些從各方聚集來的會眾，汝知數不？文殊師利說，以我神力，盡一千劫來數，都數不盡！佛陀說，我用佛眼來看也都數不盡。

這裡，佛陀向一切會眾示現六根聚的力量，有多麼地大；再示現地藏菩薩摩訶薩的不可思議威神力有多大、功德有多大！已度者都成為諸佛菩薩了；現度、當度者，都在天龍八部中，這些眾生，誰都數不清有多少。這兩個示現，是要讓一切眾生知道，六根的善聚力，以及地藏菩薩度眾之神力，連諸佛菩薩都要前來擁護、讚歎。

我們在讀這部經時，雖然我們見不到那些光明雲，也聽不到那些微妙音，但我們要憶想遙擬、心神嚮往，朝這方面去觀想。因為我們也希望能聚來種種善相，雖然不能像如來那樣，在瞬間就聚來一切善相，但我們朝這方面去想、去聚，就是善業的開始。若依我們現在，還沒有至心歸依地藏菩薩、歸依三寶，以惡心聚來的果相，都是惡相。所以讀這段經時，心要朝光明微妙的方面去觀想。

（經文）佛告文殊師利：「吾以佛眼觀故，猶不盡數。此皆是地藏菩薩久遠劫來，已度，當度，未度；已成就，當成就，未成就。」

（經法研探）本段的重點是：在這個宇宙、十方無量阿僧祇世界裡，只要是個有情，就跟地藏菩薩脫不了關係。脫離不了什麼關係？地藏菩薩所代表的深誓大願力。

我們光看看，地藏菩薩已度脫了一切十方佛剎土的諸佛與諸大菩薩，成就已經那麼大了，但地藏菩薩到現在還以《地藏本願經》來度我們。不只如此，地藏菩薩還要度盡娑婆世界的罪苦眾生，直到彌勒菩薩成佛（請見本經第二品）。

換句話說，我們勢必依地藏菩薩的大願威神力，終究得度。

還有個如來秘義就是：在三世十法界裡頭，任何一個有情要想終究得度、畢竟成佛，都得靠「願力法」，才能成就。

我們自心願力法對外投影的最大極致，就是地藏菩薩的深誓大願。換句話說，當我們能跟地藏菩薩同發大願的話，即受地藏大願威神力加持，終必與地藏菩薩及一切罪苦眾生，共登佛地、共證佛果，共享真常、真樂、真我、真淨之大涅槃。

（經文）文殊師利白佛言：「世尊！我已過去久修善根，證無礙智，聞佛所言，即當信受。小果聲聞，天龍八部，及未來世諸眾生等，雖聞如來誠實之語，必懷疑惑，設使頂受，未免興謗。唯願世尊，廣說地藏菩薩摩訶薩，因地作何行、立何願，而能成就不思議事？」

（經法研探）文殊師利菩薩了了見到眾生心之所疑：「三世十方無量阿僧祇世界的有情，想要成就，真的都得要跟地藏菩薩的大願結緣，難道沒有一個能例外嗎？」同時，文殊師利菩薩更見到眾生如對此起疑，將為此謗佛，故代表大眾問法。

的確，若要解開這個疑問，得依佛眼遍觀，地藏菩薩從久遠劫來，在因地上發了什麼願，做了哪些事。

若有人初發阿耨多羅三藐三菩提心和滅度一切眾生的大乘願，他就是大乘修行人，此即狹義的「因地」。在因地上，若能具足圓滿地持好十善法戒，如是就有資糧實發阿耨多羅三藐三菩提心和大乘願，此乃地前菩薩，又叫因地菩薩。因地菩薩若能修行布施波羅蜜多，而能遠離五種怖畏，得柔順法忍，則進入初地菩薩位（見《華嚴經・十地品》歡喜地）。

換句話說，狹義的「因地」有四個階段：第一是凡夫受持「十善法行」，第二是大乘修行人，第三是因地菩薩，第四是初地菩薩。

而在因地必須要發的願是：阿耨多羅三藐三菩提心，滅度一切眾生的大乘願，此即地藏大願。在因地上該做的事是：持十善法戒，修行布施波羅蜜多。

廣義的「因地」是指：從地前菩薩位一直到第十地菩薩位，都叫因地，示現成佛，才達「果地」。

在本經本品及第四品，介紹了地藏菩薩兩男、兩女的前世：長者子、小國王，婆羅門女、光目女，他們各在什麼樣的因緣底下，在因地發了什麼樣的願，才能成為後來的地藏大菩薩。

（經文）佛告文殊師利：「譬如三千大千世界所有草、木、叢、林、稻、麻、竹、葦、山石、微塵、一物一數，作一恆河；一恆河沙，一沙一界；一界之內，一塵一劫；一劫之內，所積塵數，盡充為劫。地藏菩薩證十地果位已來，千倍多於上喻，何況地藏菩薩在聲聞、辟支佛地？

文殊師利，此菩薩威神誓願，不可思議。若未來世，有善男子、善女人，聞是菩薩名字，或讚歎、或瞻禮、或稱名、或供養、乃至彩畫、刻鏤、塑漆形像，是人當得百返，生於三十三天，永不墮惡道。

（經法研探）這就是地藏菩薩所示現的地藏大願威神力。以下接著介紹地藏菩薩的兩個前世。

（經文）文殊師利，是地藏菩薩摩訶薩，於過去久遠不可說不可說劫前，身為大長者子。

時世有佛，號曰：師子奮迅具足萬行如來。時，長者子，見佛相好，千福莊嚴，因問彼佛：『作何行願，而得此相？』時，師子奮迅具足萬行如來告長者子：『欲證此身，當須久遠度脫一切受苦眾生。』

文殊師利，時，長者子因發願，言：『我今盡未來際，不可計劫，為是罪苦六道眾生，廣設方便，盡令解脫，而我自身方成佛道。』以是於彼佛前，立斯大願，于今百千萬億那由他不可說劫，尚為菩薩。

（經法研探）我們來看看：這位長者子原本只是愛戀欽慕佛陀的相好，為什麼他會為了這個相好，而發這麼大的願呢？

長者子聽佛開示，如此的善果正是由如此的善因、善緣而成就的。「因」是發無上菩提心，發滅度一切眾生的大乘願；「緣」是於無量億劫中，去救拔苦難眾生的菩薩行；「果」是成佛，得佛陀相好。此因、緣、果俱善，他都至愛，故才發弘誓願。

假如，有人一心只想要如來的相好之果，對這至善的正因和正緣沒有興趣的話，就很容易會跟著天魔波旬走。因為經上說，當佛示滅、正法過後，天魔也能現佛的卅二相、八十種好。因此，只想要求果善，不願求因、緣、果三者俱善的人，就很容易墮入魔的陷阱，歸依了魔。

這位長者子，不只愛相好，更愛能得此相好的正因、正緣，以及比「相好」更大、更深的功德果報，故發弘誓願，久遠劫行菩薩行。以致於今，經過了無量億劫，他還在當菩薩，救拔苦難眾生，然其功德已能成佛，卻不取佛位。

這就是地藏菩薩所示現的大願第一，於一切無量佛剎土中，為一切菩薩之表率。猶如觀世音菩薩，是以大悲第一；文殊師利菩薩是以智慧第一；普賢菩薩是以大行第一；彌勒菩薩是以大慈第一示現。

（經文）又於過去不可思議阿僧祇劫，時，世有佛，號曰：覺華定自在王如來，彼佛壽命四百千萬億阿僧祇劫。像法之中，有一婆羅門女，宿福深厚，眾所欽敬，行住坐臥，諸天衛護。其母信邪，常輕三寶。

是時，聖女廣說方便，勸誘其母，令生正見。而此女母，未全生信。不久命終，受生至無間地獄。

時，婆羅門女，知母在世，不信因果，計當隨業，必生惡趣。遂賣家宅，廣求香、華，及諸供具，於先佛塔寺，大興供養。見覺華定自在王如來，其形像在一寺中，塑畫威容，端嚴畢備。時，婆羅門女，瞻禮尊容，倍生敬仰，私自念言：『佛名大覺，具一切智。若在世時，我母死後，儻來問佛，必知處所。』

（經法研探）婆羅門女這種「賣家宅，大興供養」，功德甚大。

在《大般涅槃經》記載，佛示滅前，唯一接受了鐵匠純陀破家的最後供養。因此，純陀成就了初地菩薩主修的布施波羅蜜多，並得佛的讚美：「南無純陀，雖受人身，心如佛心，汝今純陀真是佛子。」此舉，令鐵匠純陀這個作為人的輕賤身，轉為佛陀之子的尊貴身。

這種為了供養佛和僧的破家供養，跟量力而為、行有餘力的財布施比起來，大大不同。因為，這種不留餘地的供養，就算下場是去討飯、甚至餓死，也都在所不惜，這麼一來，等於盡捨對一切世間三不堅法──身、命、財的希求心、攀緣心、爭鬥心。

以此一切盡捨的因緣，故能成就布施波羅蜜多，並克服五種怖畏，所謂不活畏、惡名畏、死畏、惡道畏和大眾威德畏，初步成就喜無量心及捨無量心的功德，立刻得入歡喜地，為初地菩薩（請見《華嚴經．十地品》）。

婆羅門女的「賣家宅，大興供養」即屬一切盡捨的供養。而為什麼婆羅門女能發這麼大的心呢？

因為，她「宿福深厚，眾所欽敬」。她的宿福正是前世為長者子時，曾在師子奮迅具足萬行如來座下，睹佛相好而發的大弘誓願，因此，她會「瞻禮尊容，倍生敬仰」，而且，還能感召來諸佛威神力的加持護念。

（經文） 時，婆羅門女，垂泣良久，瞻戀如來。忽聞空中聲曰：『泣者聖女，勿至悲哀。我今示汝母之去處。』

婆羅門女合掌向空，而白空曰：『是何神德，寬我憂慮？我自失母已來，晝夜憶戀，無處可問，知母生界？』

時，空中有聲，再報女曰：『我是汝所瞻禮者，過去覺華定自在王如來。見汝憶母，倍於常情眾生之分，故來告示。』

婆羅門女聞此聲已，舉身自撲，肢節皆損。左右扶侍，良久方蘇，而白空曰：『願佛慈愍，速說我母生界，我今身心將死不久。』

時，覺華定自在王如來告聖女曰：『汝供養畢，但早返舍，端坐思惟吾之名號，即當知母所生去處。』

時，婆羅門女尋禮佛已，即歸其舍。以憶母故，端坐念覺華定自在王如來。經一日一夜，忽見自身到一海邊，其水涌沸，多諸惡獸，盡復鐵身，飛走海上，東西馳逐。見諸男子、女人，百千萬數，出沒海中，被諸惡獸爭取食噉。又見夜叉，其形各異，或多手、多眼、多足、多頭，口牙外出，利刃如劍，驅諸罪人，使近惡獸，復自搏攫，頭足相就。其形萬類，不敢久視。

時，婆羅門女，以念佛力故，自然無懼。有一鬼王，名曰：無毒，稽首來迎，白聖女曰：『善哉！菩薩！何緣來此？』

時，婆羅門女問鬼王曰：『此是何處？』

無毒答曰：『此是大鐵圍山，西面第一重海。』

聖女問曰：『我聞鐵圍之內，地獄在中，是事實不？』

無毒答曰：『實有地獄。』

聖女問曰：『我今云何得到獄所？』

無毒答曰：『若非威神，即須業力。非此二事，終不能到。』

聖女又問：『此水何緣，而乃涌沸，多諸罪人，及以惡獸？』

無毒答曰：『此是閻浮提造惡眾生，新死之者，經四十九日後，無人繼嗣，為作功德，救拔苦難；生時又無善因，當據本業所感地獄，自然先渡此海。海東十萬由旬，又有一海，其苦倍此。彼海之東，又有一海，其苦復倍。三業惡因之所招感，共號業海，其處是也。』

聖女又問鬼王無毒曰：『地獄何在？』

無毒答曰：『三海之內，是大地獄，其數百千，各各差別。所謂大者，具有十八；次有五百，苦毒無量；次有千百，亦無量苦。』

（**經法研探**）這一段敘述地獄的經文非常重要。其中提到「本業所感」，此即，在不同的業力感召底下就會產生不同的知見。

當我們經歷生、老、病、死，成、住、壞、空以後，其中所造的善業、惡業會形成善業力、惡業力。它會推動著我們，改變了我們原先的所知、所見。這時，因我們造業的不同，就會遭遇到不同的景象（境界），譬如造善業的就進天堂，造惡深重的就會去那婆羅門女所見的地獄。

又例如，我們有位同學，以前吃什麼東西都嫌：這不夠鹹！那不夠辣！現在得了心血管病，醫生不許他吃鹽，結果一看到醬油燒出來的菜或辣菜，就如同見到毒藥一般。這正是由我們所造的業，改變了我們原先的所知所見，連我們原先最熟悉的客觀世界也改變了。

關於三重業海、十八大地獄、大鐵圍山指的各是什麼？

第一重業海由殺、盜、淫三種身業召感，是名身業海；第二重業海由妄語、兩舌、惡口、綺語等四種口業召感，是名口業海；第三重業海由憍慢邪見、貪欲慳吝、瞋恚嫉妒（或貪瞋癡）三種意業召感，是名意業海。被這三重業海所包圍的就是地獄（請見附圖二）。

要想一一突破這三重業海，進入地獄，得如經上所謂「自然得渡」，此即由身口意三業的惡業力推動，自然而然就進得去。所以，依惡業力故，待在第一重海的人，一定會進入第二重海，然後又一定會進入第三重海，然後就直入十八大地獄。

此十八大地獄是十八界互動的成果，此即眼、耳、鼻、舌、身、意六識，加上眼、

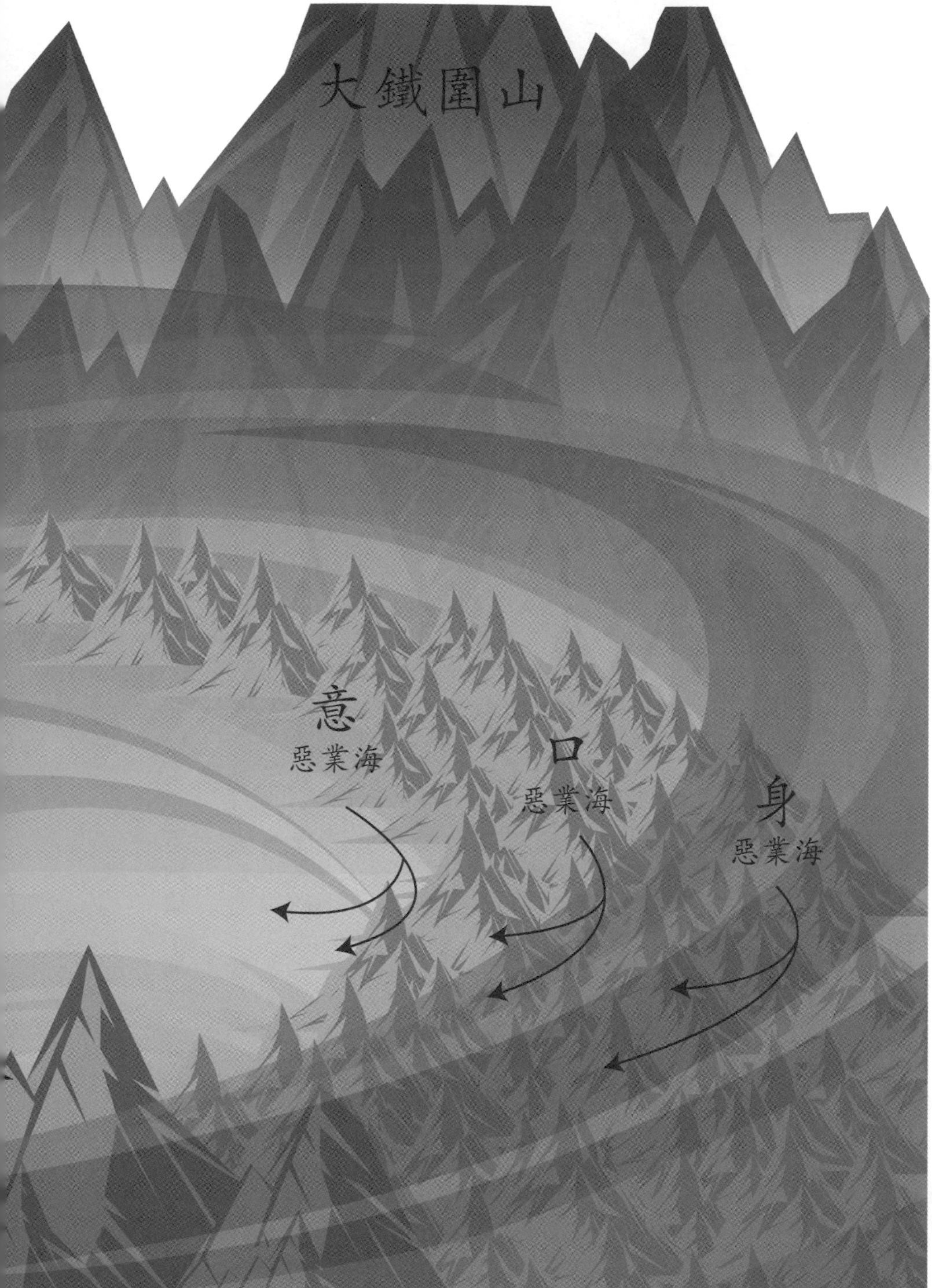
大鐵圍山
意
惡業海
口
惡業海
身
惡業海

附圖二：大鐵圍山與三重業海示意圖

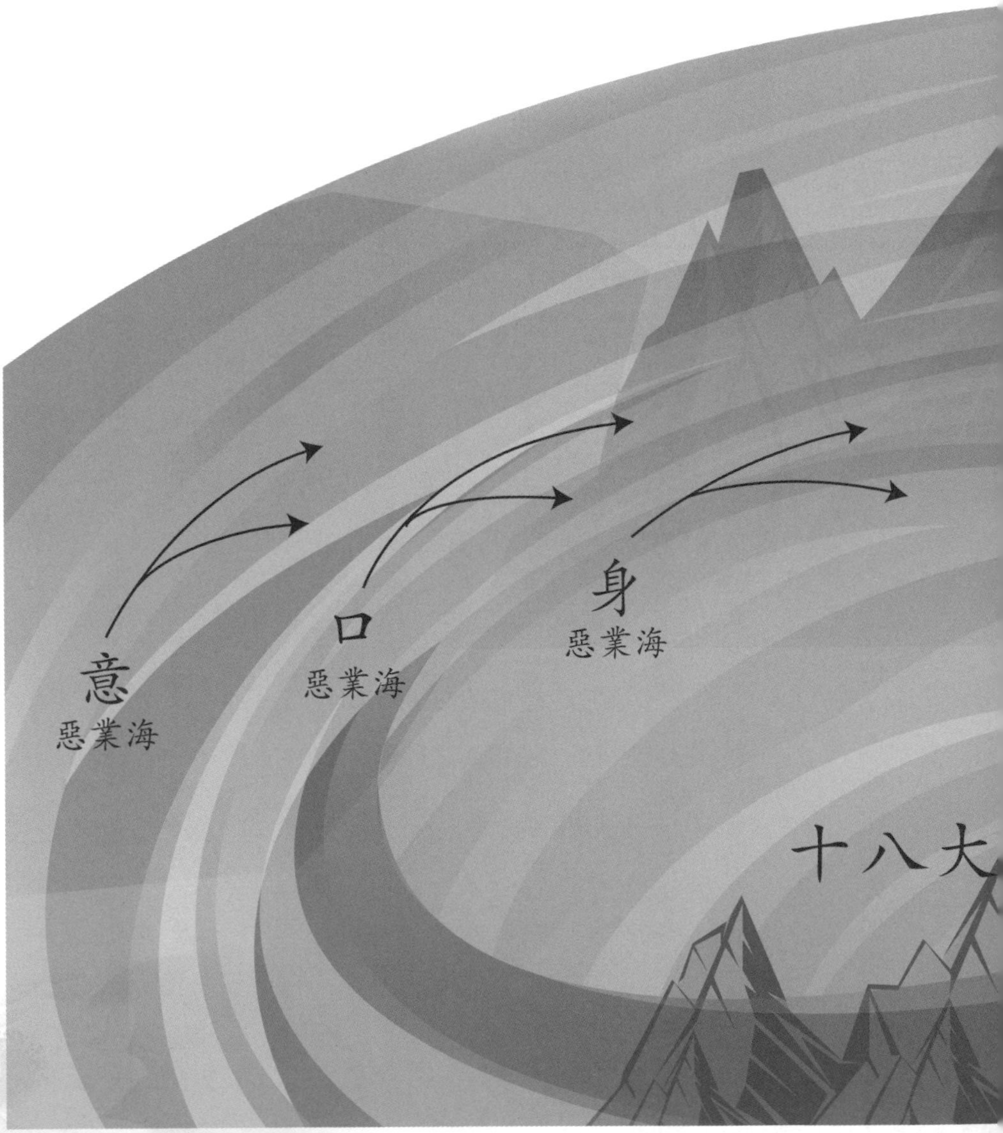

耳、鼻、舌、身、意六根，再加上色、聲、香、味、觸、法六塵，共成十八界。也就是使六識出六門（根）於六塵中雜染，如是雜染共成十八界。

十八界互動，造意業（憍慢邪見、貪欲慳吝、瞋恚嫉妒）；再由意業指揮嘴，造口業（妄語、兩舌、惡口、綺語），再由口業進展下去，去做這、做那，造身業（殺、盜、淫）。

一切有情就是如此「召感」出六道，「召感」出六道中所受的一切「八苦」。如果十八界不互動的話，不只沒有地獄，也不會有天、人、阿修羅、餓鬼、畜生。所以，三界、六道、二十五有都是因為十八界互動才產生（召感來）的。

十八界互動所體現的三種業行是相似相續生的，而大鐵圍山裡外的三重業海及十八大地獄，正是我們自心惡業呈現的全部內容。最外面的身業是有形有相，最容易看得到的，然後再往裡看一重、看到的是口業。而想要再看到意業就已經是很不容易了，更不用說想要一探那最裡面的十八界，簡直就是一團漆黑的黑洞，而這裡頭所受的苦是各式各樣的，苦毒無量。

然而，被這三重業海所包圍的十八界，不一定都是地獄，也可以是天堂，這個時候，外面所包圍的不再是大鐵圍山，而是金山、銀山、香山、寶山……，在這當中所呈現出來的都是比較美好的形相，所謂黃金為池、琉璃鋪地、七寶嚴飾、金色金光、青色青光、紅色紅光……。當然，那三重海不會像是地獄外海那樣的恐怖。

所以，這一段地獄景象的經文，正開示我們自心的大圖像。

這個自心的大圖像，可以是地獄，也可以是天、人、阿修羅、餓鬼、畜生各道。每一道的外圍各有其大山，如金山、銀山、香山、寶山、目真鄰陀山、黑山、大鐵圍山……，接著各有其三重業海，業海之內就是各道十八界互動的景象。這正是整個六道的大圖像。

各道外圍的大山正是該道的極限，各道眾生不只出不了這座大山，更衝不出十八界、三重業海。除非等到死了以後，中陰身才能衝出十八界、三重業海，從各道各自的「大圍山」突圍而出。

可是，中陰身為黑暗所逼迫，急於找到新的住所，就急著在業力的促動下，趕去六道中的某一道去受生，於是，就衝進某一道的「大圍山」內，渡過三重業海（往世善惡之業）奔向那為業力所限制的受生因緣去受生。在那裡，十八界一互動，又繼續造業，加深了三重業海，然後，又發現自己被困在裡面出不來。

假如我們受生在地獄，那該怎麼辦呢？光是第一重海就有那麼多的苦、那麼多的惡，越到裡面就越苦、越惡、越黑暗，一路直逼十八大地獄時，就碰到了這自心中完全揭不動的黑蓋子，想掀開來看，太可怕了，不願也不敢去看。

在這分分秒秒的煎熬大苦之中，三重業海圍困中的十八界，只能按一定軌律去加速造作，如是一來，這三重業海就變得更深、更寬，使得外面的大鐵圍山就變得更緊、更高，結果，在這黑地獄中被困的是更加逼迫無暇。

這個時候該怎麼辦？

在理論上，如果我們能在地獄入真正的禪定，就能拆地獄。因為，這地獄還是由我們自心的十八界，以極大傷毀的惡念所造作出來的。換句話說，整個地獄的基本結構圖，正是我們傷毀心大作的圖像。若能入於禪定中，熄止一切傷毀心，即能拆除自心地獄。

可是，在這個情況底下，要想入定、要閉六識鎖六門不染六塵，還要能正觀察、正思惟，是非常難的，可以說是根本完全入不了定的。就光是我們現在處在人道，想要入定都很難，就算有所謂的「禪定」，也多是空心靜坐，更不用說，下地獄還能入得了禪定了。

因此，只能回歸依止地藏菩薩的深誓弘願，誠心祈請地藏菩薩救我，以他的大願加持力、救我出離這難熬難忍的地獄之苦，以此真誠的知苦、怖畏、厭離、慚愧、懺悔之心，地藏菩薩即來營救。

此時，地藏菩薩披著六波羅蜜多鎧甲、大願甲冑、慚愧鎧甲、慈悲鎧甲深入地獄，救拔一切地獄眾生。地藏菩薩示現大神通力，讓此刻的受苦眾生入於禪定，暫時離開逼迫，覺悟到一件事情：這個永無止境在受苦的地獄是可以出得來的。

於是，發起厭離地獄的願。這正是一切地獄眾生若欲得救的第一步。

本段經文中的山與海雖然只是象徵，而象徵歸象徵，到後來都會變成真有其事。以我們的夢境為例，裡頭的人、事、物雖僅只具有象徵意義，但在夢中，萬相具足，還是會紮紮實實地去受。

我們來看看那個很難醒過來的連續惡夢，雖然夢境已不記得，但光看醒過來後，那個形容憔悴、滿臉淚痕的模樣，就知道剛才的夢境是如何地悲慘、恐怖。

想。

佛陀看我們正是在一場場醒不過來的夢境之中，連天堂、地獄都是一場場的顛倒夢

像地獄這場惡夢，就是很難醒過來的連續惡夢。因為，下地獄後很難爬得出來，就算爬出來了，也只先爬到餓鬼道，然後再跌入畜生道，再爬到人道，好不容易受生為人，生得六根不全、盲聾瘖啞、貧賤愚癡，光看這個模樣，就知道大概是剛從地獄爬出來。

因此，我們當於這場地獄惡夢中，趕緊生起知苦、怖畏的心思，並趕緊剎住車，讓十八界不要再這樣造作下去了。

如《維摩詰所說經》言：「佛以一音演說法，眾生隨類各得解。」佛開示這段經文，就端看我們用什麼樣的福報善根，用什麼樣的願力，就能夠聽到什麼東西。

若要聽到如來的秘密義，這正是如來要告訴我們的。如果我們的福報善根不夠、願力不夠，就聽不到如來所宣說此法的奧義，只能把心住在：這地獄景象好可怕，只能「於相著相」，永遠開啟不了如來秘密之藏。

所謂的「業力召感」，如果我們見到自己墮入地獄的話，那正是因為以極重的惡業

所召感來的；如果我們要能開啟如來秘密之藏的話，也要因為有很大的善業來召感。若無精進修行的善業，若無大願力修習的善根，就進不了這個如來秘密之藏。

若能如是學習此段地獄法，就是能與如來秘密之藏做初步的相應。

（經文）聖女又問大鬼王曰：『我母死來未久，不知受生至何趣？』

鬼王問聖女曰：『菩薩之母，在生習何行業？』

聖女答曰：『我母邪見，譏毀三寶。設或暫信，旋又不敬。死雖日淺，未知生處。』

無毒問曰：『菩薩之母，姓氏何等？』

聖女答曰：『我父，我母，俱婆羅門種。父號：尸羅善現，母號：悅帝利。』

無毒合掌啟菩薩曰：『願聖者，卻返本處，無至憂憶悲戀。悅帝利罪女，生天以來，經今三日。云承孝順之子，為母設供修福，布施覺華定自在王如來塔寺。非唯菩薩之母，得脫地獄，應是無間罪人，此日悉得受樂，俱同生訖。』鬼王言畢，合掌而退。

（經法研探）這一段的奧義告訴我們：天堂、地獄都在我們一心之中，當我們破家供養，就把一切對世間的攀緣、希求、爭鬥心給捨棄掉了，這等於就把心中最黑暗的地方給拆掉了、給滅度掉了。

我們心裡最黑暗的地方叫做「無間地獄」。我們的心原本很大，等同三世十法界，而這最黑暗、最黑暗的地方就正是無間地獄。

所以，以這樣廣大地一切盡捨，必能捨掉我們自心的無間地獄，同時，也把我們過去造的無間重罪的眾生眾死（無量前世）也一次全部解脫出來，這無量的無間罪業，正體現在我們所見得到的那些關在無間地獄裡面的眾生。

這是因為三世平等故，過去的並沒有過去，未來的已來，現在即是當下。在佛陀的知見裡，是沒有時間的，因為時間是假的，是我們顛倒計較的心造作出來的。因此，才能以一切盡捨的辦法，最快速的拆掉這無間地獄。

婆羅門女以這樣破家供養，當然還加上了她前世所發大願，以及所有的善業、功德，以此匯合的功德智慧力，就把自心的無間地獄給拆掉了。由於，一切無間地獄眾生都生天受樂，說明了破家供養的偉大功德。

只要能拆掉地獄，就能把所有的地獄眾生都放出來，這也就是把我們自己以往百劫千生所造的無間重罪都滅度了，於是，地獄也消失了。

所以，這都是在一心之中的作用：同一顆心可以造很大的惡，墮到無間地獄，也可以造很大的善，拆掉無間地獄。所以佛陀說：「制心一處，無事不辦」。（請見《遺教經》）

（經文） 婆羅門女，尋如夢歸，悟此事已，便於覺華定自在王如來塔像之前，立弘誓願：『願我盡未來劫，應有罪苦眾生，廣設方便，使令解脫。』」

佛告文殊師利：「時，鬼王無毒者，當今財首菩薩是。婆羅門女者，即地藏菩薩是。」

（經法研探） 婆羅門女到底參悟到了什麼事，而發大弘誓願？

我們先回到這段故事的前面。婆羅門女向佛問她母親的生處時，其實佛已經知道，她母親因為她破家供養，早就離開無間地獄而生天堂了。可是為什麼佛不直接告訴婆羅門女，讓她安心回家，卻還要安排她去了趟地獄，見那些慘不忍睹的地獄景象？

當時的婆羅門女，糾纏在喪母之慟的哀情中，早已忘失她前世作為長者子所發之大願。而今再度與佛結緣，乃因其前世之善根，睹佛相好，故能破家供養，一心向佛祈禱，而有此見佛之因緣。

然而，佛乃「應供」，能歡喜隨順眾生心之所欲，做最殊勝的答報。因此，佛不直接告訴她母親早已生天的消息，反而，隨順婆羅門女的思母之情，令其在三寶威神力的加持護念底下，去了趟地獄。

當她知道由於她破家供養，讓她母親及一切無間地獄的罪苦眾生都能生天，但沒過多久，卻又有這麼多的無間罪人，墮入無間地獄受諸劇苦。她了解到一件事情：如果要確保她母親與其他被救者不再墮地獄，只能盡拆一切地獄，救出一切地獄罪苦眾生。

這正是婆羅門女參悟到的事，同時，這也正是佛對婆羅門女的供養所做最殊勝的「應供」。因此，婆羅門女在佛前立弘誓願，再度堅實、加強她前世、作為長者子所發之本願。

以上地藏菩薩兩個前世的「因地作何行，立何願」，正好為《華嚴經・十住品》初發心住的菩薩行願做證。經文上說，菩薩初發心的因緣有：「此菩薩見佛世尊形貌端嚴，色相圓滿，人所樂見，難可值遇，有大威力……或見眾生受諸劇苦……」。

其中，大長者子正是「見佛世尊形貌端嚴，色相圓滿，人所樂見，難可值遇，有大威力」，故依師子奮迅具足萬行如來所教，發起大願。而婆羅門女正是在佛的護念下去了趟地獄，「見眾生受諸劇苦」，才有機會發起大願。

由此可見，如來之大覺力一直護念地藏菩薩累世以來所發之大願，令其不斷地重發大願，實乃一切諸天菩薩之中，大願第一的表率，因此，故能依此行願，成就救拔一切罪苦眾生的無量無邊功德。

分身集會品第二

（經文）爾時，百千萬億不可思、不可議、不可量、不可說、無量阿僧祇世界，所有地獄處，分身地藏菩薩，俱來集在忉利天宮。

（經法研探）各位有沒有想過，除了這一生，我們還曾活過多少次？

不可量、不可數次。所以我們經歷過不可量、不可數、無量阿僧祇的時間和空間。也就是說，我們經過無量阿僧祇世界，也入過無量阿僧祇世界的地獄。但我們把這些無量百劫千生的經歷，都埋藏在所謂「潛意識」的意識海（三界業田）中。

這個意識海跟宇宙一樣大。宇宙有多大？時間空間的極限有多大？宇宙和時空都無限，因此我們意識的黑洞也是無限的，其中無所不包，包藏無量地獄和天堂。但不要忘記，我們經過的每個世界，都有一個分身佛在；我們經歷的每一個地獄，也各有一個分身地藏菩薩在。

我們每次能出地獄，都是因為地藏菩薩的威神力，而他的威神力來自他的大誓願力。如果我們沒有地藏菩薩的大法力，就出不了地獄，而在離開三惡趣之後，能夠繼續往上提升，則是靠佛的威神力。這些經歷都在我們的意識海裡，但我們已不復記憶。

我們學第二品，就是發願要把蘊藏在我們意識海中無量阿僧祇的時間、無量阿僧祇的世界、無量阿僧祇的地獄、無量阿僧祇世界中，佛的分身和地藏菩薩的分身，統統認領回來。

因為我們意識海裡本來就具有：無量的天堂、無量的地獄、無量的時間空間，無量的佛、菩薩、辟支佛、阿羅漢和無量的六道眾生。當這個無量無邊像個大黑洞的意識海，一旦被佛性的光明照亮時，就不再叫無明的意識海了，也不再叫三界業田，改名叫如來功德藏，又叫如來法身。

因此，我們要知道，這意識海裡一直有無量的佛，在度化無量的眾生；有無量的地藏菩薩分身，在救拔無量的地獄眾生和下三趣的惡業眾生。

（經文）以如來神力故，各以方面，與諸得解脫，從業道出者，亦各有千萬億那由他數，

共持香、華來供養佛。彼諸同來等輩，皆因地藏菩薩教化，永不退轉於阿耨多羅三藐三菩提。

是諸眾等，久遠劫來，流浪生死，六道受苦，暫無休息。以地藏菩薩廣大慈悲，深誓願故，各獲果證。既至忉利，心懷踴躍，瞻仰如來，目不暫捨。

（**經法研探**）這一品再次介紹，從一切世界有地獄處，來到忉利天集會的分身地藏菩薩，有無量百千萬億之多；還有那些過去流浪生死，而今得到解脫、從業道出來的眾生，雖然還沒有成菩薩、成佛，但依地藏菩薩深廣的大誓願力，而各獲果證，他們都來到忉利天和佛見面。這些眾生是靠著兩個力量來的：一個是跟著地藏菩薩來的；一個是如來神力聚來的。這兩個力量實際是一個力，不是二。

《占察善惡業報經》中佛陀讚美地藏菩薩──以「本願自在力，權巧現化，影應十方……普遊一切剎土，常起功業。」地藏菩薩可以把所有剎土中被他功業攝化的眾生，統統帶來。我們不要忘記佛陀說：地藏菩薩「於五濁惡世，化益偏厚」。我們要利用這個特權，得到他「偏厚」的化益，也要此土其他眾生，得到他「偏厚」的化益。

在我們得到三業清淨善相之後，很可能被地藏菩薩，帶到某一天或另外一個佛土去見佛。雖然我們自己沒有這個神通力，但依地藏菩薩廣大慈悲力和神通力，這是可能的。就像這些「諸得解脫，從業道出者」，還沒有得大菩薩位，靠自己的力量是來不了忉利天的，他們跟著地藏菩薩摩訶薩修行，獨修「地藏法門」，不修其它法門。這批人在當時被如來威神力加持，統統到忉利天來見佛，也見到其他無量諸佛和菩薩們。所以，自己的力量雖然微弱，但依地藏菩薩和如來神力，仍然可以跨越無量無邊恆河沙世界，到達任何佛土。

（經文）爾時，世尊舒金色臂，摩百千萬億不可思、不可議、不可量、不可說、無量阿僧祇世界，諸分身地藏菩薩摩訶薩頂。

（經法研探）此時，釋迦牟尼佛回歸為法身佛，再化作無量分身，將佛的手分成無量阿僧祇數量的手，可以同時摩無量地藏菩薩的頭頂。地藏菩薩有多少分身，釋迦牟尼佛就化成多少釋迦牟尼佛的分身。

（經文）而作是言：

「吾於五濁惡世，教化如是剛強眾生，令心調伏，捨邪歸正，十有一二，尚惡習在，吾亦分身千百億，廣設方便：或有利根，聞即信受；或有善果，勤勸成就；或有暗鈍，久化方歸；或有業重，不生敬仰。

（經法研探）所以什麼樣的人會成修行人？什麼樣的人會成菩薩？什麼樣的人會成辟支佛？什麼樣的人會成阿羅漢？什麼樣的人會上天堂？什麼樣的人會下地獄？都要看我們根器的利鈍，業障的輕重，願力的大小，來決定和佛法相應的程度。相應好的往上升；不太好的努力掙扎使不下墮；實不相應的，就墮地獄。

（經文）如是等輩眾生，各各差別，分身度脫。

或現男子身，或現女人身，或現天龍身，或現神鬼身，或現山林、川原、河池、泉井，利及於人，悉皆度脫。或現天帝身，或現梵王身，或現轉輪王身，或現居士身，或現國王身，或現宰輔身，或現官屬身，或現比丘、比丘尼、優婆塞、優婆夷身，乃至聲聞、羅漢、辟支佛、菩薩等身，而以化度，非但佛身獨現其前。

（經法研探）世尊說，他以無量分身，在五濁惡世教化剛強難化眾生。他教化的方法，不光是以佛身示現，也以種種人間尊貴身形、乃至鬼神身、「無情」身示現，如山林、川原、河池、泉井。什麼是我們的「應受化業」，佛陀就示現什麼身。

就如《大般涅槃經》中的五百餓鬼，見到恒河的水是流火，饑渴難熬卻不敢喝，直到佛改變了他們的餓鬼心，才見到恒河水原來是清澈可口的。所以客觀世界中的「無情」，也可以是諸佛、諸大菩薩的分身，前來方便度化眾生的。

同經《梵行品》中，也記載了一段事跡：世尊要入首波羅城，度化長者盧至。外道邪師尼犍，心懷恐懼，因此挑撥恐嚇城民，讓他們將叢林砍盡，並在流泉、清水、井池裡丟滿了糞便，企圖阻止佛陀入城。當佛陀到了城外，「不見一切樹木叢林，唯見諸人，莊嚴器杖，當壁自守。見是事已，尋生憐憫，慈心向之。所有樹木，還生如本，復更生長其餘諸樹，不可稱計。河池井泉，其水清淨盈滿其中，如青璃。生眾雜花，彌覆其上。變其城壁，為紺琉璃。」城民們被佛陀的慈悲所感動，於是跟著長者盧至，來到佛前，佛為他們說法，「令彼諸人，皆發阿耨多羅三藐三菩提心」。

我們自己的善根福報愈大，根器愈明利，願力愈大，覺性愈易調發，與佛陀教化的相應程度也愈大。能夠與佛作最大相應時，佛所說法與所現神通方便，我們就會心領神會，明白到原來地獄的鬼，也是佛菩薩的化身，是來度化我們的。

假如我們罪業深重、根器暗鈍，就不能和佛相應，就只能和菩薩相應，再下來就只能和辟支佛或阿羅漢相應，再下來就只能和善男子、善女人相應，乃至和天、神、龍相應，最差的只能和地獄中的鬼相應。

因此，百劫千生以來，我們是和不同的人事物相應，被不同的人事物教化、度脫著。這些不同的人事物，有的是正面教員，有的是反面教員。

根器福報好的，受正面教員的教化，如佛、菩薩；根器差的，就只有受天龍鬼神的教化；最差的只好受鬼的教化，被叉到刀山油鍋裡去，例如惡人們只能受少年感化院或監獄的教化。

佛如同教育部長，乖孩子進最好的學校，作亂不聽話的送感化院，但兩者都歸教育部管理，由教育部長統領。

我們百劫千生以來，隨時都受著佛的教化，只是我們看不懂。所以佛性（覺性）的體現，會有不同的形象，完全取決於我們相應的程度。

但是佛陀現在退居「後台」，示現度化我們的就是地藏菩薩摩訶薩，而他不一定以地藏菩薩的無邊身，或三十二相、八十種好來度化我們，他也可以化現為畜生或鬼神身。譬如《未曾有說因緣經》「野干和丘井」的故事中，那個丘井就是諸佛菩薩的化現，野干若不掉在丘井裡，它就不得救度；掉到丘井裡，它就受化得度。所以丘井就是野干的「應受化業」——受化得度之處，否則它還要再當畜生、餓鬼，到地獄去輪轉多少劫，才出得來。

我們所見的一切客觀世界，都不外是「幻化」的示現；我們所見的一切眾生，也都是「幻化」的示現。這個幻化示現是依「有願、有覺」而成就的？還是像我們一樣，是「不願、不覺」的幻化示現？

所以一聲「南無地藏菩薩摩訶薩！」有無邊大神通力。如果我們能把一切的幻化示現，念出一些「願」、一些「覺」來的話，它本身就是教化、救拔我們的力量。

假如我們在受苦時，或見到一些恐怖相、邪惡相、逼迫相時，能興起一些「覺力」和「願力」，那就有不可思議的神力效果，因為分明是地藏菩薩化成鬼身、無情身來救拔。問題是我們願不願意讓佛菩薩來救？

同理，假如我們下地獄，見到拿叉子來叉我們的惡鬼時，能叫出一聲「南無地藏菩薩摩訶薩！」，就可以把夜叉化成地藏菩薩摩訶薩的分身、化身。所以一切眾生跌到地獄，都還有救。

佛教的地獄和宗教的地獄不一樣。宗教的地獄，是因為眾生得罪了神，神瞋恨他，要懲罰他，所以把他打下地獄。佛教講的地獄，是眾生以惡心自造自受，自己營造出來的，自己惡業召感來的。佛陀不造地獄，佛陀更不瞋恨眾生，只想救拔眾生，而且以種種不同的方法，去救拔種種不同的眾生。所以百劫千生以來，我們都受到過不同的救拔，只是已不復記憶了。

何況我們通常在遭遇困境時，自己的「兩把刷子」和幾把「算盤」就拿出來，開始抗拒打拼，這一抵制就麻煩了，就和前來救拔的「應受化業」敵對起來。假如你我跌到丘井下，還會想起地藏菩薩摩訶薩嗎？丘井是我們的落難處，也正是得救處。見到凶惡恐怖的眾生，包括無常大鬼、夜叉、羅剎，都是救拔者，我們能作這樣聯想嗎？能記得起呼喚「地藏菩薩摩訶薩」嗎？

（經文）汝觀吾累劫勤苦，度脫如是等，難化剛強，罪苦眾生。其有未調伏者，隨業報應，若墮惡趣，受大苦時，汝當憶念，吾在忉利天宮，殷勤付囑：令娑婆世界至彌勒出世已來眾生，悉使解脫，永離諸苦，遇佛授記。

（經法研探）這樣看來，「劫火燒海底，風鼓山相擊」（請見《法寶壇經．機緣第七》）都是地藏菩薩的方便法門，能令所有地獄眾生，沒有任何東西可以希求、攀緣、爭鬥。當地獄眾生一切盡捨時，也就捨了地獄，因此能升四禪天，作天人。地藏菩薩是住不可思議解脫大菩薩，是與佛等位的大菩薩，故有此慈悲大能力，所以佛將這個最艱難的任務就交付給了他。

（經文）爾時，諸世界分身地藏菩薩，共復一形，涕淚哀戀，白其佛言：「我從久遠劫來，蒙佛接引，使獲不可思議神力，具大智慧。我所分身，遍滿百千萬億恆河沙世界。每一世界，化百千萬億身；每一身，度百千萬億人，令歸敬三寶，永離生死，至涅槃樂。但於佛法中，所為善事，一毛、一渧、一沙、一塵，或毫髮許，我漸度脫，使獲大利。唯願世尊，不以後世惡業眾生為慮。」

（經法研探）故知我們百千億劫下三趣的惡業，要靠地藏菩薩的慈悲力和威神力來度化的，他讓我們百劫千生都歸依三寶。歸依三寶的人，不再歸依己意己力，而依止三寶加持力和諸佛菩薩威神力，方能永離生死，終究得到真常、真樂、真我、真淨的涅槃之樂。

（經文）如是三白佛言：「唯願世尊，不以後世惡業眾生為慮。」

爾時，佛讚地藏菩薩言：「善哉！善哉！吾助汝喜！汝能成就，久遠劫來，發弘誓願，廣度將畢，即證菩提。」

（經法研探）此品的奧義在說，我們百劫千生若要救度、要解脫、要究竟成佛、要究竟入清淨無餘大涅槃，必須靠兩個力量：一個是釋迦如來所代表的大覺力──阿耨多羅三藐三菩提，一個是地藏菩薩所代表的深誓大願力。

如何度脫我們百劫千生的罪業？如何度脫一切眾生？就要靠這兩個基本的力量。它們好比是上山的火車，上下兩節火車頭的力量，一節車頭在上面拉，一節車頭在下面推，只有這兩股力量，才能令無量六道眾生止惡行善、離苦得樂，才能度脫百劫千生的惡業。

佛和地藏菩薩都作同一件事，就是以無量分身度脫眾生。既然我們知道了地藏菩薩代表的是深誓大願力；釋迦牟尼佛代表的是大覺力──阿耨多羅三藐三菩提，如果我們要回歸依止地藏菩薩的話，就要發和地藏菩薩一樣大的願，因為這個願力本身就是救度力。有了這個願，就歸依得上釋迦牟尼佛所代表的阿耨多羅三藐三菩提──無上正等正覺的大覺力。

換句話說，地藏菩薩就是大乘願的代表，釋迦牟尼佛就是阿耨多羅三藐三菩提心的代表。他們是兩個象徵，引領我們必須發大乘願，才能成就阿耨多羅三藐三菩提心。而阿耨多羅三藐三菩提心是被大乘願力來實現的，也就是說，一定要回歸依止地藏菩薩的本願來實現的。

所以講的是，一切眾生要想消業除障，需靠一個大願力和一個大覺力——首先以願力法對治業力法，要靠地藏菩薩的大願來消惡業；究竟解脫則要靠覺性、如來的威神力來實現。這兩個威神力都是我們自心本有的，我們靠這兩個力量分工合作，發揮兩節火車頭的作用，才能出地獄，才能止惡行善，才能發願發心，才能修菩薩行，才能自覺覺人、自度度他。如是一切眾生都可以度脫，我們百劫千生的一切業力都可以統統消滅。這是此品的奧義所在。

觀眾生業緣品第三

（經文）爾時，佛母摩耶夫人，恭敬合掌，問地藏菩薩言：「聖者，閻浮眾生造業差別，所受報應其事云何？」

（經法研探）摩耶夫人在這段經文裡被稱為「佛母」，是為了隨順俗諦而說，把佛陀在世間的「示現受生」當真來講，於是說，摩耶夫人懷胎十月，是悉達多太子之所從出，也就是說，佛陀曾經利用她的身體來作過一個示現，示現悉達多太子受生的整個過程，所以依俗諦說，稱摩耶夫人為「佛母」。

摩耶夫人生下悉達多太子七天後即命終，受生忉利天，因為剛離開她前世受生的南閻浮提，最關心的也是南閻浮提的眾生。雖然知道南閻浮提眾生造種種惡業，各依所造的業不一樣，受的報應也不一樣，但到底怎麼個不一樣，並不清楚，而地藏菩薩是專管救拔南閻浮提惡業眾生的，所以這段經文一開始，摩耶夫人就很恭敬地問地藏菩薩：閻浮眾生造業不一樣，他們所受的報應是怎麼樣的不同呢？

（經文）地藏答言：「千萬世界乃及國土，或有地獄、或無地獄；或有女人、或無女人；或有佛法、或無佛法，乃至聲聞、辟支佛亦復如是，非但地獄罪報一等。」

（經法研探）這個千萬世界裡，不管它有什麼，沒什麼，恐怕最慘的，不是有地獄的地方，而是沒有佛法的地方；最樂的，不是沒有地獄的地方，應該是有佛法的地方。

因為有佛法，即使有地獄，地獄眾生都可以得到救拔；女人都可以發大願成為丈夫身；聲聞、辟支佛，也可以發大願，成就為菩薩。但如果沒有佛法，這一切有或沒有，都沒什麼意義。

所以，有沒有聲聞、辟支佛並不重要，有沒有女人也不重要，甚至有沒有地獄也不重要，最最重要的，是有沒有佛法。

地藏菩薩提醒摩耶夫人，所謂的因果報應，並不是只有地獄這一種，因為眾生所造，並不都是地獄業，所受也並不都是地獄報。而且眾生不一定造惡業，也可能造善業。若造善業，受生到那無地獄、無女人、無聲聞、無辟支佛，卻有佛法的地方，譬如眾香國，福報甚大。

看來，地藏菩薩對摩耶夫人的問題，好像有點「答非所問」，其實不然。地藏菩薩在此示現了一個大乘方便度眾、方便開解眾生的辦法，先匡正摩耶夫人的心態，把她的心量擴大，給她一個「一切眾生造業受報」的全面圖像，在這個全面的圖像底下，再具體回答她的問題。這是一個大乘菩薩道開解眾生的示現。

因為眾生的心量狹劣，講到造業受報，便不能作殊勝想，而只作下劣想，就只想到造惡業、受惡報，就不曾想到還有造善業、受善報的問題。

而大乘菩薩在引導眾生、開解眾生時，經常做的一件事，就是將眾生的心量先擴大，讓他們看到一個比較大的圖像，再在這個大圖像裡，來討論一個具體的問題，因為擴大心量本身，就是一種開解。在一個開闊的心量底下聞法，才能於法作殊勝想。若在一個下劣的心態底下聞法，於法既不能作殊勝想，也不能作更好的相應。

比如《未曾有說因緣經》中，和尚野干告訴天帝怎麼才是「宣傳正化」時說，「令眾生知死有生、作善獲福、為惡受殃、修道得道」。這四句是一切眾生造業受報大圖像的總持，不能把這四句中的任何一句給截掉，而且這四句還要依次第說。第一要「知死有生」，知死有生的人，才能談善惡。第二句要談「作善獲福」。第三句要談「為惡受殃」，這就是造業受報。最後是「修道得道」，造修道的業，得得道的果，如果修菩薩道，必得佛果。

（**經文**）摩耶夫人重白菩薩：「且願聞於，閻浮罪報所感惡趣。」

地藏答言：「聖母，唯願聽受，我粗說之。」

佛母白言：「願聖者說。」

爾時，地藏菩薩白聖母言：「南閻浮提罪報，名號如是：

若有眾生，不孝父母，或至殺害，當墮無間地獄，千萬億劫，求出無期。

若有眾生，出佛身血、毀謗三寶、不敬尊經，亦當墮於無間地獄，千萬億劫，求出無期。

若有眾生，侵損常住，玷污僧尼；或伽藍內，恣行婬欲；或殺、或害，如是等輩，當墮無間地獄，千萬億劫，求出無期。

若有眾生，偽作沙門，心非沙門；破用常住；欺誑白衣；違背戒律，種種造惡，如是等輩，當墮無間地獄，千萬億劫，求出無期。

若有眾生，偷竊常住財物、穀米、飲食、衣服，乃至一物不與取者，當墮無間地獄，千萬億劫，求出無期。」

地藏白言：「聖母，若有眾生，作如是罪，當墮五無間地獄，求暫停苦，一念不得。」

（經法研探） 地藏菩薩和摩耶夫人這一段對話很重要，因為佛陀藉著摩耶夫人的問難，地藏菩薩的答難，向我們南閻浮提惡業眾生開示了「五逆重罪」的內容和救贖——「五逆重戒」。

這個「五逆重戒」是最最原始、最最基本的戒，為什麼呢？看來它基本講的也就是殺、盜、淫、妄啊！為什麼說它比「四重禁戒」或「五戒」還要更根本呢？

原來南閻浮提眾生罪業太深重，可以在一般的殺、盜、淫、妄裡，犯下最嚴重的殺、盜、淫、妄罪，就是「五逆重罪」。這「五逆重罪」讓南閻浮提眾生墮入最深的五無間地獄，千萬億劫求出不得。

在「五逆重戒」中，具體指出有不能殺、不能盜、不能淫、不能妄的對象，就是第一條：不得殺父母。第二條：不得殺佛、不得殺僧。第三條：不得盜佛、不得盜僧。第四條：不得淫僧。第五條：不得以僧的身分而行妄。若犯了這五條戒就麻煩了。

戒是保護，戒是鎧甲，不同的戒，所保護的對象也不一樣。

先護住免五無間地獄罪的苦，再護住免一般地獄的苦，再護住免三惡趣的苦。所以有三個次第：一切眾生，先持「五逆重戒」，可以免墮五無間地獄；然後持「四重禁戒」，則免墮地獄；然後持「十善法戒」，則免墮地獄及三惡趣，保證受生人、天。這個次第很重要，這是救拔眾生的第一步，也是一切眾生究竟解脫的第一步。

在南閻浮提，若有眾生臨命終前，發心慚愧懺悔十惡，則能免地獄、免三惡趣，得受生人、天。若平日持好「十善法戒」，得受生人天高處。若「十善法戒」持得更好，則能發三乘菩提心。有資格發大乘菩提心作修行人，那是最大的福報。

所以若沒有福報資糧來持「十善法戒」的，就先要持「四重禁戒」；若沒有福報資糧持「四重禁戒」的，就先要持「五逆重戒」。

戒不只是鎧甲，還是導引、是登梯，能升慧堂。眾聲聞弟子在佛示滅之前，大聲嚎啕啼哭，痛不欲生，問佛示滅後，以何為師？佛說「以戒為師」。「師」是導引，戒本身又有導引的作用，靠著持戒的次第，才能夠直登佛陀的智慧殿堂。

所以，佛陀藉著地藏菩薩回答摩耶夫人提出的問題，和討論南閻浮提罪業眾生最嚴重的業報─五無間地獄的慘狀，實際上是在傳授一切眾生最基本、最開始的一戒「五逆重戒」，這樣也就幫助一切眾生邁上究竟離苦得樂的第一步。

（經文）摩耶夫人重白地藏菩薩言：「云何名為無間地獄？」

（經法研探）這裡基本問了兩個問題：一是，五無間地獄這麼苦，求出無期，到底怎麼個苦法？二是，為什麼叫「無間」？

關於第一個問題，「五無間地獄到底怎麼個苦法？」

（經文）地藏白言：「聖母，諸有地獄，在大鐵圍山之內，其大地獄，有一十八所，次有五百名號各別，次有千百名字亦別。

（經法研探）十八所指的就是十八界，而十八界的惡性互動可以造就大地獄，但作為南閻浮提眾生的我們，就是不知道害怕自己隨時都能造作召感來這個大地獄。

地藏菩薩告訴我們，「罪與罰」最嚴苛的地方，就是地獄─無有不報、無時不報、無處不報，種種微細澈骨之苦，正反映了我們心中的「酷吏法」。何況此界壞時，還要轉生他界受報，這就是我們「地獄心」所召感來的果報。為了滅度這個地獄心，也就是滅度惡和苦，所以這本經，要用種種的酷刑和恐怖相，來介紹酷吏的面目。

且看今天社會裡有多少律師，都是玩「酷吏法」和「覆藏法」的高手。既然有人「造罪」，就有人要「罰罪」；有人「罰罪」，就有人要「逃罪」。犯罪者古怪地鑽營法律的漏洞，結果引出更多、更嚴格的法律；進一步，執法者也更加刁鑽古怪；罰罪也更加凶狠嚴厲，使逃罪的覆藏手法，愈發奇特。

法律不夠用了，造罪、罰罪、逃罪的惡性循環，不斷升級。所以我們看到外面的世界，有這麼多警察、特務、律師、法律、法庭、法官、檢察官、監獄等，就是因為我們深深陷在「罪與罰」的惡法中，不能自出，召感來的客觀世界，全部都是「罪」，全都是「酷吏」和「覆藏者」。

地藏菩薩知道我們都被「罪與罰」所逼，每個人心中的「酷吏」，被我們養得精明厲害，每個人的「覆藏」，也埋的很深厚，所以地藏菩薩直接開示「地獄法」，把我們心中最深邃、覆藏最嚴密的蓋子給掀開，讓黑暗曝光、讓我們勇敢誠實面對一個事實——

酷吏終究不能罰到別人，真正罰到的卻是自己。

所以佛陀要我們知道，十八界互動時，「六大聚落」（六根）是「招賊」的。「六塵」是「六大賊」，能劫奪一切眾生的善根，還有「眾生知見」這個「內奸」，專給六大賊開門。這些加在一起叫「我意」，就是我的內心世界、我的看法、我的想法。

既然「我意」就是那十八所地獄，我們的內心世界，只有兩個力量可以進去：一是依三寶或住不可思議大菩薩的大威神力，直接加被；二是以業力的召感跌進去，但跌進去仍搞不清楚，縱使遍歷種種苦，也不能正知、正見、正覺，只能悲泣嚎叫而已。

地藏菩薩告訴我們「覆藏」沒有用，因為到了地獄，「酷吏」會把所有覆藏掀開來，罪是絕對逃不掉的。例如，我們認為自己是「好人」，「功善福」很大，不承認自心有「罪與罰」之法，認為自己離監獄、瘋人院、戒毒院、醫院甚至地獄都很遠，而且認為對先世所造的惡業，不必負責，尤其不肯承認，自己就是經中所說的：「剛強難化、習惡罪苦眾生」。事實上，心中卻念念不離「罪與罰」之道，只是不斷地戴罪立功、將功抵罪、偽裝善人而已。更不認識若是這樣，就是把地藏菩薩推到門外，自閉救贖之門。

為什麼呢？因為地藏菩薩能大轉法輪，幫我們揭示一切覆藏，把我們從心裡最執著的「酷吏法」──「罪與罰」裡，解救出來，因為這是他的深誓大願。只要對著他奔去，就能出離「罪與罰」之法。他不是酷吏，因為他只記我們一沙一塵之善，絕不計我們一沙一塵之惡。

《地藏本願經》看起來是最不起眼，甚至常被批評為「檔次太低」的經典，但卻是一部最了不得的經，裡面有諸佛菩薩對我們的慈悲心和深心，就在眾生所墮之處，原地救拔，不需要積聚更多資糧福報才能被救，唯一的要求──只要我們向地藏菩薩，伸出緊急求救的手來。

（**經文**）大地獄者，其獄城周匝八萬餘里，其城純鐵，高一萬里。城上火聚，少有空缺。其獄城中，諸獄相連，名號各別。獨有一獄，名曰：無間，其獄周匝萬八千里，獄墻高一千里，悉是鐵為，上火徹下，下火徹上，鐵蛇鐵狗，吐火馳逐，獄墻之上，東西而走。獄中有床，遍滿萬里，一人受罪，自見其身，遍臥滿床；千萬人受罪，亦各自見，身滿床上。眾業所感，獲報如是。

（經法研探）一個人的身體佔在床上的位置，不到百分之一里吧？但為什麼他卻看到自己佔滿了這個方圓萬里的床？

這「身滿床上」就是說，被綁在床上受到的苦，也擴大了一萬倍，所謂一人亦滿，多人亦滿。而「遍臥滿床」的意思是，表示他要「遍受」，以苦的萬倍，乃至擴大到十萬倍來受。

綁在床上「一人受罪」，除了孤獨寂寞、封閉隔絕之外，還要受什麼樣的苦呢？說來真是慘不忍睹啊！

（經文）又諸罪人，備受眾苦，千百夜叉及以惡鬼，口牙如劍，眼如電光，手復銅爪，拖拽罪人。

復有夜叉，執大鐵戟，中罪人身，或中口鼻，或中腹背，拋空翻接，或置床上。

復有鐵鷹，啗罪人目。

復有鐵蛇，繳罪人頸。

百肢節內，悉下長釘。拔舌耕犁，抽腸剉斬。洋銅灌口，熱鐵纏身。萬死千生，業感如是，動經億劫，求出無期。

（經法研探）十二緣起法中十八界──「觸」的互動，因「觸」生「受」，因「受」生「愛」，因「愛」生「取」，最後取了無間地獄這一「有」，從十八所大地獄，造作出了無間地獄。這十八界互動所經歷的，就是六根感受到的「經驗世界」；由十八界互動所召感的，就是經驗世界的八苦。

佛陀揭示：經驗世界裡所能經驗的，就是用不同的召感法去感受八苦。六道、三界都沒有例外，但有程度上的不同。在無間地獄裡去感受的八苦是最慘、最毒的，剎那難以忍受。

（經文）此界壞時，寄生他界；他界次壞，轉寄他方；他方壞時，展轉相寄；此界成後，還復而來。無間罪報，其事如是。

（經法研探）也就是說，一旦我們去過無間地獄，就很容易跌回去；一旦我們造過五逆重罪，就很容易再造五逆重罪。換句話說，即使客觀環境轉好，因為曾經造過五逆重罪，以「餘業餘報」故，還會再造五逆重罪。只要造五逆重罪，無間地獄就會出現，因為地獄是我們惡業召感來的苦境界。

以是因緣，佛說「世間皆苦」。

但我們偏偏不相信「世間皆苦」，仍「受無饜足」地拼命去經驗它，使十八界不斷地造作，再去受，最後到無間地獄去經驗那最慘的八苦。悉達多太子曾於「出四門」之後，悲嘆地說：「云何眾生不知怖畏！」

所以對南閻浮提剛強難化的眾生而言，非說這些苦不可。因為此土眾生太堪忍了，在苦中還要找樂子，非要把苦說到無間地獄才行，才能令一切眾生知怖畏。知怖畏，才能持戒。

這也是為什麼地藏菩薩親自來開示這一段法，並由摩耶夫人和他來湊這一台戲。地藏菩薩用心之良苦，大願之深切，他是「兜著底」來救拔眾生的，不要眾生墮三惡趣，更不要眾生墮無間地獄。

（經文）又五事業感，故稱無間，何等為五？

一者，日夜受罪，以至劫數，無時間絕，故稱無間。

二者，一人亦滿，多人亦滿，故稱無間。

三者，罪器叉棒，鷹蛇狼犬，碓磨鋸鑿，剉斫鑊湯，鐵網鐵繩，鐵驢鐵馬，生革絡首，熱鐵澆身，飢吞鐵丸，渴飲鐵汁，從年竟劫，數那由他，苦楚相連，更無間斷，故稱無間。

四者，不問男子、女人、羌、胡、夷、狄、老、幼、貴、賤；或龍、或神、或天、或鬼，罪行業感，悉同受之，故稱無間。

五者，若墮此獄，從初入時，至百千劫，一日一夜，萬死萬生，求一念間暫住不得，除非業盡，方得受生。以此連綿，故稱無間。」

（經法研探）如是，在時間上沒有了斷的，叫做無間；在空間上沒有一點富裕的，叫做無間；施刑者和刑具輪番上陣沒有暫停，叫做無間；不區別造罪者的身份地位，和他的所從屬，叫做無間；從開始到結尾，中間沒有休止的苦受，叫做無間。

（經文）地藏菩薩白聖母言：「無間地獄粗說如是，若廣說地獄罪器等名，及諸苦事，一劫之中，求說不盡。」

摩耶夫人聞已，愁憂合掌，頂禮而退。

（經法研探）如果我們聽到五無間地獄的種種慘狀，乃至對一切眾生的八苦，都像摩耶夫人一樣地感到非常憂愁，正反應出我們無力救拔自己，也無力救拔眾生。換句話說，如果我們自己造作了這些罪行時，也將無可避免地召感這些苦境界。召感來了，也沒轍。唯有靠地藏菩薩，地藏菩薩是負責救拔我們這些南閻浮提罪業眾生的。

所以先要回歸依止地藏菩薩，若不歸依地藏菩薩，就不能領受地藏菩薩傳授給我們的戒。

我們持戒從哪裡持起呢？從「五逆重戒」持起。

一旦持上「五逆重戒」，就有資糧持「四重禁戒」；持上「四重禁戒」，就有資糧去持「十善法戒」；持上「十善法戒」就能發阿耨多羅三藐三菩提心；一旦發了阿耨多羅三藐三菩提心，就有資糧持「菩薩清淨戒」；一旦持上「菩薩清淨戒」，就能修學「持戒波羅蜜多」；以波羅蜜多而直達真常、真樂、真我、真淨的涅槃彼岸。

在此品結束之前，也許心裡還有些疑問，例如：經文裡的「鐵」和「火」到底代表了什麼意義？為什麼「五逆重戒」的對象，要特別指定為父母或三寶？

「鐵」，是形容我們這顆剛強難化的心，經上說「大地獄者……其城純鐵」，它連牆都是鐵的，所以用鐵圍山來比喻我們剛強難化的心，其心如鐵。這剛強難化的心，使我們難以出離無間地獄。而「鐵」要靠「火」來熔化，用火來化鐵時就相當辛苦了。我們在無間地獄裡的苦，就是經歷了召感這個「火化鐵」的過程。

此時我們會生起另外一個更嚴重的疑問，就是五無間地獄說得那麼可怕，聽起來的確有點毛骨悚然，可是我雖不是一個完美至善的人，再怎麼說也還沒有犯到那麼重的罪吧！

而且在我們之中，很少有人今世做過殺父弒母的事，所以只要我從今以後，對三寶更加恭敬一點；對三寶、常住的供養更好一點；不輕易動用常住物，這樣不就可以免掉五無間罪了？

這是一個比較輕鬆的想法。

那麼，到底在眾生中，有誰真的犯了這麼重的五無間罪呢？怎麼才會犯這麼重的罪呢？這些罪業，第一個很難跟別人起聯想，從我們熟悉的人裡，似乎很難找到，當然更難跟自己起聯想。真的要惡到什麼地步，才會犯這五無間地獄罪？

其實要找並不難，這五無間罪的造作因緣，是可以看到它最早開始的一些跡象的。

有了這些跡象，如果不持戒，放逸其心，讓它發展下去，都會變成五無間重罪，都會讓我們召感來五無間地獄的果報。

我們只要留意觀察一下平日的生活，留意觀察一下世界，留意觀察一下周圍的人和人們的行為，包括自己，就會看到這些最開始的罪業因緣。也就是說，我們的心可以朝著這個方向去造作。

（一）比如說，五無間地獄的第一個業感因緣：從時間來說，在無間地獄裡，沒有一個時間不受罪苦，乃至千萬億劫，一直重覆的在受。

我們常看到一個最普通的現象，但很難把它作聯想，就是小倆口鬥嘴。

小倆口鬥嘴，就這麼鬥、鬥、鬥，誰說了一句話，另外一個人馬上頂上去。熟悉他們的人，仔細聽來，根本沒有半點兒新的內容，也沒有半點兒意義。可是只要其中一個人開口，另外一個人非要頂上去不可，有時候鬥得真會打起來。打完了，又說什麼「床頭打、床尾合」、「夫妻沒有隔夜的怨仇」。

這些話講起來都很好聽，但是反應了一個很糟糕的現象，就是我們在做一件不善的事，一件惡的事。表面上看來現在沒有什麼大事，因為還沒有出人命，可是它卻是不斷地在重覆這個惡，了無怖畏和羞慚地在重覆這個惡。我們就常常看到這種從少年夫妻一直吵到老年夫妻，吵到其中一個死為止。做一輩子的夫妻，中間發生過多少這樣的事？數都沒辦法數，而且是反反覆覆、毫不在意地搞，但這個裡面從無有半點善吧？

這些小惡，稍為放逸其心，有時還真出人命。有人就這麼跳樓的，有人就這麼殺人的，更不要說死了以後，這個業繼續放逸下去，就真的會把我們推到五無間地獄去了。

從夫妻拌嘴兒，小倆口吵架，可以多多少少給我們暗示了五無間地獄重業的最初造作的徵兆。如果我們善於觀察，這其中真有些相似之處，只是一個罪苦比較大一點，一個罪苦比較小一點，雖很難把它們作聯想，但我們的身口意三業，的確可以朝著那個方向去造作，而且這個發展會走上不歸路。

（二）再舉一個例子來談第二個五無間地獄的業感因緣：從空間來說，在五無間地獄裡，一人亦滿，多人亦滿，沒有一點富裕的空間。

聽起來很可怕，但很難想像，總覺得我們給自己的空間很大，其實未必。

我們最常犯的就是樹立憍慢高幢。惠能大師說，「禮本折慢孤」，我們給人頂禮，就是摧折自己的「慢」和「孤」。「慢」是這個憍慢高幢，「孤」就是孤傲、孤芳自賞，搞自己的特殊性。

當我們把自己變成既慢又孤，獨自一個，好像可以獨霸天下，傲視眾生。但這個「慢」和「孤」，正好把自己推向那個最孤獨寂寞、封閉隔絕的境界裡。這個境界正是無間地獄反映出的那個最後極限「一人亦滿」，絕對沒有一點富裕的空間。

（三）第三個業感因緣：在五無間地獄裡，一切讓我們受苦的有情和刑具、種種折磨的手段──譬如餓了，口嚐熱鐵丸；渴了，喝熱鐵汁──是一直相連、輪番來的，是不會斷的。

我們想：我沒有那麼賤，更沒那麼傻，會去找熱鐵丸吃！去找熱鐵汁喝！

其實只要看看這些吸毒、酗酒的朋友們，明明知道那是毒，那是不好的，但就是停不下來吃、停不下來喝，停不下來打針。不是有人來強迫我們，是我們自己停不下手來，停不下嘴來。所以我們的心也早已朝「吃熱鐵丸、喝熱鐵汁」的方向邁進。

這個時候只要稍微放逸其心，沒有剎車，就朝五無間地獄滑溜下去了。這個剎車就是持戒。

（四）第四個業感因緣：不分男女、老幼、貴賤、種族，不區別造罪者的身份地位和他的所從屬，只要造下五逆重罪，就墮入五無間地獄。

每個人的心都可以為善，也都可以為惡，是非常平等的。這心為善為惡起來，也不分男女老幼、貴賤、種族、階級，也不分六道的哪一道。

就看我們眼下、我們周圍和我們活在同一個社會的人，不管他是誰，是男、是女、是貴、是賤，如果他是善人，他做好事，都招到別人的喜愛和讚揚，就樂於親近他；不管他身份多麼尊貴，多麼有錢，如果他是惡人，他做壞事，都招人討厭、招人瞋恨，甚至招人打擊。古今中外都是如此。

所以任何人在做惡時，就是朝著五無間地獄發展，只是發展到最後時，他身邊的那些人事物，就不再呈現原來人事物的相貌，而是夜叉、羅剎、鐵衣、鐵牛、鐵馬、鐵鷹、鐵狗等。這些也就是別人對他的厭惡、修理和懲罰。這第四個五無間地獄的業感因緣，也可以在人間找到它最原始的動因和造作。

（五）第五個業感因緣：主要是在時間上，想停一下苦都不行。

全世界都一樣，人們為了錢，搞得人心貪瞋痴三毒併發。今天，我們拼命賺錢，時間就是金錢，不只跟人家計較到一塊一毛一分一厘一毫，也要跟人家爭一分一秒，這一切還被讚美是高效率。

每一個人把他生活的時間空間都壓縮到最小的地步，每個人都是孤家寡人，每一個人都是分秒必爭，分秒必爭就使自己逼迫無暇。

三惡道有另外一個別稱叫「三無暇」。無暇就是沒有閑暇，沒有閑暇就是連一分一秒的空暇、富裕都沒有。

放眼望去，全世界現在都在普遍造作「分秒必爭、毫錙必較」，因為毫錙必較，所以要分秒必爭。事實上就把自己推入逼迫無暇的境界，也就是朝著三惡趣推，也就是朝著地獄推。

這時稍微心行放逸，就把自己推往那個五無間地獄裡，五無間地獄的特徵，就是分秒都不放過！

所以這個五無間地獄的重業，在我們自己當下、我們自己周圍的人，全都可以找到它的蛛絲馬跡。這些因緣，都從人道就開始，留意它們向下發展，有沒有剎車，向下出溜得多快。

《達摩多羅禪經》上說，「於五無間業，未能定不起，譬如無舟梁，而欲越深水。」《大般涅槃經》「二十觀」裡說，「亦未造立度五逆津」。津是碼頭和機場，就是說，擺脫出離五逆重罪和五無間地獄的碼頭和機場還沒蓋好。

這兩句經文就是提醒我們，不要以為五無間地獄和我們沒有太大的關係，如果我們細心觀察，五無間地獄的五種業感因緣，很容易地都在我們身上，或在我們周圍人的身上，在當今我們所活的這個社會裡找到。如果能如是找到這些業感因緣，就表示我們隔那五無間地獄，並沒有我們想像的那麼遠。

佛在《大般涅槃經》裡說，「心若放逸，無惡不作」。

以自心剛強難化故，不知怖畏；不知怖畏，心行放逸；心行放逸，五陰熾盛；五陰熾盛，則常在熱惱中，召感「上火徹下，下火徹上」。如是「以火化鐵」、「以鐵召感火」，進入一個惡性循環，惡性循環漩到底，就是五無間地獄的境界。

我們不要輕易地放逸其心，墮入惡性循環中。墮入惡性循環，則「動經億劫，求出無期」。一定要持戒！

佛在《大般涅槃經》裡又說，「心無放逸是諸善根本」。心無放逸就是時時念戒、時時持戒，對佛陀訂的戒，時時信受奉持。

要想不墮五無間地獄，首先第一步就要持「五逆重戒」，時時持「五逆重戒」的人，保證不墮五無間地獄。

最後，為什麼「五逆重戒」的對象要特別指定為父母或三寶呢？因為父母是我們的「受生最近因緣」，如果把我們受生的最近因緣都起惡心把它斬斷的話，那我們真的是孤獨寂寞、封閉隔絕了，將永遠不識因緣果報，當然也就更沒有辦法看到受生無間地獄的最近因緣。如果見不到受生無間地獄的最近因緣，怎麼能夠不往那兒墮落？墮下去又如何出得來？

而三寶是我們及一切眾生離苦得樂唯一的，也是最後的救贖。如果一個人自己去毀壞他唯一和最後的救贖，他的心一定黑暗得不得了，只能召感黑暗地獄。但是如果連向三寶求救的這最後一點光明都被泯滅時，拿什麼來照亮黑暗地獄？不照亮黑暗，怎麼出離黑暗地獄呢？

閻浮眾生業感品第四

（經文）爾時，地藏菩薩摩訶薩白佛言：「世尊！我承佛如來，威神力故，遍百千萬億世界，分是身形，救拔一切，業報眾生。若非如來，大慈力故，即不能作，如是變化。

（經法研探）關於這段經文的理解，我們可打個比方。諸佛如來好比是總發電廠，通過地藏菩薩這個變電所，把電力送到千家萬戶去，使一切眾生於酷熱中得清涼，於嚴寒中得溫暖，於黑暗中得光明。

因此，如來就是一切光明、一切覺性、一切智慧、一切神通力、一切慈悲力的發源地。所以，如來又稱為佛性。

這裡指的如來，不是指特定的某一佛，指的是諸佛如來，即毘盧遮那法身佛。法身佛是一切佛的總代表，也是一切分身佛（化身佛）的回歸依止處。法身佛的無量分身，專責度化一切世界的一切眾生。

因此，法身佛好比是總發電廠，是佛性的所在，通過一切世界的諸化身佛以及像地藏菩薩這樣的大菩薩，做為變電所，把如來的大覺力、大慈悲力、大智慧力、大神通力，平等輸送給一切眾生。

這一段重要在「分是身形，救拔一切業報眾生」。地藏菩薩不是光依佛身和菩薩身來度眾，還可以「或現天帝身，或現梵王身，或現轉輪王身，或現居士身，或現國王身，或現宰輔身，或現官屬身，或現比丘、比丘尼、優婆塞、優婆夷身……」（第二品）乃至鬼神身及無情身，用種種方法度化眾生。

諸佛菩薩對「角色」這一法是非常自覺的，能自覺地選擇並演出這個角色。但是一切眾生都不明白戲劇和角色的這個道理，認為自己是唯一的真實，或者認為全世界的人都在演戲，唯獨自己不在演戲。

從諸佛菩薩的眼來看，任何一個眾生隨時可以去扮演任何一個其他角色，如果能「自願自覺」去扮演這角色，即與諸佛菩薩同一類。諸佛菩薩之所以能有無量分身、化身的能力，正是因為深通戲劇角色之法。

這角色是完全可以依自願自覺力自由轉換的，而且可以客串演出不同的角色。最厲害的是可以同時出現在各個「戲院」裡，以不同角色出現在各個不同的「舞台」上，不止是「化身」，還能作「分身」，故說地藏菩薩分身無量。這就是戲劇法、角色法。眾生之所以能解脫，就是從這個執著中得到智慧解脫，從錯誤的認定和邪見執著中解脫出來。

我們所造的一切身口意業，就是在肯定我的主觀、客觀世界是真的，是不能動搖、改變的，故與戲劇法中的角色法實不相應。不相應就不能解脫，被自己的邪見綁住，直到「此界壞時，寄生他界」（第三品），境界造的多堅固，拖的就多長。

（經文）我今又蒙佛付囑，至阿逸多成佛已來，六道眾生，遣令度脫。唯然世尊，願不有慮。」

爾時，佛告地藏菩薩：「一切眾生，未解脫者，性識無定。惡習結業，善習結果，為善為惡，逐境而生。

（經法研探）這段經文「一切眾生，未解脫者」，指的是凡是沒有解脫者。沒有從生死苦海裡解脫出來的眾生，他的性識一定是不定的，因為「業為主宰」。造善者，善業有延續性，但也不會長久，也有成、住、壞、空。接著惡就來了，惡又造成業力習性，就這樣善惡交替，只要在六道中，就不能得到究竟生死解脫。

任何共業場、任何客觀環境，它本身都不能久住，都在成、住、壞、空中，都屬無常。因此，為善、為惡就變得沒有定數了。

譬如說，若有眾生以善業故，受生人、天兩道高處，因此他可能就更習慣於去行善，獲得更多的樂果。可是，天道的共業場也在成、住、壞、空，也是無常的。當天道的這個境界毀壞時，就會墮入其他境界，如果墮入很差勁的境界時，就會開始習慣性地去作惡。於世間法中也有「近朱者赤，近墨者黑」的說法。當我們自心習於思量惡事時，身口也漸習於作惡，於是就掉入愈惡就愈苦的惡性循環，這就叫「性識無定」，叫「惡習結業，善習結果」。造惡受苦，造善得樂，可是這些都無有定性，所以「為善為惡，逐境而生」。

（經文）輪轉五道，暫無休息，動經塵劫，迷惑障難。如魚遊網，將是長流，脫入暫出，又復遭網。以是等輩，吾當憂念。汝既畢是往願，累劫重誓，廣度罪輩，吾復何慮！」

（經法研探）從這個角度來看，無間地獄只是六道輪迴裡最惡、也是苦最集中的一個寫照。事實上，一切眾生輪迴六道也是無間，因為無有間歇、永不暫停。

因此，連那麼樂的天道眾生也都在輪迴中受八苦。天人在他活的時候，雖不太受老苦、病苦的逼迫折磨，可是在他命終現五衰相時，所有八苦齊現，其苦猶如地獄。此時，若一念起惡，必往惡趣墮落。

所以，六道眾生輪迴受生受死，正是不停地從一個境界轉到另一個境界，所經歷的八苦也是永無間歇的。正是「動經塵劫，迷惑障難」，於微塵數劫中，綁在六道輪迴的法輪上，永無出期。

在無明底下操作，處處不通，處處都是災難，就像網邊上游的魚，「將是長流」，把牠放在一個很長的河流裡面，這條河裡，從上游到下游，有多少打魚的人，都等著牠，暫時脫出，又沿業流游下去，游不出這「脫入暫出，又復遭網」的慘狀，就這樣出出入入。

對這些眾生，佛陀非常憂慮，對地藏菩薩說：我馬上就要示滅了，這些眾生我有些放心不下，現在你既然出來荷擔，我就不再擔心了。

這個「長流」也可解釋為「十二緣起法」，我們永遠在「十二緣起法」中循環。「十二緣起法」就是這個網，我們出不來。這十二因緣大樹也就是「諂誑稠林」，不能自出。再加上「愛」，它就是「渴愛網」，出了這個網，又跌進另外一個網去。

(**經文**)說是語時，會中有一菩薩摩訶薩，名定自在王，白佛言：「世尊！地藏菩薩，累劫已來，各發何願，今蒙世尊，殷勤讚歎？唯願世尊，略而說之。」

爾時，世尊告定自在王菩薩：「諦聽！諦聽！善思念之。吾當為汝，分別解說。乃往過去，無量阿僧祇、那由他、不可說劫，爾時有佛，號一切智成就如來，應供、正遍知、明行足、善逝、世間解、無上士、調御丈夫、天人師、佛、世尊，其佛壽命六萬劫。

未出家時，為小國王，與一鄰國王為友，同行十善，饒益眾生。其鄰國內，所有人民，多造眾惡。

二王議計，廣設方便。一王發願：『早成佛道，當度是輩，令使無餘。』一王發願：『若不先度罪苦，令是安樂，得至菩提，我終未願成佛！』」

佛告定自在王菩薩：「一王發願早成佛者，即一切智成就如來是；一王發願永度罪苦眾生，未願成佛者，即地藏菩薩是。

（經法研探）這一段講的就是，我們在因地上發什麼願，依此本願修行，當然果地上就會結什麼果。那位國王在「因」地上發願志求一切智，故於「果」地得一切智成就。同樣地，另一位國王在「因」地上發深誓大願，他也就是今天大願第一的地藏菩薩。這正是「果」與「因」地發的「願」一致相符。

同時，這裡也指出來，有兩個方法可以修習菩薩道：一是發無上菩提心、志求一切智作為動力，速成佛道；一是生生世世專以救拔一切罪苦眾生為本願，來成就與佛同位的地藏菩薩深誓大願功德力。

如果用「火車頭的力量」來做比喻，本品中的二王，就是兩節火車頭力量的代表。一王（一切智成就如來）發願：「早成佛道，當度是輩」者，發的是上節火車頭的願；一王發願：「若不先度罪苦，令是安樂，得至菩提，我終未願成佛」者，是地藏菩薩本願，是下節火車頭的力量。

他們兩人發的願，正是我們自心中兩個真實善良力量的代表，我們心中最善良的力量，是以一位佛和一位菩薩來代表的。

現在眾生調發不出自心上節火車頭的力量，所以地藏菩薩對於末世習惡罪苦眾生非常、非常重要，非得要地藏菩薩把我們從地獄中托出來才行。因為我們從十善大地跌出去太遠了，跌得太低了，而阿耨多羅三藐三菩提心得要在十善大地上才能發起來，所以非要地藏菩薩先救拔我們出離十惡業道才行。只有善男子、善女人行在十善業道上，才能真正發起阿耨多羅三藐三菩提心，這是地藏菩薩很大的功德。

其實，兩個小國王的發心，都是從兩個方面來示現如來的悲智圓滿、福慧兩足，就跟這整部經中釋迦牟尼佛和地藏菩薩的示現是一模一樣的。

若論究竟，這兩方面也只是一種方便示現──方便說二；合理歸一。因為我們的心還不能深入「不二法門」，未能具足開啟般若智慧──平等性智，故凡事見二。諸佛善巧，隨順眾生心行，方便說二，若說到底，則根本是不二不異的。

大願與大覺是統一的；釋迦牟尼佛與地藏菩薩緣自同一法身；兩個小國王的大願大覺並無二致。

難道想當佛就不要度眾了嗎？難道要度眾就不要無上正等正覺了嗎？

發大願者願的是什麼？還不是要求一切眾生終究解脫成佛？而成佛的手段和本錢又是什麼？就是滅度一切眾生。另外，依靠什麼來度眾？只能靠覺性，就是佛性，也就是無上正等正覺。

故知，大願所願的是大覺，大覺所依的是大願；大願是大覺的體現，大覺是大願的成果；大願是大覺的實行，大覺是大願的歸宿。

這部經正是釋迦牟尼佛和地藏菩薩兩位的現身說法。如果我們能建立這不二不異的基本觀點，並以此為信念去學習這部經，就能抓住這部經的精神和宗趣。

（經文）復於過去，無量阿僧祇劫，有佛出世，名清淨蓮華目如來，其佛壽命四十劫。像法之中，有一羅漢，福度眾生，因次教化。遇一女人，字曰光目，設食供養。

羅漢問之：『欲願何等？』

光目答言：『我以母亡之日，資福救拔。未知我母，生處何趣？』

羅漢愍之，為入定觀。見光目女母，墮在惡趣，受極大苦。

羅漢問光目言：『汝母在生，作何行業？今在惡趣，受極大苦。』

光目答言：『我母所習，唯好食噉魚鱉之屬。所食魚鱉，多食其子。或炒或煮，恣情食噉，計其命數，千萬復倍。尊者慈愍，如何哀救？』

羅漢愍之，為作方便，勸光目言：『汝可志誠念清淨蓮華目如來，兼塑、畫形像，存亡獲報。』

光目聞已，即捨所愛，尋畫佛像，而供養之，復恭敬心，悲泣瞻禮。忽於夜後，夢見佛身，金色晃耀，如須彌山，放大光明，而告光目：『汝母不久，當生汝家，纔覺飢寒，即當言說。』

其後，家內婢生一子，未滿三日，而乃言說。稽首悲泣，告於光目：『生死業緣，果報自受。吾是汝母，久處暗冥。自別汝來，累墮大地獄。蒙汝福力，方得受生，為下賤人。又復短命，壽年十三，更落惡道。汝有何計，令吾脫免？』

光目聞說，知母無疑，哽咽悲啼，而白婢子：『既是我母，合知本罪，作何行業，墮於惡道？』

婢子答言：『以殺害、毀罵二業受報。若非蒙福，救拔吾難，以是業故，未合解脫。』

光目問言：『地獄罪報，其事云何？』

婢子答言：『罪苦之事，不忍稱說，百千歲中，卒白難竟。』

光目聞已，啼淚號泣，而白空界：『願我之母，永脫地獄，畢十三歲，更無重罪及歷惡道。十方諸佛，慈哀愍我，聽我為母，所發廣大誓願。

若得我母，永離三塗及斯下賤，乃至女人之身，永劫不受者，願我自今日後，對清淨蓮華目如來像前，卻後百千萬億劫中，應有世界，所有地獄，及三惡道，諸罪苦眾生，誓願救拔，令離地獄惡趣、畜生、餓鬼等。如是罪報等人，盡成佛竟，我然後，方成正覺。』

發誓願已，具聞清淨蓮華目如來，而告之曰：『光目，汝大慈愍，善能為母，發如是大願。吾觀汝母，十三歲畢，捨此報已，生為梵志，壽年百歲；過是報後，當生無憂國土，壽命不可計劫；後成佛果，廣度人、天，數如恆河沙。』」

佛告定自在王：「爾時羅漢，福度光目者，即無盡意菩薩是。光目母者，即解脫菩薩是。光目女者，即地藏菩薩是，過去久遠劫中，如是慈愍，發恆河沙願，廣度眾生。

（**經法研探**）時間是虛幻的，無真實性的，比如光目女說：「我以母亡之日，資福救拔。未知我母，生處何趣？」那時她媽媽剛死，阿羅漢當場告訴她如何救拔其母的方法，她馬上找人畫像供養。這些事情在短時間內都可辦完，辦完後就在夜裡夢見佛身，清淨蓮華目如來就告訴她：「汝母不久，當生汝家」，果不然家內婢生一子，未滿三日，乃告光目生死業緣，並告光目：「我是汝母，久處暗冥……」。但是我們怎麼算日子也不會太長，可是光目女母因為日子難過，自認為已過了很長、很長的時間。所以我們從中可看出這時間的虛幻性。

在地藏菩薩的四個前世裡，當中有其異同之處。兩世為男身時，一世受生為「長者子」，另一世受生為「小國王」，都在佛前直接發了度眾大願。他們在發願時，自己都在豪貴和快樂中，並不是為了自己或是親人受苦。而兩世受生為女身（婆羅門女和光目女）時，都是見到自己的母親在地獄受大苦，才發大願。

由此可見，此兩男的福報善根遠大於兩女。生為女子，正如《金剛經》所言：「若為人輕賤，是人先世罪業，應墮惡道。」以罪業深重故，所示現的心量（福田）也就小得太多，因而受的苦就比較多。

雖然，此兩男兩女的福報善根有差別，但都有個共同點，就是都發起大弘誓願：盡未來際於無數劫中，度盡一切已墮惡道和將墮惡道的罪苦眾生。這對末法末期南閻浮提的我們來說，真的是方便、平等的慈悲護念。

所以無論是受生在有佛出世的佛國土，還是受生在佛示現涅槃的世界；無論是受生在哪個時代、何等種姓身份、何等福報善根，甚至是以何因緣發起大願，只要能發起同地藏菩薩一樣的大願，皆蒙如來無上正等正覺的大覺力護念，亦同受地藏菩薩深誓大願之功德力加持。如是依法精進，必能共滿大願，共成佛果。

佛陀在《大般涅槃經‧梵行品》中開示「四丈夫行」，所謂：「近善知識、能聽法、思惟義、如說修行」，此乃一切女人的解脫大道。一切女人若依此法精進，則能爭取重生如來之家，做法王之子，轉輕賤為豪貴。同經中還開示，若不依此法修行，縱使「身雖丈夫，行同畜生。」，也就是說，不行「丈夫行」的人，縱使受生為男子身，仍難脫離福薄善淺之境。

這一切正是累劫以來，地藏菩薩本願一貫不變的護念。大乘菩薩道修行人當深心認領之。

（**經文**）未來世中，若有男子女人，不行善者、行惡者、乃至不信因果者、邪婬妄語者、兩舌惡口者、毀謗大乘者，如是諸業眾生，必墮惡趣。若遇善知識勸令，一彈指間，歸依地藏菩薩，是諸眾生，即得解脫三惡道報。

若能志心歸敬及瞻禮讚歎，香、華、衣服，種種珍寶，或復飲食，如是奉事者，未來百千萬億劫中，常在諸天，受勝妙樂。若天福盡，下生人間，猶百千劫，常為帝王，能憶宿命，因果本末。

定自在王！如是地藏菩薩，有如此不可思議大威神力，廣利眾生。汝等諸菩薩，當記是經，廣宣流布。」

定自在王白佛言：「世尊！願不有慮。我等千萬億菩薩摩訶薩，必能承佛威神，廣演是經，於閻浮提，利益眾生。」

定自在王菩薩，白世尊已，合掌恭敬，作禮而退。

（**經法研探**）依地藏菩薩本願所救拔的對象，可分一切已墮惡道者以及將墮惡道者。

對於已墮惡道者，必須要由活在人道的親人，回歸依止地藏菩薩深誓大願的功德力，並發起與地藏菩薩相同的大願，如婆羅門女及光目女。如是，不只自己的親人永離惡趣，更令一切惡趣罪苦眾生盡得度脫。

對於未墮惡道者，必須先遇真正大善知識，依其教誨，回歸依止地藏菩薩深誓大願的功德力，並發起如地藏菩薩之大願。如是，依法精進，成就大願，證得佛道。

此地藏菩薩之深誓大願功德力，不只能救拔一切已墮惡趣及將墮惡趣的罪苦眾生，更能紮紮實實地來護念大乘菩薩道的修行人。

大乘菩薩道的修行人，所當發之滅度一切眾生的大乘願，正是由地藏菩薩之深誓大願來護持。地藏菩薩的本願，就是《華嚴經・十地品》中所謂的「大願甲冑」，一切大乘人都必須先披上這件大願甲冑，才能深入惡趣，救拔罪苦眾生。因為，地藏菩薩本願乃專門救拔罪苦之惡業眾生，依此願而行菩薩道，則大大地增強了自覺覺人、自度度他的能量。正如《維摩詰所說經・香積佛品第十》言：「此土菩薩……其一世饒益眾生，多過彼國百千劫行。」

同時，大乘菩薩道的修行人所當發之阿耨多羅三藐三菩提心，亦得由地藏菩薩之深誓大願來護持。所謂阿耨多羅三藐三菩提心，即是《金剛經》中佛言：「爾所國土中，所有眾生若干種心，如來悉知。」此即「一切智成就」，此即佛智。如何證得佛智？必須依靠地藏菩薩本願為根本基礎才能成就。

此即地藏菩薩與一切罪苦眾生及大乘菩薩道修行人的緊密關係。

（經文）爾時，四方天王，俱從座起，合掌恭敬白佛言：「世尊！地藏菩薩，於久遠劫來，發如是大願，云何至今，猶度未絕，更發廣大誓言？唯願世尊，為我等說。」

（經法研探）四位天王的這個問題問得很尖銳。他們的疑問是：佛和諸天菩薩都不斷地讚歎地藏菩薩的功德法力，假如他真的夠厲害的話，怎麼從久遠劫來到現在都一直在度罪苦眾生，而且還要繼續度到彌勒出世的龍華法會上？怎麼度了那麼久都還沒把眾生度完？這是他度眾的法力有問題呢？還是他沒能力圓滿達成大願呢？

地藏菩薩是諸佛的一個分身，永遠在起著作用，只要有心意識種子，一個種子出來就成就一個眾生。心意識種子可以無量出現，哪有眾生度得完的時候呢？

（**經文**）佛告四天王：「善哉！善哉！吾今為汝，及未來、現在天、人眾等，廣利益故，說地藏菩薩，於娑婆世界，閻浮提內，生死道中，慈哀救拔，度脫一切，罪苦眾生，方便之事。」

四天王言：「唯然世尊，願樂欲聞。」

（**經法研探**）在這裡，佛陀並沒有直接回答四天王心中的疑問。因為，四天王乃是由初地菩薩兼領，以其福報資糧有限，所以，還不能完全明了地藏大願跟大願成就之間，必得要由度盡一切罪苦眾生，這個永生永世、無量無邊的菩薩行來成就。

因此，佛陀先以愛語的辦法，稱讚四天王所問，是能惠利現在、未來的人天兩道。然後在「打破現有時空」的基礎上，方便善巧的開解他們心中的疑問。

這裡講的「生死道」，即是一切眾生所不自覺而行的道路，從無明始，至老死終，不斷漸次循環的苦路，其軌律就是「十二因緣法」。

一切聲聞、緣覺、菩薩都在自覺地修行大、中、小三乘的佛道，也就是依法修行出離這個生死道，出離十二因緣的軌律，出離無明。其實一切眾生也都在依「道」「修行」，都在不自知、不自見、不自覺地修行著「生死道」。

（經文）佛告四天王：「地藏菩薩，久遠劫來，迄至于今，度脫眾生，猶未畢願。慈愍此世，罪苦眾生，復觀未來，無量劫中，因蔓不斷，以是之故，又發重願。如是菩薩，於娑婆世界，閻浮提中，百千萬億方便，而為教化。

四天王，地藏菩薩，若遇殺生者，示宿殃短命報；

若遇竊盜者，示貧窮苦楚報；

（經法研探）以有人因竊盜而發了財為例，他馬上就會遭到一個無形的現世報，那就是一輩子要提心吊膽，怕有人會來侵犯他的財產。因為，他以自身的成功向自己證明，「偷竊致富」是條可行之道，因此，誰都可以來偷他、搶他而發財。

在今天這個工商繁榮的社會，有些有錢的人把自己的「安樂窩」裝上了重重的鐵窗、鐵門、電眼、防盜鈴，還有警犬、隨身保鑣……搞成高牆深壘。在這裡透露出一個訊息，可能或多或少都造了竊盜的業。

所謂「盜」，即是「不予取」，別人沒答應給、我就去拿。因此，不需要打家劫舍、明火執杖地去搶，或半夜蒙起臉來翻牆穿戶地去偷。只要是以盜心去賺錢，不管他用什麼光明正大的理由來解釋，都是「盜」。

我們再來觀察有些住在華屋美廈的闊人，既已發財，大可放心地享用他的財產，但怎麼總覺得不夠，還要想辦法去賺更多錢。同時，還處處防人，萬一有人真的騙了他的錢，即使失掉的錢財根本就影響不到他的生活，卻還要斤斤計較，就像從他身上挖了塊肉般地疼。

闊人所現的種種「匱乏」不足相，正表示他內心貧匱不安。這也說明了，只要一個人認為他的財富不足以給他安全感的話，他就是窮人，那正是過去造下了竊盜業，所必定招致來的貧窮苦楚報。

（經文）若遇邪婬者，示雀鴿鴛鴦報；

（經法研探）貪戀、糾纏男女關係，死後受生為雀、鴿、鴛鴦之類，繼續去糾纏。因為，此類公鳥母鳥的糾纏特深，牠們的苦都是從這裡來的。

例如野鴿，由於公母糾纏很深，經常都在交配孵卵，等小鳥出生以後，餵養牠們的工作更加辛苦，兩隻成鳥得不停地出外找食，自己卻常常在餓肚子。小鳥吃得越多長得就越快，長得越快吃得就更多，可把牠的父母給累壞了。等小鳥長大飛走後，兩隻成鳥也丟下舊巢，再飛到別處去搭巢抱卵。

此類之鳥多半是終生配偶，死掉一隻，另一隻終生不找伴。而牠原屬的群體都是終生一夫一妻制。因此，失伴的鳥，沒有分工的對象，也必將被群體排擠出去，而獨自生活非常困難，再加上孤獨寂寞，沒多久就會死。

鳥類的生態非常悲慘而可怕。鳥兒飛是為了找食、找伴、找宿或保護雛卵，而通常都是正在這個時候，就被牠們的天敵，如貓、老鷹、蛇……等等對牠們下毒手。鳥和其它畜生一樣，經常是吃不飽的，常在饑餓之中，偶而找到吃喝，都是冒著生命危險。而人類更是牠們最大的敵人，第三世界的許多鳥類，由於人們的生態破壞及獵殺，已瀕臨絕種。

所以，鳥兒絕非人們所想像的那般自由自在、快樂飛翔。一隻鳥飛來飛去只是被業力推著跑，而且正在逼迫無暇、大煎熬、大恐怖之中。

（經文）若遇惡口者，示眷屬鬥諍報；

（經法研探）我們常聽人說：「哎呀！這個人是好人啊！怎麼他的子孫親屬爭吵得那麼厲害？」這人一定造了很嚴重的惡口業，因為偶而一次惡口，還不至於有這樣的果報。

更何況，造了嚴重惡口業者，死墮畜生道，真的成了名符其實的「雞犬不寧」。

（經文）若遇毀謗者，示無舌瘖口報；

（經法研探）造毀謗業猶重於惡口。毀謗特指詆毀誹謗有功德者，例如三寶、賢者或對自己有恩的人。而惡口是只用毒惡的話去傷害一般人。

此處的無舌指的是啞吧，或患舌癌把舌頭割掉，或指來世受生為無舌的動物，像鼻涕蟲、螞蝗……等。

今世造的所有罪報，有時是今世受，有時來世才受。有時今世報了，來世還要再報。若今世造業今世受報，就給我們一個機會去慚愧、懺悔。若帶到來世再報，就麻煩了，因為搞不清楚自己曾造過什麼業，如果接不上正法，沒有善知識導引，就只能繼續去惡受了。

（經文）若遇瞋恚者，示醜陋癃殘報；

（經法研探）有人今世生得很漂亮，碰到意外事故或疾病，使他一下子變醜了。或有人生下就是醜陋形殘，這都是因為今生或前世造過極重的瞋恚惡業。

大乘修行人當關懷眾生，但絕非只關懷他眼前的苦樂、得失或當下的生死、去留。不可光同情、可憐他，更不要有婦人之仁，怕說了真相會刺激他，而說些安慰的話，這樣不只幫不了他，反而還給了他放逸其心、大起委屈感的機會。這只能讓他待在醜陋癃殘的果報中，繼續造身、口、意十惡業，墮入更惡的惡性循環。

應當為他揭示：如今我為什麼這麼苦？因為我惡。我造了什麼惡？瞋恚。因此，當即刻停止去瞋恨、嫉妒正常人，更不可再抱怨誰對自己不公平了……。

然後，要他對瞋恚這個惡因，以及所引出來的惡果，大起知苦、怖畏、厭離之心，好好慚愧、懺悔，發誓永不再犯。並且不再貪戀此醜陋癃殘的業報身，並依《未曾有說因緣經》云：「知死有生，作善獲福，為惡受殃」的因緣果報，修來世福，期能受生人天高處。如是，才算是救拔他。

因為死而有生，所有人死後馬上會再受生，可是，若帶著極重的瞋恚惡業去受生，不知會掉到多深的惡道中去，苦受多少劫數！

（經文）若遇慳吝者，示所求違願報；

（經法研探）我們可以看到，如果一個人凡有所求必不得，那一定是他前世或今世造下很重的慳吝惡業。應該帶他看到這個慳吝的因緣果報，令他今世依法慚愧、懺悔，滅度這個罪業。

（經文）若遇飲食無度者，示飢渴咽病報；

（經法研探）生活在現代摩登社會裡，我們可以看到很多病人是死於吃不著、嚥不下、喝不了的情況。這些人多少都造了飲食無度的惡業。

（經文）若遇畋獵恣情者，示驚狂喪命報；

（經法研探）這種報不只是死時才會報，沒死之前在夢中就已經報了。光看看在夢中被人追趕到無處可躲、無路可逃的地步，那種恐怖、折磨與死的時候沒兩樣。

（經文）若遇悖逆父母者，示天地災殺報；

（經法研探）天地災殺報就是死於自然災害，例如火山爆發、地震、暴風雨、水災、饑荒、傳染病或瘟疫……等等。其實，這些果報也都會在夢中出現，讓我們不止死一次。

然而，人們對這些天地災殺的「受害者」，起的全是掩飾真相的凡夫情操：受苦的人是可憐的、無辜的，甚至是好人，乃至是正義的代表。這正是覆藏受苦真相的遮羞布。

依地藏菩薩所揭示的因緣果報來看，正是：我為什麼這麼苦？因為我造惡。因此，對「受苦者」的美化與包裝，正是覆藏因果，甚至違背因果，乃至撥無因果。而一切受苦者唯一真正的解脫是：依正確因果法，走知苦、怖畏、厭離、慚愧、懺悔的道路。

（經文）若遇燒山林木者，示狂迷取死報；

（經法研探）狂迷取死是指，放火燒山、燒林的人，當火勢熊熊燃起，從他的眼、耳、鼻、舌、身、意見到那些小到螻蟻之輩，大到熊、狼、虎、豹、象，在大火裡亂逃，怎麼逃也逃不掉。

在那片驚惶失措中，有的被燻死，有的被燒死，有的被壓死，有的被踩死。這整個狂迷取死的悲慘圖像，一直深深地留在意識海裡。因此，當無常大鬼來臨時，這種殘暴慘毒的圖像就會泛現，成了他的「客觀世界」。

還有一個狂迷取死的實例，就是吸強力膠的癮君子。有的吸完強力膠後覺得自己能飛了，常跑到高的地方去，特別是去還沒蓋好又沒人的高樓上去吸，吸完後就從高處往下跳。這多少是過去造了燒山林木的惡業。

（經文）若遇前後父母惡毒者，示返生鞭撻現受報；

（經法研探）作為親生父母或寄養的父母，對親生子女或寄養子女施以殘暴，在來生時都要自己一一親受報應。

這種返生鞭撻的果報，不只是說下一世受生為人會被鞭撻，還會受生為騾、為馬或其他受鞭打的畜生。今生你鞭他，來生他變成主人騎在你背上，要你馱東西，用鞭子一直抽你。

所以，當我們看到一口畜生非常地慘，不得吃、不得喝，作苦活兒，還受到主人鞭打的時候，我們就可以想到這頭畜生，在前世可能造了前後父母惡毒的惡業，今世才會受此種果報。

這種因果受起來雖是窈窈冥冥各不相知，但我們依正確揭示的因緣果報得知：「無有無作果，所作終不喪」（《達摩多羅禪經》），造業者必定會受報的。

當我們悲愍眾生時，不是只看眼下那些不忍看、不忍聽的悲慘事，這種小慈小悲是於事無補的。要學習地藏菩薩，要看眾生累世的因果，這樣才能真正救拔之。

我們當為被鞭打的眾生說法，告訴他說：「你被鞭打是因為前世造了惡業故，當要在佛前慚愧懺悔，要知道去怖畏、厭捨、出離這條賤命，發願不再歸依己意、己力，當歸依三寶加持力，就不再受此苦。」

（經文）若遇網捕生雛者，示骨肉分離報；

（經法研探）見到有人因骨肉生離死別而痛苦時，要對他說：「這是我們今生或往世造過網捕生雛的惡業所致，於此當深深知苦、怖畏、厭離，並痛加慚愧、懺悔。並感激地藏菩薩慈悲開示我們，在惡果現前時，能有盡消舊惡的機會」。這樣對一切眾生才有真實惠利。

不幸事件的發生，非無因緣，都是有因緣的。

在過去的奴隸制度底下，奴隸們經常是骨肉分離的。像美國黑奴制度沒有廢止之前，奴隸是可以公開拍賣的，把一家老小奴隸分賣給不同買主，那就是骨肉分離。此報乃因過往造下網捕生雛之重罪。當然奴隸主拆散別人骨肉，是對人道造下的罪業，其果報又不知再加重多少倍！

（經文）若遇毀謗三寶者，示盲聾瘖啞報；

若遇輕法慢教者，示永處惡道報；

（經法研探）三寶乃出離惡道之法寶。若以自己的憍慢高幢來輕慢三寶的話，則把三寶貶得比自己還輕微下賤。如是，墮入惡趣時，怎會去向那唯一能幫我們出離惡趣，卻又被我們作賤的三寶求救呢？結果，勢必永處惡道。

（經文）若遇破用常住者，示億劫輪迴地獄報；

（經法研探）去偷盜、破壞、佔用出家修行人的日常所需，等於是把自己擺在僧團的第一位或對立面，如是一來，就把自己搞得比善知識、善友更重要。這麼做就在輕毀善知識、善友。

如是輕毀三寶中的僧寶，其結果就是，無量億劫墮在地獄裡，喊不出求救的訊號。

（經文）若遇污梵誣僧者，示永在畜生報；

若遇湯火斬斫傷生者，示輪迴遞償報；

（經法研探）我們如何去傷害別人，將來就會召感來同樣的傷害，自己活在其中。因為真理所講的就是：無內無外，內外一如。

（經文）若遇破戒犯齋者，示禽獸飢餓報；

若遇非理毀用者，示所求闕絕報；

（經法研探）在工作單位裡，濫用的情況非常嚴重。公家的東西若不浪費，似乎就對不起自己，非得去浪費、破壞不可。果報一來，就是真正有所需要時，就缺乏供應。

如果整個單位濫用的惡業造得厲害的話，長此以往下去，就把單位拖到破產，乃至關門的結局，最直接的後果就是養家糊口的薪水沒了。這就是非理毀用的現世報。

然而，這些失業的員工，一肚子怨氣，一點慚愧、懺悔的心思都沒有，還破口大罵單位、罵別人乃至罵國家，受到果報後，更以惡心相應。

如果因緣具足的話，我們當告訴他地藏菩薩所揭示的因緣果，讓他能有轉惡為善的機會。

（經文）若遇吾我貢高者，示卑使下賤報；

（經法研探）我們有位同學，很好的家庭出身，有兩個大學文憑，在軍隊服役八年，有很好的專業訓練，還進過研究所，而現在做的卻是最卑微的工作，不只是他體力完全不能負荷的重活，還被所有同事輕賤。

這正是他一天到晚就是「我、我、我、我、我……」，造了吾我貢高的惡業，所得的卑使下賤報。

這是一個活生生、現世報的例子。不過能現世報就是好事，還給了他機會去慚愧、懺悔，走上歸依三寶，重生如來之家的法王夷坦道。

假如今世不報，來世報起來就更慘了。來世一報，生下來就作牛作馬，不只挨餓挨凍，還要被鞭子抽著跑；或生下來披毛帶角，給人關在籠子裡，作生物實驗……到了那個地步，何從慚愧、懺悔起！

《大般涅槃經》偈云：「作惡不即受，如乳即成酪，猶灰覆火上，愚者輕蹈之」。這位同學是在為佛陀的這首偈作證。幸好今世就受報，因為得生為人，故能慚愧、懺悔。若墮入畜生道，不但無法慚愧、懺悔，還以為那是唯一活下去的生態。

從個人，甚至到整個民族，所受到的卑使下賤報，我們當依地藏菩薩所揭示的因緣果報，好好檢視今生乃至往世所造的吾我貢高惡業，當誠心的慚愧、懺悔，以期在下個果報來臨前，能盡消舊業。

（**經文**）若遇兩舌鬥亂者，示無舌百舌報；

（**經法研探**）「無舌」就是沒有辦法說話，若受生為人，則為啞巴；若受生到畜生道，則去當出不了聲的低等動物。

「百舌」是指某些蟲類、鳥類，像紡織娘、蟋蟀、蛙類、百靈鳥、反舌鳥、鸚鵡、八歌……等，活著就一直要叫，不能停。在人道中，也常見有人不停的說、不停的罵、不停的喃喃自語，就正是在受著兩舌鬥亂的果報。

（**經文**）若遇邪見者，示邊地受生報；

（**經法研探**）堅持邪見的人，對正確的因緣果報法沒有興趣，乃至反對、排斥，所以會召感到邊地。所謂邊地，是指不聞佛法，乃至不聞佛之名號的地方，或極端落後、環境惡劣的地方，像是沙漠、沙礫地、終年積雪的深山……。受生到邊地，就生為當地的人甚至畜生。

以上二十三套的因緣果報也可以反過來說。因為，因緣果報法乃是因果相似、相續生，故能由因觀果，亦能由果溯因。

以第一條為例：「若遇竊盜者，示貧窮苦楚報」，我們原先學習的是，遇到偷竊者，就告訴他果報是貧窮苦楚。若反過來說的話，我們可以對正在受貧窮之苦所折磨的人，告訴他貧窮苦楚是個果，原因是過去造了偷盜的業。

正過來看，反過來說，都能開解救拔眾生。正著說，令眾生畏果；反著說，令眾生畏因。若能因果俱畏，則能捨、能持戒、能忍辱、能精進。這正是地藏菩薩度眾的方便善巧。

（經文）如是等閻浮提眾生，身口意業，惡習結果，百千報應，今粗略說。

如是等閻浮提眾生，業感差別，地藏菩薩，百千方便，而教化之。

是諸眾生，先受如是等報，後墮地獄，動經劫數，無有出期。是故汝等，護人護國，無令是諸眾業，迷惑眾生。」

（經法研探）這一品，佛陀為四天王說法，讚歎地藏菩薩久遠劫來、迄至於今的度眾大願和度眾方便—地藏菩薩遇到造了什麼樣惡業的眾生，就為他們揭示將受到什麼樣的苦報。其中業報差別一一列出，已經非常清楚了，為什麼佛陀最後還要說：「是諸眾生，先受如是等報，後墮地獄」呢？這是佛陀在提醒我們，這一品中所說的「報」，還只是「花報」，果在地獄啊！

「今受花報，果入地獄」出自《佛說鬼問目連經》。經中，目連（即佛十大弟子中「神通第一」的目犍連）遊恒河邊，見到許多餓鬼，正受著不同的罪苦。餓鬼們見到目連，恭敬地一一前來問道：我到底造了什麼罪，今受如是的痛苦？

目連就一一告訴他們：你是因為前世做人的時候，這樣、這樣做了，所以現在受這樣、這樣的苦。但苦還沒有受完呢！因為現在的這個苦，好比只是「開花」，還沒有「結果」，要是結果的話，就是地獄果報了！

我們閻浮提的習惡罪苦眾生，就像這些餓鬼，如果願意承認自己現在很苦，而且已經苦得受不了了，更害怕繼續下去，那個未來的苦更是不敢想像……就會向善知識—佛陀和地藏菩薩求救。

佛陀和地藏菩薩就帶著我們，讓我們明白造業受報的宿世因果：你種的是這樣的種子，經過辛勤栽培灌溉，雖然已經忘了這些過程，但是現在開出了這種花。而這種花，一定會結出這樣的果來！如果你相信我的話，願意照我的辦法去做，及時把「花」統統摘掉，不再讓花繼續生長，那麼「果」就不會出現。

所以佛陀和地藏菩薩提醒我們「今受花報，果入地獄」，是要讓我們能夠當下知苦，起怖畏、厭離之心，及時求救，在三寶和地藏菩薩前慚愧發露、悔過發願，除滅惡業，出離三惡道。

（經文）四天王聞已，涕淚悲歎，合掌而退。

（經法研探）四天王原先的疑問：既然地藏菩薩那麼厲害，有那麼大的願，怎麼度了那麼久還沒把眾生給度完呢？難道是他法力有問題嗎？

等他們聽完佛陀的開示後，明白了閻浮提眾生不斷地在造惡業，只要造了惡業，就會墮到更深的地獄，得歷經塵劫，才爬得出來。然而，好不容易往上爬了出來，又再跌下去。

另外，還有那麼多上三趣眾生因福盡還墮、因惡業未消而墮、因習性而墮，都不斷地在增加著地獄及下三趣的人口。

因此，惡趣眾生會不斷的出現，所以地藏大願就一定不能盡，若萬一地藏大願有盡頭的話，那得靠誰來度化惡趣眾生呢？

《華嚴經．十地品》有一段經文，可以幫我們了解地藏大願永不能盡的意思。經文是：

「佛子，菩薩住歡喜地，發如是大誓願，如是大勇猛，如是大作用，以此十願門為首，滿足百萬阿僧祇大願。佛子，此大願以十盡句，而得成就。何等為十？所謂：眾生界盡，世界盡，虛空界盡，法界盡，涅槃界盡，佛出現界盡，如來智界盡，心所緣界盡，佛智所入境界界盡，世間轉、法轉、智轉界盡。若眾生界盡，我願乃盡。若世界乃至世間轉、法轉、智轉界盡，我願乃盡。而眾生界不可盡，乃至世間轉、法轉、智轉界不可盡故，我此大願善根，無有窮盡。」

此乃初地菩薩當發之大誓願，依此十願門（十盡句）作為引領、精進的力量，更以滿足百萬阿僧祇大願做目標，故知終必成佛道。

這十願門中的第一門—眾生界盡，再加上以滿足百萬阿僧祇大願做目標，正是地藏菩薩的深誓大願，也是長者子、小國王、婆羅門女和光目女所發的大願：「我今盡未來際，不可計劫，為是罪苦六道眾生，廣設方便，盡令解脫，而我自身方成佛道」。

而《華嚴經》經文云：「而眾生界不可盡，乃至世間轉、法轉、智轉界不可盡故，我此大願善根，無有窮盡。」這正說明了，為什麼無量久遠劫來，地藏菩薩仍在度脫罪苦眾生。

因為，這個世界的罪苦眾生完全度脫、滅度完畢，這個世界的地藏菩薩就成佛了，大願就窮盡了。然而，「眾生界不可盡」，因此，另一個世界必然會出現了罪苦眾生，只要有罪苦眾生，那裡就會有地藏菩薩發起深誓大願，再去永生永世地度脫罪苦眾生，直到度盡成佛為止。

由於，眾生界盡不了，世界也盡不了，而菩薩的善根增長也是無限無盡的，所以，地藏菩薩的深誓願力也盡不了。故云，地藏菩薩乃大願第一。

地獄名號品第五

（經文）爾時，普賢菩薩摩訶薩白地藏菩薩言：「仁者！願為天、龍、四眾，及未來現在一切眾生，說娑婆世界及閻浮提罪苦眾生，所受報處——地獄名號，及惡報等事，使未來世末法眾生，知是果報。」

地藏答言：「仁者！我今承佛威神，及大士之力，略說地獄名號，及罪報、惡報之事。

仁者！閻浮提東方有山，號曰鐵圍，其山黑邃，無日月光，有大地獄，號極無間。又有地獄，名大阿鼻。

復有地獄，名曰四角；復有地獄，名曰飛刀；復有地獄，名曰火箭；

復有地獄，名曰夾山；復有地獄，名曰通槍；復有地獄，名曰鐵車；

復有地獄，名曰鐵床；復有地獄，名曰鐵牛；復有地獄，名曰鐵衣；

復有地獄，名曰千刃；復有地獄，名曰鐵驢；復有地獄，名曰洋銅；

復有地獄，名曰抱柱；復有地獄，名曰流火；復有地獄，名曰耕舌；復有地獄，名曰剉首；復有地獄，名曰燒腳；復有地獄，名曰啗眼；復有地獄，名曰鐵丸；復有地獄，名曰諍論；復有地獄，名曰鐵鈇；復有地獄，名曰多瞋。」

地藏白言：「仁者！鐵圍之內，有如是等地獄，其數無限，更有：叫喚地獄、拔舌地獄、糞尿地獄、銅鎖地獄、火象地獄、火狗地獄、火馬地獄、火牛地獄、火山地獄、火石地獄、火床地獄、火梁地獄、火鷹地獄、鋸牙地獄、剝皮地獄、飲血地獄、燒手地獄、燒腳地獄、倒刺地獄、火屋地獄、鐵屋地獄、火狼地獄。如是等地獄，其中各各復有諸小地獄，或一或二、或三或四、乃至百千，其中名號，各各不同。」

（經法研探）這些地獄名號，聽來實在讓人不寒而慄。但我們總覺得它們離現實很遠，更希望地藏菩薩說這些地獄景象，只是用來嚇嚇我們的。

但是如果我們有足夠的勇敢誠實，把人間的一些景象和這些地獄名號作些聯想，就比較容易和地藏菩薩救拔地獄眾生的大願相應了。

例如有一種稀有而奇怪的病，讓一個孩子的骨骼，不能隨著年齡成長，而內部器官卻不斷擴張，被骨骼限制、壓縮著，使他分分秒秒活在「鐵衣地獄」裡。又，地獄中有「盤絞鐵蛇」，今天很多精神病人，不都經常穿著「緊身衣」，被綁在精神病院的床上嗎？又有地獄中有「取罪人舌」的苦刑，生口腔癌的病人，不是被醫生割掉舌頭、鋸掉下顎骨嗎？心臟搭橋、換心臟瓣膜的人，不也是被「取罪人心」嗎？

想想，我們怎麼會用有倒刺的魚鉤去鉤住魚呢？怎麼會在心裡泛起用倒刺的圖像來，而作這些設計呢？顯然我們一定曾到過「倒刺地獄」，受過那些苦，出來後舊業未消，心裡才會興起倒刺的圖像，卻以為是了不得的「發明」，結果再造重業，去傷害眾生。

還有，譬如有一種吃鵝掌的方法，就是把鐵板燒紅、燒熱了，把鵝趕在鐵板上走，走完，當場就把鵝的腳砍下來，拌著佐料吃。這不是「燒手地獄」、「燒腳地獄」嗎？我們一定在那兒待過，才想得出這些絕招來。

再看看我們怎麼吃猴腦的？把猴子夾在桌子中間，頭剃光，頭皮劃開，用利斧把顱骨敲開後，立刻用湯勺去舀牠的熱腦來吃。這不是「夾山地獄」的景象嗎？

很多特務機構，強迫犯人吃屎喝尿，用種種刑求，折磨犯人。

人間的「炮烙之刑」，就是把一個厚的銅管燒熱，把犯人的衣服脫光，綁到熱柱上，這就是「抱柱地獄」的景象。

所以，地獄景象和人間景象是相通的，我們在世間作的很多惡，其惡心和惡行，都反映出我們曾下過那樣的地獄。回到人間，就把地獄的「殘餘印象」反映到人間來。受了這類「靈感」的啟發，才設計出這種種極殘暴的「絕招」來。因為重複再造了如是惡業，那我們必定還要回到同樣的地獄去。這樣循環不斷，所以地藏菩薩實在很忙，以眾生「旋出旋入」故。

（經文）地藏菩薩告普賢菩薩言：「仁者！此者皆是，南閻浮提行惡眾生，業感如是。

（經法研探）「業感」──業力召感，是這一品經文裡的第一個要點，也是最重要的教導之一，但經文中只簡單的用「行惡眾生，業感如是」來表達。

「業力召感」是世間的眾生知見所不能理解的東西。但就在我們今世的生活經驗裡，就有很多「業力召感」的現象，只是我們視若無睹罷了。

例如有些女孩，從小辦家家酒，抱洋娃娃，玩新娘遊戲，把自己造作成非常女性化的「淑女」。長大後雖然十幾年寒窗，考進醫學系，可是解剖室對她們就好像是地獄，看到尸體，一秒鐘都不能忍受。若當年不造「淑女」的業，不造作女性化的業，解剖室就不是她們的地獄，而是成就女醫生的地方。

我們的主觀世界，就是我們的「心」，造了身、口、意三業之後，這些業會產生一種無形的逼迫力，叫「業力」。我們去搞女性化的造作，用傷毀心造業，業力就會回來折磨我們，那個解剖室就比地獄的傷毀性還大，如果不造作這些傷毀業，就不召感這個傷毀。這就是「業力召感」。

這個「心」，主觀地造了身、口、意業；以業力故，召感回來的東西，就是我們的客觀世界。因為我們的心能作無量的分別、造作，因此能改造成就不同的「主觀世界」，能造種種不同的業，產生種種不同的業力，也將召感種種不同的「客觀世界」。例如拿人道來說，有人處身在華屋美廈裡，有人在名山秀水處，有人在荒漠裡，有人住在地震帶上，有人住在火山邊上，也有人活在沒有春天、秋天和夏天，永遠冰天雪地、天寒地凍的地方，那不是很接近「寒冰地獄」嗎？

《維摩詰所說經》中的螺髻梵王，以他的善業，召感來的「堪忍世界」（娑婆世界），在他眼中和「自在天宮」一樣的漂亮；而舍利弗以他的惡業，召感來的卻是「五濁惡世」，穢惡不堪的景象。

這個客觀世界，可以是五無間地獄，也可以是大小地獄，也可以是畜生境界，也可以是餓鬼的境界，也可以是人天的境界。但不管我們活在什麼樣的客觀世界，都是我們主觀能動的去造身口意業的結果，也就是「業力召感」的結果。

地獄就是我們以最大的傷毀心，造了最大的傷毀業，產生最大的傷毀力所召感來的最傷毀的地方。沒有一個地獄不是自己召感來的。

（經文）業力甚大，能敵須彌，能深巨海，能障聖道。

是故眾生！莫輕小惡，以為無罪，死後有報，纖毫受之。父子至親，歧路各別，縱然相逢，無肯代受。

（經法研探）從諸佛菩薩的眼裡來看：我們起一個傷害的惡念時，如果讓這個惡念一直延伸下去，再用身口意來造作的話，地獄就會呈現。所以地獄都是從「一念起」，造就出來的。

起一念好像只是「小惡」，但惡是我們的習慣，若輕小惡，以業力相似相續生，很快就會變成大惡，這是麻煩。我們不習善而習惡，一旦起了惡，就聚來更多的惡緣；起一念善卻很難—難聚善緣，因為我們不是「習善者」，是「習惡者」，所以地獄跟我們是很接近的。連福報好一點的人，也同樣會掉進地獄。天人、甚至初地、二地菩薩，都免不了地獄厄運。

所以我們要常常想到「鬆油門、踩剎車、調轉車頭」這個戒。一切「習惡眾生」是處在非常危險的境界裡，車子是對著下坡衝去的，很容易就聚足了地獄的惡緣，使「緣合故有」——行在十惡業道上，不需要很大力量，就可以聚出地獄來。因此當我們受苦時，要常想到「習惡」的問題，趕快知怖畏、發願離開十惡業道，行上十善業道。

（經文）我今承佛威力，略說地獄罪報之事，唯願仁者，暫聽是言。」

普賢答言：「吾以久知三惡道報，望仁者說，令後世末法一切惡行眾生，聞仁者說，使令歸佛。」

地藏白言：「仁者！地獄罪報，其事如是：

或有地獄，取罪人舌，使牛耕之；

或有地獄，取罪人心，夜叉食之；

或有地獄，鑊湯盛沸，煮罪人身；

或有地獄，赤燒銅柱，使罪人抱；

或有地獄，使諸火燒，趁及罪人；

或有地獄，一向寒冰；或有地獄，無限糞尿；

或有地獄，純飛鏃鑗；或有地獄，多攢火槍；

或有地獄，唯撞胸背；或有地獄，但燒手足；

或有地獄，盤絞鐵蛇；或有地獄，驅逐鐵狗；

或有地獄，盡駕鐵騾。

仁者！如是等報，各各獄中，有百千種業道之器，無非是銅、是鐵、是石、是火，此四種物，眾業行感。

（**經法研探**）地獄裡充滿了「銅、鐵、石、火」，除了這些，沒有別的，這也是罪業眾生「業力召感」的結果──這是此品經文中的第二個要點。

為什麼地獄遇遭和刑具，一定是銅、鐵、石、火呢？因為當我們的意業在造作時，是堅持用自己的五種惡見──身見、邊見、邪見、見取見、戒禁取見來造作。那種堅持己意的執著，使我們的心變得剛強難化，而我們能見到最剛強難化的東西是什麼呢？無非是銅、鐵和石頭。

那麼銅、鐵和石頭能被什麼所加熱燒紅熔化呢？被火所熔化。這個火就是五陰熾盛的五把烈火，所以地獄眾生常在熱惱之中。

地獄眾生以剛強難化的心，召感來的是如銅、鐵、石頭般的環境和刑具；在苦的煎熬下所體現的熱惱，召感來的是「火」。所以在地獄裡看到的，一定是這四樣東西。

（**經文**）若廣說地獄罪報等事，一一獄中，更有百千種苦楚，何況多獄？我今承佛威神，及仁者問，略說如是。若廣解說，窮劫不盡。」

（經法研探）地藏菩薩跟我們說法時，為什麼要從「飛刀鏃鏃、通槍、火槍、刀山油鍋、洋銅熱鐵、鐵鷹鐵馬、鐵騾鐵狗、火、屎尿」等「物」說起？就是希望我們的心，可以呈現這些地獄景象，進而能知苦、知怖畏，起厭離心，歸順三寶。

地獄的結構和種種刑具，乃至那些鐵牛、鐵蛇，都是由銅、鐵、石、火構成。銅、鐵和石代表「堅固」，火代表「煎熬」，都是難破、難出、難化、難熄的物質，比我們的身體、生命、財產以及一切的資生眾具和五欲樂具，要「常」得多。

其實，世間之「物」，隨時可壞，很「無常」，加上我們的「無常心」在得到之後，立刻又覺得不夠好。比如，物質富裕的社會，每一秒鐘都有新產品出來取代舊產品；吃喝下去的美食，立刻變成穢物排泄出來──很無常。

但是由銅、鐵、石所築成的地獄，卻很「常」──裡面火勢猛烈，包括鑊湯盛沸、赤燒銅柱、火床火屋、火山火石，都是最難忍受的煎熬。而地獄經劫難壞，這些「境界」不壞時，地獄眾生就出不來。

經中第三品又告訴我們：「此界壞時，寄生他界；他界次壞，轉寄他方；他方壞時，展轉相寄；此界成後，還復而來。」這就透露了很麻煩的事──此界壞時，是怎麼壞的？要怎樣才能使銅、鐵、石、火壞去？

我們無知無覺地造作出這些地獄惡境界，恐怕要等天崩地裂、星球爆炸時，地獄才會壞。當然也可以等地獄本身「成、住、壞、空」，自動壞掉。無論如何在地獄壞空之前，地獄眾生是出不來的，但「能壞地獄者」可以改變這一切。

這個「能壞者」即是地藏菩薩摩訶薩！

當地藏菩薩摩訶薩「壞」此境界時，我們不必再轉生到他方去受苦，只要求地藏菩薩把我們直接帶到光明、善良、美好的境界去。這個「能壞」的奧秘，是地藏菩薩在他前世—身為婆羅門女時，所示現的。

從婆羅門女瞻禮、供養覺華定自在王如來的形像之後，端坐思惟佛之名號；以念佛力故，能入出地獄，不但母親得救，連無間地獄的罪人，都受生天上—地獄空了！所以地藏菩薩摩訶薩，有如是不可思議大神力、大慈悲力、大方便力，對我們非常重要。

我們在稱念地藏菩薩名號時，要念到他是末世南閻浮提、剛強難化、習惡罪苦眾生的「唯一救拔者」，因為唯有他，能最快的救拔我們及一切眾生出離地獄，轉生善良、光明、美好處。

如來讚歎品第六

（經文）爾時，世尊舉身，放大光明，遍照百千萬億，恆河沙等，諸佛世界。出大音聲，普告諸佛世界，一切諸菩薩摩訶薩，及天、龍、鬼、神、人、非人等：

（經法研探）佛放大光明，有時從眉間放，有時從指尖放，有時從兩掌放，有時從肩上放，有時從膝蓋放，有時從胸間放，有時從頭頂放，這次是從全身放大光明。

世尊全身放大光明、出大音聲，能遍照世界，一直照到下三趣，照到無間地獄；能普告眾生，一直傳到下三趣，傳到無間地獄。

經上提到諸佛大威神力時，都與光和音聲分不開。

光是重要的「緣」。不論哪個眾生的肉眼，乃至諸佛菩薩的佛眼、法眼、慧眼、天眼，要有所「見」，必須要有「眼」、有「光」和色塵（所見之物）。若沒有這三事因緣的和合，則無所見。

肉眼需要光，再差的肉眼，也需要光。例如貓頭鷹和蝙蝠，白天的日光太強，它們不能接受，故無所見；只有晚上太陽微弱的餘光，才能使它們接受而有所見。這一點餘光，就能讓福薄善淺的畜生，在黑暗中，看到它周圍的種種，可以四處活動。如果眾生有佛緣，即需要佛光來照，開啟天眼、慧眼、法眼、佛眼，見肉眼所不能見。

同樣，音聲靠空氣的震動去傳送，空氣的震動也是緣。一切眾生的肉耳，乃至諸佛菩薩的佛耳、法耳、慧耳、天耳，和震動，和聲塵（所聽之事）三事結合，即有所聞，三者不可缺一。

眾生各依他們的肉眼、業力，攀緣不同的「光」，所以見到不同的東西；各依不同的肉耳、業力，攀緣「震動」，所以聽到不同的聲音。

因此，佛陀放大光明、出大音聲時，每一個眾生以業力召感不同，見到、聽到的是不一樣的，即是《維摩詰所說經》中說：「佛以一音演說法，眾生隨類各得解」。

所以，唯有佛能以一個大光明，令一切眾生都各自見其所見：令諸佛以佛眼而有所見；令諸菩薩以法眼、慧眼、天眼而有所見；令聲聞、緣覺以慧眼、天眼而有所見；令天龍八部以天眼而有所見；令一切人、下三趣乃至無間地獄的眾生，各以俗眼而有所見。

唯有佛能以一個大音聲，令一切眾生都各自聽其所聞：令諸佛以佛耳而有所聞；令諸菩薩以法耳、慧耳、天耳而有所聞；令諸聲聞、緣覺以慧耳、天耳而有所聞；令天龍八部以天耳而有所聞；令一切人、下三趣乃至無間地獄眾生各以俗耳而有所聞。

佛全身放大光明、出大音聲，為的是讓一切佛剎土的眾生都有所見聞，都有所感受。不管是如何邪知、邪見、邪覺、邪受佛陀的光和音，唯一的目的就是要我們從所見聞中覺悟。

照理，無間地獄的眾生，是什麼也聽不到的，因為關在重重鐵圍山之內；是什麼也見不到的，因為日月之光照不進來。可是地獄眾生依自心一點點佛性的作用，攀緣佛光和佛音，見到抱的是銅柱，滾的是鐵床，穿的是鐵衣，啗他眼睛的是鐵鷹，飛刀火箭穿梭其間；聽到自己和別的受苦眾生的大嚎叫聲。可見還是有所見、有所聞。

但地獄眾生以惡業召感故，佛陀放大光明時，見到的卻是極悲慘的恐怖相、凶惡相、苦相。同樣，佛陀最慈悲的聲音，也可以被地獄眾生以自身的業力來做一定的扭曲和過濾，聽成是大嚎叫聲，或是夜叉、羅剎的呵斥聲。

幸好地獄眾生還有這一線的知、見、覺，感到地獄太苦、太惡。那樣一秒鐘就是一生一死，人間數日就是地獄數劫的難過難熬。一念「這不是我要的！」因此知苦、知怖畏、亟思出離。假若連這一線知、見、覺都沒有的話，就不會有出離的願望了。

我們的眼、耳、鼻、舌、身、意時時都有知、見、覺，那就是佛光、佛音、佛香、佛味、佛觸和佛法經過我們業力扭曲變形後的體現，所以叫妄知、妄見、妄覺，或邪知、邪見、邪覺，或惡知、惡見、惡覺。其實，我們日日見到佛，但我們不知道。如果我們能全面正知、正見、正覺一切佛光、佛音、佛香、佛味、佛觸和佛法的話，那就自身等佛了。

一切眾生既然各以不同的業力（也就是「主觀世界」和「心」），會召感來不同的色、聲、香、味、觸、法，為什麼卻見不到正法時期眾生見到的「佛的卅二相、八十種好」呢？因為我們末法時期眾生心太黑暗、狹劣、扭曲了，所以只有當我們的心光明起來，佛全身放大光明、出大音聲時，我們就能見聞世尊親自擂法鼓、震法雷、布法雲、施法雨、放大光明、做大師子吼的美音美相，並信受奉持佛陀的光和音。

（經文）「聽吾今日，稱揚讚歎，地藏菩薩摩訶薩，於十方世界，現大不可思議，威神慈悲之力，救護一切，罪苦之事。吾滅度後，汝等諸菩薩大士，及天、龍、鬼、神等，廣作方便，衛護是經，令一切眾生，證涅槃樂。」

（經法研探）這裡，佛不止要一切眾生拔出八苦，拔出三惡道，拔出無間地獄，還講「涅槃之樂」。一切眾生要證涅槃之樂，必須先要成佛；要成佛，必須要先發無上菩提心；要發無上菩提心，必須要先依得上地藏菩薩的大願加持力。

因為「涅槃之樂」是果地，必須要和因地相應，因地就是「地藏菩薩的大願甲冑」。而地藏菩薩的大願帶出的，就是地藏菩薩的功德和威神力。所以，要護衛此經，使它不被天魔波旬毀壞，不被一切眾生惡心抹殺。

佛以大光明、大音聲，發出了上面那段訊息。但是我們聽到了什麼？見到了多少光明？

雖然我們活在同一個世界、同一個時代，但每個人學習這部經，各依其善業惡業、福報罪報、心量大小、願力強弱，聽進去的和體會到的完全不一樣。

所以，「佛以一音演說法，眾生隨類各得解」。佛放大光明，出大音聲，有些眾生卻非要躲到黑暗的地方，要把這些光、音扭曲、過濾多少次，他才願見、敢見、能見。

例如地獄眾生就跟夜貓子（貓頭鷹）一樣，要經過多少大大小小的鐵圍山，多少千里萬里的高牆不斷過濾，把光濾掉，只剩一點點微弱的餘光，才有所見。要是直接見到佛陀放的大光明，就瞎掉了，盲無所見。

是知，「一切萬法皆無自性，以何為自性？以心為自性。」（《華嚴經》）

佛放這個大光明，見到一切眾生無量劫來「死此生彼」，是依什麼樣的因緣果報去一世轉一世；又見到一切眾生於無量的未來世，是如何去受生受死。菩薩摩訶薩承佛大光明的威神力，也變成無所不見，見到無量無邊的宇宙，同時見到一切佛剎土。

而我們見到了什麼？不僅跟佛陀不能比，跟菩薩摩訶薩不能比，跟辟支佛、阿羅漢不能比，跟諸天的天龍八部也不能比……。

不過，我們卻比天龍八部還略勝一籌。因為佛放大光明、出大音聲的時候，出現的是色、聲、香、味、觸，但打擊點在「法」上。人道的心較能與抽象的「法」相應。天龍八部卻非常執著於天眼、天耳，看到的都是美好的色、聲、香、味、觸的景象，於相住相，不知是夢幻泡影，也不願意去相信是夢幻泡影，因此對「法」較難相應。

所以，得為人身難，我等還是有大福報的，不要妄自菲薄。佛舉身放大光明、出大音聲，從有相、有聲，到無相、無聲，其實我們及一切眾生都能聽到，都能見到。只是我們剛強難化的心弦，該如何被這個音聲震撼？我們黑暗狹劣的心地，該如何被這個光明照亮？

（經文）說是語已，會中有一菩薩，名曰普廣，合掌恭敬，而白佛言：「今見世尊，讚歎地藏菩薩，有如是不可思議，大威神德。唯願世尊，為未來世末法眾生，宣說地藏菩薩，利益人、天，因果等事。使諸天龍八部，及未來世眾生，頂受佛語。」

爾時，世尊告普廣菩薩，及四眾等：「諦聽！諦聽！吾當為汝，略說地藏菩薩，利益人、天，福德之事。」

普廣白言：「唯然，世尊，願樂欲聞。」

（經法研探）感謝普廣菩薩，在那麼久遠以前，為了我們末法時期眾生的最高利益，為了救拔我們，代表我們向世尊請法。

當時法會上說的「未來世」，不是未來，指的就是現在，現在就是末法時期；而

「末法眾生」指的不是別人，就是此時、此地的我們。

前面幾品談的是，已經陷入下三趣，正在受罪苦的眾生包括我們的親人，該如何依地藏威神力而得救拔。這一品，主要是針對我們說的，跟我們的關係就更加貼切了。

雖然我們在末法時期受生，卻沒受生在下三趣，我們又何其幸福，有普廣菩薩為我們請法。所以當時法會中，佛陀為普廣菩薩宣說的法，根本就還沒有過去，就正在當下對我們宣說著，讓我們一起來至心誠意頂受佛陀的大光明和大音聲。

（經文）佛告普廣菩薩：「未來世中，若有善男子、善女人，聞是地藏菩薩摩訶薩名者，或合掌者、讚歎者、作禮者、戀慕者，是人超越，三十劫罪。

（經法研探）難道這麼一下子，就消掉三十劫的罪業？是的。不過，這裡有個前提——必須是「善男子、善女人」。

所謂的「善男子、善女人」，必須要信受奉持佛教的「十善法戒」，能止十惡，行十善，否則，不名為善男子、善女人。

因為，善男子、善女人的「善」——離惡就善，能直接接引得上地藏菩薩的大願威神加持力，依止此大願力才能對治業力，消滅罪業。所以善男子、善女人照這個法門做，當然可以一下消掉三十劫的罪業。

（經文）普廣！若有善男子、善女人，或彩畫形像，或土、石、膠、漆、金、銀、銅、鐵，作此菩薩，一瞻一禮者，是人百返，生於三十三天，永不墮於惡道。假如天福盡故，下生人間，猶為國王，不失大利。

（經法研探）這個法門的要害是，塑菩薩形像也好、拜菩薩形像也好、禮敬菩薩也好、頌揚菩薩也好，都很好，但必須是善男子、善女人才行。若不願、不能離惡就善，自以為照單行事，就買了升忉利天、不墮惡道的保險，還繼續行惡，那定會給自己帶來無窮的災難。最可怕的災難，就是要開始怨恨地藏菩薩不靈，不信、不敬地藏菩薩，甚至毀謗地藏法門，墮於惡道，求救無門。

（經文）若有女人，厭女人身，盡心供養，地藏菩薩畫像，及土、石、膠、漆、銅、鐵等像，如是，日日不退，常以華、香、飲食、衣服、繒綵、幢旛、錢、寶物等供養。是善女人，盡此一報女身，百千萬劫，更不生有女人世界，何況復受？除非慈願力故，要受女身，度脫眾生。承斯供養地藏力故，及功德力，百千萬劫，不受女身。

（**經法研探**）這樣一心供養下來，即使原先是個惡女人，只要發願厭捨這個女人身，盡心盡力供養地藏菩薩像，日日不退，並全心全意發心要成就大丈夫身，雖然不是自覺地在持十善法戒，但仍可以變成為善女人。為什麼呢？

一，因為既已盡心盡力、全心全意在供養地藏菩薩像，就再沒有心思去幹別的事，身業、口業、意業難得造作十惡，那麼不持十善法戒，也等於是持上了，自然成為善女人。這真是「方便法門」！

二，是已能厭捨女人身。因為只要一厭捨女人身，就等於捨了身、捨了命（使命），而且日日不退、盡心供養，就等於捨了財。一個人能夠捨身、命、財來供養菩薩，即使是供養菩薩像，也保證是個善女人。所以，這又是個「方便法門」！雖不是在持十善法戒，也已經暗合十善法戒了。

如果要受持這個方便法門，需要回頭來問：是不是因為這輩子做女人做得很挫敗，才希望下輩子變成男人，或來世當個菩薩？不妨再問：假如下輩子受生為皇后、公主、中國小姐、世界小姐、電影明星、模特兒、名女人……乃至天女，要不要當啊？如果還想當某個樣子的女人，那麼就和這個法門扯不上關係了。

只有統統不要，連天女都不要當，永遠、永遠不要再受女人身，要生生世世受生丈夫身、大丈夫身，這樣子一發願，就能盡捨三不堅法，成為善女人，也能和地藏菩薩的大誓本願加持力相應上。這就有資格生生世世以大丈夫身受生；有資格發大願行「四丈夫行」，成為真丈夫；有資格發無上菩提心；有資格以大慈悲願力再回來做女人，度脫眾生，真正進入菩薩位。

（經文）復次，普廣！若有女人，厭是醜陋、多疾病者，但於地藏像前，志心瞻禮，食頃之間，是人千萬劫中，所受生身，相貌圓滿。是醜陋女人，如不厭女身，即百千萬億生中，常為王女，乃及王妃、宰輔大姓、大長者女，端正受生，諸相圓滿。由志心故，瞻禮地藏菩薩，獲福如是。

（經法研探）這個女人，以先世的罪業，生得醜陋、多病。但因厭捨這醜陋、多病之身，全心全意禮敬地藏菩薩像，來世定可生為豪貴好看的人。

為什麼呢？

原來這個女人在這裡起了一個「善念」。他厭捨這個醜陋多病的身子，不想再貪愛攀緣它，希望能有更美好的受生，這就開始修「一心樂死」了。以這個「一心樂死」的善業，雖不是自覺地在修十善法行，但因心中三毒不怎麼造作，幾乎具備善人的資格，所以來世定能生得豪貴美麗。

（經文）復次，普廣！若有善男子、善女人，能對菩薩像前，作諸伎樂，及歌詠讚歎，香、華供養，乃至勸於，一人多人。如是等輩，現在世中，及未來世，常得百千鬼神，**日夜衛護，不令惡事，輒聞其耳，何況親受諸橫？**

（經法研探）經上說「不令惡事，輒聞其耳」，那麼是不是譬如颱風死了人、飛機失了事、強盜殺了人、地震、火災……他都見不到？聽不到？這不就變成了智障兒、或聾子、或瞎子了嗎？不是的。

所謂「惡事」，是指聽了這些天災人禍，我們的心會大起傷害，因被傾動而去思量惡事，例如晚上睡不著覺需要吃安眠藥；自家門窗多加道鎖；以後再不敢搭飛機……等等。

反之，如果我們接受啟示，發起慚愧和悲憫，開啟我們的智慧和覺悟，將惡事轉為善事，將自己的心量福報增大，如是就不再容易「聽聞」到「惡事」，即使有「惡事」傳到了我們的耳朵，也不會令我們的心起傷害意，如此方名為「不令惡事，輒聞其耳」。

（經文）復次，普廣！未來世中，若有惡人，及惡神、惡鬼，見有善男子、善女人，歸敬供養，讚歎瞻禮，地藏菩薩形像，或妄生譏毀，謗無功德，及利益事；或露齒笑；或背面非；或勸人共非，或一人非，或多人非；乃至一念生譏毀者。如是之人，賢劫千佛滅度，譏毀之報，尚在阿鼻地獄，受極重罪。過是劫已，方受餓鬼；又經千劫，復受畜生；又經千劫，方得人身。縱受人身，貧窮下賤，諸根不具，多被惡業，來結其心，不久之間，復墮惡道。是故，普廣！譏毀他人供養，尚獲此報，何況別生惡見毀滅？

（經法研探）在本經第四品的幾個因果——「若遇毀謗三寶者，示盲聾瘖啞報」、「若遇輕法慢教者，示永處惡道報」、「若遇污梵誣僧者，示永在畜生報」、「若遇破戒犯齋者，示禽獸饑餓報」中，我們已經初步學習到了，如果毀謗三寶，不恭敬三寶，將會有什麼樣的果報。

這一段經文，佛陀更為我們具體的指出，如果我們毀謗地藏菩薩或對正在歸敬、供養、讚歎、瞻禮地藏菩薩形像的善男子、善女人不恭敬，果報更甚。

因為地藏菩薩是末法時期、南閻浮提習惡罪苦眾生最直接的救贖，不設門檻，沒有條件，只要我們願意發出緊急的求救，地藏菩薩就一定有求必應。如果我們譏笑毀謗地藏菩薩的功德，危難時會向地藏菩薩求救嗎？一定不會！所以譏毀地藏菩薩，就是斷絕了自己的救贖之門。所以說：「如是之人，賢劫千佛滅度，譏毀之報，尚在阿鼻地獄，受極重罪」。

（**經文**）復次，普廣！若未來世，有男子、女人，久處床枕，求生求死，了不可得，或夜夢惡鬼，乃及家親；或遊險道；或多魘寐，共鬼神遊；日月歲深，轉復尩瘵，眠中叫苦，慘悽不樂者。此皆是業道論對，未定輕重，或難捨壽，或不得愈，男女俗眼，不辨是事。但當對諸佛菩薩像前，高聲轉讀此經一遍，或取病人可愛之物，或衣服寶貝，莊園舍宅，對病人前，高聲唱言：『我某甲等，為是病人，對經、像前，捨諸等物，或供養經、像；或造佛菩薩形像；或造塔寺；或然油燈；或施常住。』如是三白病人，遣令聞知。假令諸識分散，至氣盡者，乃至一日、二日、三日、四日，至七日以來，但高聲白，高聲讀經。是人命終之後，宿殃重罪，至於五無間罪，永得解脫，所受生處，常知宿命。

（經法研探）一般人的俗眼（肉眼），是看不懂這些發生在病人身上的種種現象。雖然看不懂，但有個方便法門，就是不管病人或昏迷，乃至往生後七天之內，都可以對他講：

一，要歸依地藏菩薩摩訶薩，求地藏菩薩摩訶薩緊急救拔，因為已經到了活不了，也死不掉，求救無門的地步了。

二，要自己發願出離惡道，不要再當「受害者」，去控訴別人，或為自己辯解。

三，要把財產拿出來，依照經文中所述的做五種布施供養，為自己「修來世」。最好是在病人同意的情況底下布施掉全部財產，他就能得到「命終之後，宿殃重罪，至於五無間罪，永得解脫，所受生處，常知宿命」的好處。假如他在沒有同意之前就死了，親人有財產處理權的話，那就幫他這樣布施掉，也可以有同樣的好處。為什麼呢？因為中陰身仍然有意識，只要對這個前世的身命財，還有種種不捨的話，就會把宿殃重罪統統攀緣住，永遠解脫不了。

為什麼要對世間的三不堅法—身、命、財一切盡捨？因為我們攀緣三不堅法，事實上，就是攀緣住百劫千生的罪業；當一切盡捨的同時，就把百劫千生的罪業也捨掉了，連五無間罪都可以捨掉。這就是「一切盡捨」的功德，而且還能進一步「常知宿命」。

這裡的「常知宿命」，不是說得到宿命大神通，是說生生世世都做三寶的弟子，因為三寶弟子都能知道宿命。怎麼知道宿命呢？是在歸依三寶的過程中，依大善知識的示導，慚愧懺悔，開啟智慧，正確發露因緣果報，見到自己今世所造和所受的果報。看懂了，就看得見自己的過去生和未來生，即所謂「欲知前世因，且看今世受；欲知來世報，且看今世造。」

以上談到的病人，是末法時期眾生普遍的情況，因為都是「剛強難化習惡罪苦眾生」，但是若依此地藏法門去做，定然能夠得到救拔和解脫。

（經文）何況善男子、善女人，自書此經，或教人書；或自塑、畫菩薩形像，乃至教人塑、畫。所受果報，必獲大利。是故，普廣！若見有人，讀誦是經，乃至一念，讚歎是經，或恭敬者，汝須百千方便，勸是等人，勤心莫退。能得未來、現在，千萬億不可思議功德。

（經法研探）若是持上十善法戒的善男子、善女人，為臨終者依上述法門作了佛事，接觸上《地藏本願經》，受持讀誦它，並恭敬供養地藏菩薩，自然能接引上地藏菩薩大願加持力，發起無上菩提心，立刻變成菩薩，這就是最大、最大的惠利。

（經文）復次，普廣！若未來世，諸眾生等，或夢或寐，見諸鬼神，乃及諸形，或悲、或啼、或愁、或歎、或恐、或怖，此皆是一生、十生、百生、千生，過去父母，男女弟妹，夫妻眷屬，在於惡趣，未得出離，無處希望福力救拔。當告宿世骨肉，使作方便，願離惡道。普廣！汝以神力，遣是眷屬，令對諸佛菩薩像前，志心自讀此經，或請人讀，其數三遍、或七遍。如是惡道眷屬，經聲畢是遍數，當得解脫，乃至夢寐之中，永不復見。

（經法研探）這個法門的重點在：依地藏菩薩的大願加持力，是出離惡道最快、最方便的辦法。

所以活著的眷屬，要告訴在夢中見到的宿世親人骨肉：我知道你是誰，你是我過去世或今世非常親的親人，你現在正在惡道中受大苦。要離開這個大苦，只有一個方法，就是由我來向你轉達佛陀的信息——

「你不是什麼受害者，你一定要自己發願出離惡道，因為正是你堅持了自己的憍慢邪見，乃至堅持自己的貪欲慳吝、瞋恨嫉妒，才在惡道裡出不來。你要趕快向地藏菩薩發出緊急求救，依他的大願加持力從速出離惡道。」

然後，活着的眷屬要在地藏菩薩像前，志心的讀誦《地藏本願經》三遍或七遍，或請人讀，並迴向給惡道眷屬，他們就能得到解脫。

這個地藏法門做起來正確、簡單，千萬不要用符咒或做法事來捉妖、驅鬼。

（經文）復次，普廣！若未來世，有諸下賤等人，或奴、或婢，乃至諸不自由之人，覺知宿業，要懺悔者，志心瞻禮，地藏菩薩形像；乃至一七日中，念菩薩名，可滿萬遍。如是等人，盡此報後，千萬生中，常生尊貴，更不經三惡道苦。

（**經法研探**）譬如在監獄的囚犯，要想消業滅罪，應該先供奉地藏菩薩像；憂苦逼切至心瞻仰禮拜地藏菩薩像，次數愈多愈好；七日七夜稱念地藏菩薩摩訶薩聖號，念滿一萬遍；慚愧懺悔以前的惡業，盡量把能想起的惡業，在聖像前面慚愧懺悔，發誓永不再犯，這樣就可以改運了。

（**經文**）復次，普廣！若未來世中，閻浮提內，剎利、婆羅門、長者、居士、一切人等，及異姓種族，有新產者，或男、或女，七日之中，早與讀誦，此不思議經典，更為念菩薩名，可滿萬遍。是新生子，或男、或女，宿有殃報，便得解脫，安樂易養，壽命增長。若是承福生者，轉增安樂，及與壽命。

（**經法研探**）每個人今世受生得好、壞，或活得好、壞，都是依據過去世所造的善業或惡業來決定的。這個法門透露給為人父母者，在孩子出生七天內，為他讀誦《地藏本願經》，稱念地藏菩薩摩訶薩聖號，滿一萬遍，能消嬰兒先世惡業，轉惡為善；亦能令嬰兒善業更加增長。

（**經文**）復次，普廣！若未來世眾生，於月一日、八日、十四日、十五日、十八日、二十三、二十四、二十八、二十九日，乃至三十日，是諸日等，諸罪結集，定其輕重。南閻浮提眾生，舉止動念，無不是業，無不是罪，何況恣情殺害、竊盜、邪婬、妄語，百千罪狀？能於是十齋日，對佛菩薩，諸賢聖像前，讀是經一遍，東西南北，百由旬內，無諸災難。當此居家，若長、若幼，現在、未來，百千歲中，永離惡趣。能於十齋日，每轉一遍，現世令此居家，無諸橫病，衣食豐溢。

（**經法研探**）這個法門的重點是：在這十齋日內，眾生的罪業泛現的特別猛厲，因此若能持好四重禁戒—遠離殺害、竊盜、邪婬、妄語，並讀誦《地藏本願經》，自己、家人甚至鄰里，定可以避凶趨吉，轉凶為吉。

（**經文**）是故，普廣！當知地藏菩薩，有如是等，不可說，百千萬億，大威神力，利益之事。閻浮眾生，於此大士，有大因緣。是諸眾生，聞菩薩名，見菩薩像，乃至聞是經，三字、五字，或一偈、一句者，現在殊妙安樂，未來之世，百千萬生，常得端正，生尊貴家。」

（經法研探）我們現在所處的客觀世界是：「眾生福薄，多諸衰惱，國土數亂，災害頻起，種種厄難，怖懼逼擾」（請見《占察善惡業報經》）；而此時的眾生是：「剛強難化習惡罪苦眾生」，因為我們——（一）「舉心動念，無非是罪」、「舉止動念，無不是業，無不是罪」；（二）「脫獲善利，多退初心，若遇惡緣，念念增益」，「縱發善心，須臾即退，若遇惡緣，念念增長」；（三）雖蒙地藏菩薩摩訶薩「頭頭救拔」，仍「旋出旋入」。

但佛陀在忉利天宮法會上，把救拔我們這些剛強難化習惡罪苦眾生的重擔，付囑交托給了地藏菩薩。地藏菩薩也在佛前多次領命承擔，並以深誓大願力故，救拔我們，不設門檻，沒有條件，從來沒有休息過，故說他和此土眾生的因緣特別深厚。

所以在聞地藏菩薩名號、見地藏菩薩形像、知地藏菩薩功德之後，只要我們向他求救，允許他救，他就立刻前來救拔我們。

再進一步通過供養、敬禮、瞻視地藏菩薩形像，稱念地藏菩薩摩訶薩聖號，讀誦《地藏本願經》，並深切悔過發願，這樣讓我們的身口意三業，最直接、最方便的親近地藏菩薩。

有了地藏菩薩的守護長養、慈悲救拔，身口意三業不斷離惡就善，就能滿足每個人「趨吉避凶、離苦得樂」的基本願望：今生資生眾具充足，五欲眾具稱意，使避免人間二十種苦報，乃至得到人天七十一種福報（《新輯十善業道經》），都不再是可望不可及的事了。這些福還可以一直受用到未來百千萬劫的生死中。

（**經文**）爾時，普廣菩薩，聞佛如來，稱揚讚歎地藏菩薩已，胡跪合掌，復白佛言：「世尊！我久知是大士，有如此不可思議神力，及大誓願力。為未來眾生，遣知利益，故問如來，唯然頂受。世尊！當何名此經？使我云何流布？」

佛告普廣：「此經有三名：一名地藏本願；亦名地藏本行；亦名地藏本誓力經。緣此菩薩，久遠劫來，發大重願，利益眾生。是故汝等，依願流布。」

普廣聞已，合掌恭敬，作禮而退。

（**經法研探**）這部經為什麼叫《地藏本願經》呢？因為地藏菩薩之所行，都是根據他的本願而行的。為什麼叫《地藏本行經》呢？因為地藏菩薩之所行，是在行他的本願。為什麼又叫《地藏本誓力經》呢？地藏菩薩的本誓力，本來就有不可思議的大威神力和加持力。

地藏菩薩的專職，是去救拔、惠利三惡道罪苦眾生。他和世尊是分工合作的。世尊示滅後，把彌勒菩薩示現成佛之前的所有惡業眾生，都托付地藏菩薩來救拔。從眼前來看，我們既然不是三惡道眾生，那麼，我們和地藏菩薩有什麼關係呢？

雖然目前我們不是三惡道罪業眾生，但我們過去無量劫的罪業還在那裡，還沒有消呢！若遵奉經中的囑咐去做，才能和地藏菩薩結緣，依他的大願加持力，就可以消掉過去無量劫的罪業，而得到如經中所說的惠利和果報。因此，地藏菩薩不但幫助我們消掉過去的罪業，又因為現世的煩惱和我們過去的業有關，也讓我們在現世人天兩道的煩惱，能依他的大願加持力而得消除。這樣就保證了未來不墮惡趣、受惡報，乃至得到安隱快樂。

同時，當我們消掉過去百劫千生的罪業時，也讓我們在惡趣中未得解脫的百劫千生親眷，得以解脫。因為我們過去的百劫千生，就是我們百劫千生的親眷，就是眼下的六道眾生，若隨順世間說有過去、現在、未來；有我、人、眾生，事實上三者是一，加在一起就是「眾生」，也就是「眾生眾死」。

這品的要害就是說，要想消盡百劫千生的罪業，唯有回歸依止地藏菩薩的大願加持力，方有救贖。沒有他的加持力，南閻浮提眾生因為「舉止動念，無不是業，無不是罪」，是沒有辦法出離惡道的，所以一定要志心至誠歸依地藏菩薩的大願加持力。

這就是此時、此土的我們和地藏菩薩的特殊因緣。再度感激普廣菩薩為我們末法時期眾生請出這段法來！

利益存亡品第七

（經文）爾時，地藏菩薩摩訶薩白佛言：「世尊，我觀是閻浮眾生，舉心動念，無非是罪；脫獲善利，多退初心；若遇惡緣，念念增益。是等輩人，如履泥塗，負於重石，漸困漸重，足步深邃。若得遇知識，替與減負，或全與負。是知識，有大力故，復相扶助，勸令牢腳。若達平地，須省惡路，無再經歷。

（經法研探）正如《華嚴經》上所說，娑婆世界的苦，體現在「罪」上。苦就是罪，罪就是苦，因為降伏不了這個「造罪」和「受罪」的心，就非得不斷地「造罪」和「受罪」，所以一切眾生都永在八苦之中。

更慘的是，因為我們的心一發動，這個罪就已經召感來了，久而久之，形成一種業力習性，就是業力所產生的一種「慣性定律」，「習惡」二字的嚴肅性和嚴重性，可想而知。所以本經「地獄名號品第五」中，地藏菩薩告訴普賢菩薩：「南閻浮提行惡眾生，業感如是，業力甚大，能敵須彌，能深巨海，能障聖道」；又告誡我們：「莫輕小惡，以為無罪，死後有報，纖毫受之」。

又，世尊在《未曾有說因緣經》中也說，人道「苦多樂少、煩惱心重」，憍慢邪見、瞋恚、嫉妒不斷，所以「十善法戒」的「心道三戒」難持，起心動念就非召感罪惡不可，真是「脫獲善利，多退初心；若遇惡緣，念念增益」，即使持了身、口二戒，都避免不了「旋出旋入」；如果不持身、口二戒，罪報更重。「如履泥塗，負於重石，漸困漸重，足步深邃」，就是我們閻浮提習惡眾生，生活和生命的寫照。

《占察善惡業報經》中說，末法時期的我們，經常活在「睹世災亂，心常怯弱，憂畏己身及諸眷屬，不得衣食充養軀命」的恐怖中，遇到的多半是「種種衰惱，不吉之事，擾亂憂怖」。正因為如此，佛陀才在忉利天宮法會上，將我們殷勤付囑給地藏菩薩，要地藏菩薩以大神通力，慈悲方便救拔我們，而地藏菩薩也在佛陀座前，發下深誓大願，三白佛言：「唯願世尊，不以後世惡業眾生為慮」。

而且本經中一再告訴我們：任何人若得「聞地藏菩薩名，見地藏菩薩形，知地藏菩薩功德」，即與地藏菩薩結上初緣。在大逼迫、大恐怖、大痛苦的緊急情況時，只要稱念地藏菩薩聖號，憂苦逼切地向地藏菩薩發出緊急求救的訊號，地藏菩薩一定頭頭救拔。

佛陀更在《大乘大集地藏十輪經‧序品》中，為我們這些於五濁惡世、無佛世界、災難深重的習惡罪苦眾生，宣說了向地藏菩薩求救的要領，就是「至心—稱名、念誦、歸敬、供養」。並保證地藏菩薩將以他「大悲堅固難壞，勇猛精進，無盡誓願」，來度化無量有情，並「令解脫種種憂苦」，同時「令一切如法所求，意願滿足」。

故說「是知識，有大力故」，也就是說，地藏菩薩是我等南閻浮提眾生的救拔者，是可歸依的對象。

所以，當我們供養地藏菩薩、禮敬地藏菩薩、稱念地藏菩薩時，就是承認靠我們的「己意己力」，已經無法自救自拔，只能愈搞愈糟，才要求地藏菩薩的救拔！

這樣，我們為什麼不把心裡藏不住的怕、受不了的苦、頂不住的罪、停不下的欲望衝動，還有那身上挨不過的疼痛，全部交托給地藏菩薩，請地藏菩薩「全與負」或「減負」？也就是用最真誠和勇敢誠實的心，來對待地藏菩薩。難道在地藏菩薩面前，我們還有什麼不好意思嗎？

經中這個「平地」，就是「法王夷坦道」。地藏菩薩把我們從「如履泥塗，負於重石，漸困漸重，足步深邃」的「險惡道」緊急救拔出來後，又通過學習親近供養地藏菩薩，幫助我們調發自心實力，不斷落實「須省惡路，無再經歷」，以堅穩的腳步，一步一步地走上法王夷坦道。

（經文）世尊，習惡眾生，從纖毫間，便至無量。是諸眾生，有如此習，臨命終時，父母眷屬，宜為設福，以資前路。

（經法研探）事實上我們每次造惡，開始時都只是一點點小事。但是因為心行放逸不能持戒，並不需要多少時間來醞釀成熟，一下子就「從纖毫間，便至無量」，衝往地獄，其快無比。正如經中所述，好不容易「脫獲善利」，就「多退初心」。

所以我們這些閻浮提眾生，要真正的知道怖畏！我們不像在「極樂世界」或許多其他佛剎土的眾生，那裡沒有惡，想攀緣惡也攀緣不上。我們舉心動念都是惡，一下子召感來的也都是惡，而且其快無比，要特別小心！

當然，反過來說，南閻浮提也是成就菩薩最好的教化場所，因為這裡的考驗是極嚴酷的，踫到的都是惡，只要攀上一點小惡就不得了。因此閻浮提眾生持戒的願力、信力和念力，都要特別的強，要比其他佛剎土的眾生強千百倍，乃至萬倍，才經得起考驗。所以維摩詰大菩薩跟眾香國菩薩說：「此土菩薩，於諸眾生，大悲堅固，誠如所言。然其一世饒益眾生，多於彼國百千劫行。」《維摩詰所說經．香積佛品第十》

那麼，習惡眾生和眷屬，要怎麼準備、怎麼以福來答報死亡呢？因為死亡帶來最大的「傷毀」，遇到這樣的「惡緣」，如何能不起惡，反以「福」來正確答報？

（經文）或懸旛蓋，及燃油燈；或轉讀尊經；或供養佛像，及諸聖像；乃至念佛菩薩，及辟支佛名字。一名一號，歷臨終人耳根，或聞在本識。是諸眾生，所造惡業，計其感果，必墮惡趣。緣是眷屬，為臨終人，修此聖因，如是眾罪，悉皆銷滅。

（經法研探）佛菩薩的「號」是該佛菩薩的功德。比如當我們念「南無阿彌陀佛」時，那是佛「名」，此佛的「號」是：「以無量光明，照亮去、來、今三世的無上正等正覺者」。另外，一切如來都有十種共同的稱號：應供、正遍知、明行足、善逝、世間解、無上士、調御丈夫、天人師、佛、世尊。

又比如念「地藏菩薩摩訶薩」時，那是菩薩的「名」，菩薩的「號」是「神力不可思議者、慈悲不可思議者、智慧不可思議者、辯才不可思議者、深誓大願力不可思議者」；念「觀世音菩薩摩訶薩」時，那是菩薩的「名」，菩薩的「號」是「大悲威神力、行深般若波羅蜜多、與佛如來同一慈力、與諸眾生同一悲仰」。又如「一切三世諸佛之所讚歎」、「與佛等位」，也是諸大菩薩的功德。

念佛法門是佛教中很大的禪定法，又叫「般舟三昧」。

從一個佛號作為「咒」——總一切法、持一切義，來提醒我們稱念佛菩薩名號的功德，這樣我們被無常大鬼驚嚇、威脅的心，立刻能提起正念。心在正念中，就沒有恐怖、逼迫、衰惱，「鬼」就跑了。假如我們的心能如是「到位」、如是稱念，那麼整個老病死的過程，會很安詳地渡過，死後的去處，也會非常光明，能見到佛菩薩前來迎接。

對臨終者讀經和讚揚佛的名號，假如能聽進耳根，當然最好；如果不能靠耳根聽進去，還是可以依心意識來相應的。譬如在催眠術中或睡眠時，雖然耳根是閉著的，但可以「聽」到更遠的東西，乃至用心溝通。換句話說，在催眠術中或睡眠時，眼耳鼻舌身五根已關閉，但仍可用「意」根，就是心意識來感受。中陰身也是這樣，肉體的眼耳鼻舌身已不起作用，但還可靠心意識來見、聽、聞、嚐、觸。

因此為臨終者做佛事──「或懸旛蓋，及燃油燈；或轉讀尊經；或供養佛像，及諸聖像；乃至念佛菩薩，及辟支佛名字」，能為臨終者和眷屬都種下了「聖因」，也就是佛種。這個種子將會發芽、成長、結果，也就是說，能以「福」來答報死亡，所以死者的一切罪，最後終將會銷滅。

（經文）若能更為，身死之後，七七日內，廣造眾善，能使是諸眾生，永離惡趣，得生人、天，受勝妙樂；現在眷屬，利益無量。

（經法研探）這種說法會不會應現呢？保證會！但我們要先了解一下地藏菩薩在經上說「七七日內，廣造眾善」是什麼意思？

上述提及的：掛起誦揚佛菩薩的幡蓋，點上長明燈，供養諸佛菩薩的聖像，為臨終者讀經，念佛菩薩的名號等等佛事，是為生者和死者種了「善因」，而本經《第一品》

中的婆羅門女和《第四品》中的光目女，她們所示現的才是「廣造眾善」的真實義。「廣造眾善」就是發大乘願，發和地藏菩薩一樣的深誓大願：「生生世世滅度一切罪苦眾生」、「地獄不空，誓不成佛」、「眾生未度，不證涅槃」。所以婆羅門女去地獄找母親時，母親已經脫離地獄生天了。光目女的母親也在再次受生受死時，本要墮惡趣的，但因光目女的誓願，而受生梵天，後生無憂國土，壽命無量劫，最後還證得「解脫菩薩」，並將證佛果。

所以任何為超度死者而發大乘願的眾生，就是婆羅門女，就是光目女，就是長者子，就是小國王，而將得到的福德、功德，也和地藏菩薩一樣是無量的。如同本經第一品中，佛對文殊師利菩薩說：「譬如三千大千世界所有草、木、叢、林、稻、麻、竹、葦、山石、微塵、一物一數，作一恒河；一恒河沙，一沙一界；一界之內，一塵一劫；一劫之內，所積塵數，盡充為劫。地藏菩薩證十地果位以來，千倍多於上喻，何況地藏菩薩在聲聞、辟支佛地？文殊師利，此菩薩威神誓願，不可思議」。

以上這些都是佛陀分明讚歎的，所以我們若能「廣造眾善」，發和婆羅門女等人一樣的誓願，就能得和地藏菩薩一樣大的福德、功德。這個惠利是無量、無法數，乃至不可稱、不可量的。

（**經文**）是故我今，對佛世尊，及天龍八部，人、非人等，勸於閻浮提眾生：臨終之日，慎勿殺害，及造惡緣，拜祭鬼神，求諸魍魎。何以故？爾所殺害，乃至拜祭，無纖毫之力，利益亡人，但結罪緣，轉增深重。

假使來世，或現在生，得獲聖分，生人、天中，緣是臨終，被諸眷屬，造是惡因，亦令是命終人，殃累對辯，晚生善處。何況臨命終人，在生未曾，有少善根，各據本業，自受惡趣，何忍眷屬，更為增業？

譬如有人，從遠地來，絕糧三日，所負擔物，彊過百斤。忽遇鄰人，更附少物，以是之故，轉復困重。

（**經法研探**）鬼神的作用是迷惑人心，鬼神是魔力，不是佛力。眷屬替中陰身作媒，讓死者和鬼神魍魎結緣，乃至古代因「殉葬」而殺妻妾、奴僕、牲畜等，以為這樣的祭拜是好事，事實上正好相反，因為任何的殺害和祭拜鬼神，只能讓中陰身更加迷惑，更加重罪業。

又有些人死的很冤，親友知道他瞋恨某些人，所以發願要「替死者報仇」，以為是替死者作好事。這種攀緣死者的瞋恨心，比為死者殺雞宰羊、求助鬼神更惡，甚至還會結上更深的罪緣。

而對死者作的任何事，生者也要收其成果，所以只有種佛種，起佛緣，才能幫助雙方解脫罪業。

（經文）世尊，我觀閻浮眾生，但能於諸佛教中，乃至善事，一毛、一渧、一沙、一塵，如是利益，悉皆自得。」

（經法研探）前幾段經文說了很多作惡的果報，這裡卻強調作善，實在是世尊和地藏菩薩，為了幫助閻浮提眾生出離罪苦地獄的苦心。

我們的罪業，好像是一列往高山上爬的火車，要有兩節火車頭一起開動，不光是用惡和罪苦的逼迫力作為下面這節火車頭的動力，把業力列車往上面推，同時也說行善的殊勝，好比上面的一節火車頭，把我們業力的列車往上拉。如是一推一拉，終究得以出離。

但這裡提到的「善」，不是隨便什麼善事，而是強調要在「諸佛教中」，主要是在諸佛的教誨之下作的善事，所以指的是親近供養三寶的佛事。

同時這段經文有個潛台詞就是：既然作善必獲福，那麼為惡也必定受殃。所以如果作一點點惡事，即使是一毛、一渧、一沙、一塵，那個罪苦，也全歸造者自得。

（經文）說是語時，會中有一長者，名曰大辯。

（經法研探）「長者」就是地位尊貴豪富的人，並不一定是年紀大的人。佛教裡，對一個世間法財很豐厚，受世間人所尊敬的人，就叫長者。以其有無礙辯才，能度化廣大無量的眾生，是名大辯。

（經文）是長者，久證無生，化度十方，現長者身，合掌恭敬，問地藏菩薩言：「大士，是南閻浮提眾生，命終之後，小大眷屬，為修功德，乃至設齋，造眾善因。是命終人，得大利益，及解脫不？」

（經法研探）「小大眷屬」，是以在家裏的身份地位來講的，不是指年紀的大小，因為如果指年紀的大小，應該是長幼眷屬。「大眷屬」是指身份高的眷屬，比如父母妻子兒女等；「小眷屬」是指身份低的眷屬，比如婢女奴僕。

「為修功德」的「德」與「得」同義。有「功」才有「得」，不立功則無所得。立功有兩種，一是為眾生立功，令眾生有所得；一是為自己立功。

藉著大辯長者的出場，讓我們來「回顧」一下，在這次忉利天宮法會上，他是第七位出來問法的代表：第一位是文殊師利菩薩，第二位是摩耶夫人，第三位是定自在王菩薩，第四位是四天王，第五位是普賢菩薩，第六位是普廣菩薩。七位代表裡，除了摩耶夫人沒有入菩薩位之外，其他的問法者都是真菩薩。

在《地藏本願經》的這個舞台上，佛陀和這些菩薩同台演出：地藏菩薩是第一主角，世尊是第二主角，這是兩個最主要的角色，其他都是配角。而這齣戲的緣起是佛陀要在忉利天為母說法，所以摩耶夫人是第一女主角。

（經文）地藏答言：「長者，我今為未來、現在，一切眾生，承佛威力，略說是事。

（經法研探）為一切眾生「問難」和「答難」，是一切菩薩要作的事。所以這裡地藏菩薩強調是為一切眾生作答，而不是為大辯長者個人作此開示。相同的，大辯長者也不是不知道答案，他也是為一切眾生問難。

（經文）長者，未來、現在，諸眾生等，臨命終日，得聞一佛名、一菩薩名、一辟支佛名，不問有罪、無罪，悉得解脫。

（經法研探）我們或許會問：婆羅門女和光目女的母親，不是也都聽過佛的名號嗎？為什麼他們死後還要下地獄？和這段經文所說，有沒有矛盾呢？

如果我們看長遠一點就能明白，假如這兩位母親，從來沒有聽過佛的名號，他們最後怎麼會得解脫呢？他們的罪又如何能除滅呢？正是因為他們曾聽過佛的名號，才能結上佛緣，作為解脫的起點，最後才能「重罪輕報」啊！

但我們也不能認為，即使造惡也不怕，只要聽到一聲佛號，就能得到解脫，這樣就把經義扭曲了。婆羅門女和光目女的母親，雖然他們最後的解脫也是從聞佛名號開始的，但因罪業故，死後照樣要下地獄去走一趟。

所以我們應當反過來理解這段經文：若有眾生，不曾聞佛名號，他們就不可能得到解脫。

另外，為什麼除了佛名、菩薩名之外，要特別提出得聞「一辟支佛名」呢？而且前段經文，也曾提到要為臨終者念辟支佛的名字？

原來地藏菩薩考慮到滅法時期即將來臨，那時眾生心更加黑暗，不僅召感不到佛的光明，而且沒有經典，連菩薩也都多以「魔王相」示現，這時眾生若想要見任何正面菩薩形象時，只有見辟支佛了。

譬如印度，早已處在滅法時期，人民不聞三寶與菩薩之名，卻聞甘地之名，甘地即是以辟支佛的形象示現的菩薩。甘地雖不以佛法教化人民，卻示現大慈悲神通力感化他們，令他們得到教化和救度。所以印度人知不知道有甘地這個人，對他們的未來有很大的影響，不論有罪、無罪，知道甘地，就是他們邁向解脫的開始。

辟支佛的梵文是Pratyeka-buddha，雖然不是真佛，但有個「佛」字，人們聽聞後得以種下佛種，而得解脫。

辟支佛在三寶不出現於世間時，是眾生的大善知識。辟支佛雖只得「法無礙智」和「義無礙智」，不得「辭無礙智」和「樂說無礙智」（見《大般涅槃經．梵行品》），卻能以神通力和眾生心中的光明直接相應。是無佛、無法、無經時期，福薄善淺眾生的唯一救贖。

（經文）若有男子、女人，在生不修善因，多造眾罪，命終之後，眷屬小大，為造福利，一切聖事，七分之中，而乃獲一，六分功德，生者自利。以是之故，未來現在，善男女等，聞健自修，分分己獲。

（經法研探）家裡有人往生，怎麼辦呢？通常只能被迫去面對，但又實在無力，自己也很恐怖。經常等喪事一過，就盡量去淡忘，把整個事都覆藏掉，躲開了，跑遠了。

經裡告訴我們這樣做是有過失的，因為這次我們往遠跑，下次就要見到更慘的老病死相。所以經裡鼓勵我們為往生者做的事情，六分是我們自己得的，要多多的做，因為這樣我們自己可以得到最大的惠利。

也就是說，我們即使有七分努力，所關心的往生者只能得到一分。如果我們想要他得到十分，最好拿出七十分的努力。這就是「利益存亡」，就是地藏菩薩說的存亡兩利的善巧方便。

那麼，為已死的人，讀誦此經，乃至為死人布施供養佛、僧，真的會有那麼大的功德法力嗎？是的！

生者因讀誦此經，怖畏黑暗，嚮往光明，與地藏菩薩功德結緣，再加上布施供養，心由惡轉善，自獲多利。又以其心轉向故，停止與死者的惡性糾纏互動。死者沒有了惡性互動對象的相應力和反作力，其惡頓減，又受到生者善良光明之感染，或起攀緣之心，若能起一念善，則不斷增長自心光明，終令惡盡，故能得「七分之一」的惠利。

（經文）無常大鬼，不期而到。冥冥遊神，未知罪福，七七日內，如癡如聾。或在諸司，辯論業果，審定之後，據業受生，未測之間，千萬愁苦，何況墮於，諸惡趣等？

（經法研探）「鬼」是有傷毀力、破壞力的。「無常大鬼」是指生老病死、成住壞空、生住異滅的變化，好像一個大惡鬼，把我們認為應該常住不變的身命財，一下子就摧毀掉，現傷毀和無常相。

色身在死時，四大分散，變成中陰身。中陰身在下一個受生之前，遊盪飄浮在冥冥幽暗中，喋喋不休、掙扎辯論。比如一個自以為曾經作過善的人死後，看到自己銜著三惡趣奔，這時就會問：我怎麼會衝著地獄跑、衝著畜生道跑、衝著餓鬼道跑？不對！我有善業，應該生天！應該生為人！……但曾造過的惡業力卻把他往三惡趣推，於是他不服氣、掙扎，不願就這樣地進入地獄，想要生天、想要做人……這就是經文上說的「或在諸司，辯論業果」。

（經文）是命終人，未得受生，在七七日內，念念之間，望諸骨肉眷屬，與造福力救拔。過是日後，隨業受報。若是罪人，動經千百歲中，無解脫日。若是五無間罪，墮大地獄，千劫萬劫，永受眾苦。

（經法研探）當我們的心轉移了，新的境界就隨業召感而出現，所以我們到了某一道受生時，因為心的轉移，就不復記憶過去的親人眷屬。

本品經文中，在在處處都提到「臨終時」和「七七日內」這兩段時間，為什麼這兩段時間這麼重要，值得一提再提？因為這是諸佛菩薩的善巧方便——「打鐵趁熱」。

我們的心，平日剛強難化，好比是一塊冷鐵。鐵若是冷的，即使用一百倍的力量，也打不出把鐵燒紅、燒熱時的效果。所以「打鐵趁熱」，才能去渣提煉，事半功倍。

為什麼只有在「臨終時」和「七七日內」，我們的心才比較柔軟可塑呢？因為當「無常大鬼」現大逼迫力時，不論是臨終人或其眷屬，都被嚇的不敢再依己意和己力，知道正是依了己意和己力，才把自己帶到這個「前無去路、後有追兵」的困境。如果繼續攀惡緣、造惡業，自己和眷屬統統要下三惡趣。

就這一念「不再依己意和己力」，就容易發心祈求並得到三寶和諸佛菩薩的威神力加持，心往光明善良處轉，這樣死者和生者都歸依上了三寶和諸佛菩薩。這是一個非常重要的「種佛種、起佛緣」的關頭，是一個覺悟的轉捩點。若錯過這個機會，死者就忙著去應付地獄或三惡趣之苦，生者也漸漸淡忘了這個「無常大鬼」的逼迫力。

所以經上反覆強調「臨終時」和「七七日內」，是諸佛菩薩體現的善巧方便和慈悲智慧，趁「無常大鬼」的餘威還在時，「打鐵趁熱」，讓眾生接上三寶和諸佛菩薩威神力的加持，種下佛種，結上佛緣。只要真心誠意照著經文去做，必然獲得惠利。正是「佛以一音演說法，眾生隨類各得解」！（《維摩詰所說經》）

（經文）復次，長者，如是罪業眾生，命終之後，眷屬骨肉，為修營齋，資助業道。未齋食竟，及營齋之次，米泔菜葉，不棄於地，乃至諸食，未獻佛僧，勿得先食。如有違食，及不精勤，是命終人，了不得力。如精勤護淨，奉獻佛僧，是命終人，七分獲一。是故，長者，閻浮眾生，若能為其父母，乃至眷屬，命終之後，設齋供養，志心勤懇，如是之人，存亡獲利。」

（**經法研探**）一切力量的發源，在於我們的心。「未獻佛僧，勿得先食」，是開啟我們自心對三寶恭敬和歸依的力量。自心輕率、不淨，是因為我們的憍誑輕慢，這樣就不能接引諸佛菩薩，特別是地藏菩薩的大願加持力。反之，自心謙下、真誠，必能接引上諸佛菩薩和地藏菩薩大願神通力的加持。

（**經文**）說是語時，忉利天宮，有千萬億那由他，閻浮鬼神，悉發無量菩提之心。大辯長者，作禮而退。

（**經法研探**）我們知道這部經是屬於「方等經典」——方便平等的經典。對「方等經典」，我們有一個很好的辦法來檢視，就是《未曾有說因緣經》裡提到的：「宣傳正化」就是要一切眾生「知死有生、作善獲福、為惡受殃、修道得道」。

《地藏本願經》反反覆覆講的，正是要眾生「知死有生、作善獲福、為惡受殃」，對「修道得道」的部份，雖然不是講得很深入，這也是為了方便平等、普門接引故。但對於初步的修行法門，包括布施、供養、瞻視、頂禮、稱念、歸依、受持讀誦，這些「修道得道」必須的資糧，卻講得很具體詳細。

本品經文裡一再提到所作的佛事，不僅惠利死者，同時也惠利生者，正如本品的品名定為《利益存亡品》，聽來不可思議。「利益存亡」必定不爽！

閻羅王眾讚歎品第八

（經文）爾時，鐵圍山內，有無量鬼王，與閻羅天子，俱詣忉利，來到佛所。

（經法研探）每一個鬼王都各有各的職責，管不同的事務，所統領的部眾也不一樣，手下管的小鬼也各有所司。

掌管一切鬼王的是閻羅王，閻羅王有很多名字，他又叫焰摩王，又叫閻羅天子，又叫閻摩羅王，但他的梵文名字只有一個，就是Yama Raja，是印度教中很重要的一位神。閻羅王不是佛教首先提出來的名字，佛陀只是繼承。傳說中，他是太陽神的兒子，不喜歡活在世間，是第一個死後去闖地獄、率先去探死亡境界的王子，因此變成了冥界的王。他的名字Yama（發音為「亞瑪」），有「雙」、「平等」或「公平」的意思。「雙」的意思，是因為他還有一個雙生的妹妹，叫Yami（發音為「亞蜜」），他管男的，妹妹管女的。但是這些傳說也有矛盾之處，後來到了佛陀的時代，兩者統一，不再提妹妹了，只提他是地獄的總管。

閻羅天子不只是地獄的總管，同時又是須夜彌天（在忉利天上面，梵文「Yama」）的天王。因此，閻羅天子有雙重責任，一個是在Yama天當天王，一個是管地獄。

「平等」是指他平等對待一切眾生，不論是何身份，他只依他們罪業的輕重和他們相應。

佛說萬法由心造，眾生見到什麼、信仰什麼，都是眾生心中業力所召感來的東西，佛陀一概方便予以承認。所以我們不說任何宗教的神明是假的，我們說都是「真」的。既然那麼多人幾千年來都說見到鬼神，那麼鬼神當然就是依人心的召感而「真」的存在。

既然一切萬有，都是自心業力召感來的，那麼有沒有「龍」呢？那也「有」。從東方到西方都說有龍，只是各自形容的龍，樣子很不一樣就是了。即使在中國，從上古到清朝，龍的造型都變了很多次。漢朝時，中國的龍是沒有爪子的，只是一隻四腳獸，後來身上長鱗，變成了有四隻鳥爪的蛇。到明朝就更複雜。等到了乾隆時龍的形象就完整化了，出現牛頭、魚鱗、蛇身、鹿角、蝦鬚、蝦眼、烏爪，繡在皇袍上和描繪在瓷器上十彩繽紛，非常完美具足。

外國人的龍，可不是這樣的。有點像恐龍，有四隻腳，還要噴火，背上長著起起伏伏的肉刺，是個恐怖的怪獸，沒有中國人賦予龍的那些尊貴意義。

所以，誰也說不清閻羅王是什麼樣子，就像每個人見到的鬼都不一樣，因為業力召感的不一樣。佛陀有個原則，凡是眾生自心業力之所召感，都一概予以承認，何況是眾多人共業所召感的，故說是「有」。

又如，美國人在第一次登陸月球之前，很多富有想像力的藝術家，觀想月球表面的景象，畫出來的月球，和太空人實地拍回來的照片比較，兩者非常地像，連光的感覺都一樣。那些藝術家此生都沒有去過月球，也沒見過任何實地拍攝的照片，只憑他們的想像而畫，所以眾生自心本有此法，印證了佛說—自心萬法具足。

經上還有這麼一段的故事，就是當佛陀出世之後，淨飯王抱著他去印度教的神廟禮神、祈福，所有坐著的神像都站起來了，不敢受他的禮敬，因為佛比他們都尊貴。佛陀另外的稱號是「大仙」、「大聖」、「天中天」，意思是他的覺悟和智慧最高，在一切神仙和天王之上。

佛教把閻羅王定位在地獄的總管，而他又是地藏菩薩的分身；地藏菩薩又是佛陀的分身。所以他和其他住不可思議解脫菩薩一樣，要以正面和反面兩個形象出現：一個是現慈悲的菩薩相，另一個是現猙獰的魔王相。即是《維摩詰所說經．不思議品第六》上說的：「十方無量阿僧祇世界中作魔王者，多是住不可思議解脫菩薩，以方便力故，教化眾生，現作魔王。」

這樣我們就清楚了，閻羅王的真面目就是：他是須夜彌天王，又是地藏菩薩的分身示現，兼領地獄王，職管眾鬼王。

在此品中提了幾個重要鬼王的名字，還有很多沒有提名的小鬼王，都是從南閻浮提地獄來的。這一點很重要。好比，在阿彌陀佛的極樂世界裡面，沒有地獄，所以也沒有這些鬼王，自然見不到他們。在眾香國也見不到鬼王，因為眾香國連聲聞、緣覺都沒有，當然也沒有地獄，更不會有鬼王。唯有在南閻浮提或類似閻浮提的佛剎土，才有閻羅天子和鬼王現身，有大鬼王也必定有各種小鬼，有明顯的層層階級制度和分工。

（經文）所謂：惡毒鬼王、多惡鬼王、大諍鬼王、白虎鬼王、血虎鬼王、赤虎鬼王、散殃鬼王、飛身鬼王、電光鬼王、狼牙鬼王、千眼鬼王、噉獸鬼王、負石鬼王、主耗鬼王、主禍鬼王、主食鬼王、主財鬼王、主畜鬼王、主禽鬼王、主獸鬼王、主魅鬼王、主產鬼王、主命鬼王、主疾鬼王、主險鬼王、三目鬼王、四目鬼王、五目鬼王、祁利失王、大祁利失王、祁利叉王、大祁利叉王、阿那吒王、大阿那吒王。

（經法研探）鬼王們代表了什麼？

我們過去所造的惡業和痛苦，有的已現，有的還未現，讓我們的心常在恐怖中，但我們並不知道自己的怯弱、恐怖、逼迫、熱惱是怎麼回事。比如有人怕黑，有人得恐慌症，但是連「怕」什麼都不知道，因為不知道造諸惡業，會導致什麼樣的「相現果起」，而眾鬼王就是代表這個「相現果起」，雖然也有一些好的鬼王。這些鬼王告訴我們有善業、惡業，還告訴我們：當這些「相現」的時候，我們是絕對無力的。

也就是說，鬼王們什麼時候現身，我們不知道，那麼當我們害怕、恐怖時，頻遭種種惡、種種不吉之事時，就要想到這些鬼王及他們的名字，知道是他們來了，就要求地藏菩薩摩訶薩。這些鬼王沒有一個不敬畏佛、不敬畏地藏菩薩的，他們和地藏菩薩結的緣最深。

但是也不要反抗，反抗、抵制都沒有用。第一、「應當甘受」（請見《占察善惡業報經》，第二、趕快求地藏菩薩摩訶薩，趕快想到經典給我們講的是什麼。這裡把無形界的奧秘和遊戲規則都給我們揭露出來了，我們要懂這個遊戲規則，這樣可以自救，也可以救人。

從上述名字來看，至少可以把他們分成兩類：從惡毒鬼王到主禍鬼王這十五個大鬼王，都是要折磨、懲罰、毒害人道和下三趣的眾生，主管降禍降災。從主食鬼王到主險鬼王，他們可以施以懲罰，也可以施以獎賞；可以給予一些世間的福報和好處，但也可以讓人匱乏和損壞。

例如散殃鬼王，他主管發散災難，如地、水、火、風等一切天災。

又如主耗鬼王，專管人們是否在浪費他們的福德，是否把福德的功勞老歸給自己。若是這樣，就大大地得罪了這個鬼王，就會令這個人的福耗損殆盡，「福盡還墮」。

主禍鬼王，管一切意外及人禍的產生。

諸如上面提到的三個鬼王，是屬「惡鬼」，專管懲罰、毒害。下面提到的鬼王，則有能施予福禍的雙重作用：

例如主食鬼王，管吃的，從人道到下三趣，有得吃或沒得吃，吃得好或吃不好，由他來決定。

主財鬼王，決定某個人該不該得世間財、該得多少。如果他不給的時候，就讓人窮困交加，過不好日子。中國人喜歡供的財神爺，就是主財鬼王。

主畜鬼王，是專管畜牲的事，以畜牧業為主的人，就與他很有關係了。是否草肥馬壯，眷養的牲口是否無病無災、增殖快慢、傳染病等事，都由他管。

主禽鬼王，專管所有兩隻腳的鳥類，包括雞、鴨、鵝之類。

主獸鬼王，管不由人畜養的四腳動物，包括老鼠。當主獸鬼王聯合主殃鬼王和主疾鬼王，決定不獎賞而懲罰人類時，麻煩就大了。十一世紀歐洲的鼠疫，把人口消滅了一半以上，將歐洲推到一個黑暗時期。所以鬼王們有時可以聯手出擊，一齊折磨或降福人類。

主魅鬼王，主管山裡面的精靈，可以迷惑人，也可以害人。

主產鬼王，專管胎兒、初生嬰兒。產婦生產、早產、難產以及產後的種種病，也都歸他管。

主命鬼王，管一個人從生到死做人的使命。若在餓鬼道受生，就是做餓鬼的使命；若在畜牲道受生，就是做畜牲的使命。這些眾生由生到死的事，也都歸他管。所以任何的有情，從入胎受生，領取了某一道的使命，一直到使命結束受死，都是主命鬼王管。

主疾鬼王，管生不生病、生大病或生小病、生病會不會喪命等事。還有我們從生下來那一天，都得了必死的不治之症，這個必死的病什麼時候到臨，也都由他決定。

主險鬼王，管我們一生會遇到多少凶險，或多麼平穩安逸，是他的職責。

還有三目鬼王、四目鬼王、五目鬼王，我們該如何去理解呢？人的眼睛在六根中是最尋伺的一根，此處可以表示視力的好壞。例如很多老人，到了八十歲，還可以不戴眼鏡看報紙，大概是三目鬼王賜福給他，給了他再生的眼睛。現代人有辦法矯正各種視覺缺失，或許也都是四目、五目鬼王的加持。

此段末所提到的祁利失王、大祁利失王、祁利叉王和大祁利叉王，各種參考書中都沒有記載，所以不知道他們是掌管什麼職守的。「叉王」指的可能是夜叉之類的鬼，而不是手拿叉子的鬼。這些名字都是由梵文直接音譯而來，如果能找到他們的梵文原名，或許可以揭開這些「迷」。在此處向讀者們致歉。

（經文）如是等大鬼王，各各與百千諸小鬼王，盡居閻浮提，各有所執，各有所主。

（經法研探）以上關於鬼王們的作用全屬相說，屬於顯教部份，若依如來秘義來說，一切的鬼王，跟我們的關係是屬於「我」及「我所」的關係。「我」就是我們的心意識；「所」的意思是所召感來的人事物；我們的心所能感應到的，就是「我所」。因此，鬼王和我們的關係，除了是「我」及「我所」的關係，還是「心」及「心所」的關係，也是「業」及「業所」的關係。

我們心的全部內容就是「業」和「業所」召感的境界。我們的心，能夠起眾多的善根，也能起眾多的惡根；由善根發起一切善業，由惡根發起一切惡業。但是，無論善業惡業，都是業力促動的結果。而業力，就是無明的力量，無明的力量，就是鬼。因為這些無明的力量，不管是善是惡，都是飄忽不定，摸不到、看不清的，所以由鬼來體現。故知「業」以及「心」，同樣都是難以見聞覺知的，但是能起一切的作用，召感來一切

「存在」。越虛妄的心，越能召感像鬼這樣虛幻迷惑的東西。

心緣業，業召鬼。心是因；業是緣，又叫心所；鬼是果，又叫業所，由業所召感來的。所以，鬼是我、心、業所召感來的。鬼為什麼有「王」？鬼王是大鬼，屬於大根—大善根和大惡根所召感來的鬼；他們底下還有細根的鬼，就是那些依小善根、小惡根召感而來的小鬼王和小鬼。小鬼回歸依止鬼王，鬼王又回歸依止大鬼王。鬼雖有大小，但都是無明的力量。我們心中善根的力量，召感來那些能對我們作出惠利的鬼；若我們心中惡根發起、滋長的話，召感來的就是那些能帶來殃禍的鬼。所以鬼唯是我們自心造業所召感的東西。

因此，什麼樣的鬼對我們起什麼作用，單看我們心中的惡根、善根目前在起什麼作用。如果我們的心讓惡業力放逸的話，就召感主惡鬼對我們起作用，他們一起作用，災禍苦難就降臨我們身上。反之，我們的心不放逸，主惡鬼對我們起不了作用，我們就無災無病，風調雨順。

我們自心萬法具足，百劫千生所造種種善業、惡業具足平等。所以這些鬼王就如是平等地管理著所有的眾生，我們各以持不同的戒，來選擇和某些鬼王互動或如何互動。

所以要持善戒，不要持惡戒；要持清淨戒，不要持不清淨戒；要持善法戒，不要持不善法戒。這樣我們召感來的鬼王，都是替我們作善的，作惡的鬼王就不體現作用，這是戒力的作用。

我們持善法戒時，善法戒召來善利的鬼王。例如主財鬼王會給我們很多財富、珍寶；主食鬼王給我們錦衣玉食、山珍海味；主疾鬼王不讓我們生病，或得病後很快就好，讓我們活得好、死得好；主產鬼王讓我們多福多壽多男子，母子平安等等等。

因此，從人道的觀點來看，人各依自己所持的戒，先歸小鬼、小鬼王、大鬼王管，再歸四大天王管，一起再歸閻羅王管。

若是修行人，一切鬼與四大天王退席，直接歸帝釋天王管。而修行人若持上菩薩清淨戒時，所有天王就退席了，因為持清淨戒的是真菩薩，不屬鬼王的管轄。菩薩的一切福禍，都由佛陀來管了，脫離鬼王和諸天王的管轄。

什麼叫做被「管」呢？就是被「限制」。我們有很多善業、惡業，它就是我們每一個人的限制。換句話說，我們是被自己的善業、惡業所限制。當我們依自己善業、惡業的限制，決定做某一道的眾生時，就依那一道的限制，來決定了我們眼耳鼻舌身意的作用。這個限制就決定了我們歸什麼管。這是如來秘教，也是如來說經的深奧秘義。如來說法有無量義，而秘義只有上根的人、發了菩薩大願的人、發了無上菩提心的人，才可以體會得到、讀得懂，才會受到秘義的感動激發。

為什麼經上要提各式各樣的鬼呢？因為要依此方便來讓我們見業。若論業，每個眾生都是平等的，因為我們的生命從無始以來就開始了，所以我們百劫千生所造的善業、惡業也一樣。這些鬼王時時都隨侍左右，任由我們召喚，單看我們正在持什麼戒、造什麼業，就召喚什麼樣的鬼來。這就是「秘」，就是如來所見，就是地藏菩薩所見，卻不是一般人甚至天道有情能見。一切眾生不能見，因為這不是經驗世界所見，遠超過眼耳鼻舌身意所能見，是依慧眼方能見的「超驗世界」。

鬼王者是屬於我所、心所、業所；為「我」所召感，為「心」所召感，為「業」所召感。召感決定於我們的信、願、捨、戒、忍。也就是依我們信什麼、願什麼、捨什麼、戒什麼和忍什麼，以此五項來決定我們必定會造什麼業，必定不會造什麼業；同時也決定我們召喚什麼鬼出來，對我們幹什麼事。

我們自心召感來的鬼及鬼王，他們都歸一個總頭目來管，就是閻羅天子。所以閻羅天子代表我們的心，也是我們的業的總代表；他是我們的心和我們的業對外的示現、投影；是我們的心和業所召感來的總代表；因此他也是我們的心和業的發言人。在此品中他更是起了代言人的作用，他代表他所帶來的一切大小鬼王，向佛陀請法。

前幾品中，地藏菩薩一再勸我們不要供養鬼，對生者、死者都無益處。佛也指明南閻浮提罪苦眾生，習惡已久，所以要供養地藏菩薩。佛陀從來沒有要我們去拜鬼王，他只要我們供養三寶，供養三寶就包含了一切，因為一切菩薩是佛的分身，而鬼王是菩薩兼領的。

（經文）是諸鬼王，與閻羅天子，承佛威神，及地藏菩薩摩訶薩力，俱詣忉利，在一面立。

（經法研探）人道和下三趣無善業力召感，也就是說，這些眾生造的業，是沒有辦法升天道的，忉利天是去不了的。鬼王和閻羅天子也一定要承佛威神力和地藏菩薩大願加持力，才能上忉利天。

那麼人道又如何能受到佛的威神力加持呢？就是要念到我們原本追求真常、真樂、真我、真淨的善根。念到這些善根時，諸佛威神力就會加持我們。同理，發大願救拔一切罪苦眾生，也就能和地藏菩薩大願加持力相接引了。當時閻羅天子就是依這兩個力量，率領眾鬼王上到忉利天。

（**經文**）爾時，閻羅天子胡跪，合掌白佛言：「世尊！我等今者，與諸鬼王，承佛威神，及地藏菩薩摩訶薩力，方得詣此忉利大會，亦是我等獲善利故。我今有小疑事，敢問世尊，唯願世尊慈悲宣說。」

佛告閻羅天子：「恣汝所問，吾為汝說。」

是時，閻羅天子瞻禮世尊，及迴視地藏菩薩，而白佛言：「世尊！我觀地藏菩薩在六道中，百千方便，而度罪苦眾生，不辭疲倦。是大菩薩有如是不可思議神通之事，然諸眾生，獲脫罪報，未久之間，又墮惡道。

（**經法研探**）閻羅王為什麼要回過頭來看地藏菩薩呢？有兩個意思：一、向地藏菩薩行注目禮；二、倆人會心一笑，因為他倆事實上是一個人，只是在此演雙簧，說對口相聲而已。

（經文）世尊！是地藏菩薩既有如是不可思議神力，云何眾生而不依止善道，永取解脫？唯願世尊，為我解說。」

（經法研探）這裡，閻羅天子不是怪地藏菩薩神通力不行。他肯定地藏菩薩的神通力是不可思議的，但是他想不通，這些有情為什麼偏不攀善道的緣，非要攀惡道的緣？他也不能理解，為什麼他總是見到同樣的惡業眾生，剛被救走，怎麼一轉身又回來了？

這正是當下南閻浮提的慘狀。今天人間各地監獄的典獄長，都可以為此作證，犯人刑期剛滿出獄，不多久又被捉回監獄。回頭的人數有時竟然會比新增的人數多，也就是說前科犯和累犯，比初犯的人還要多。

（經文）佛告閻羅天子：「南閻浮提眾生，其性剛強，難調難伏。是大菩薩，於百千劫，頭頭救拔如是眾生，早令解脫。

是罪報人，乃至墮大惡趣，菩薩以方便力，拔出根本業緣，而遣悟宿世之事。自是閻浮眾生，結惡習重，旋出旋入，勞斯菩薩久經劫數，而作度脫。

譬如，有人迷失本家，誤入險道，其險道中，多諸夜叉，及虎、狼、師子、蚖、蛇、蝮、蠍。如是迷人，在險道中，須臾之間，即遭諸毒。

有一知識，多解大術，善禁是毒，乃及夜叉、諸惡毒等。忽逢迷人欲進險道，而語之言：『咄哉！男子，為何事故，而入此路？有何異術，能制諸毒？』是迷路人，忽聞是語，方知險道，即便退步，求出此路。

是善知識，提攜接手，引出險道，免諸惡毒，至於好道，令得安樂，而語之言：『咄哉！迷人！自今已後，勿履是道。此路入者，卒難得出，復損性命。』是迷路人，亦生感重。

臨別之時，知識又言：『若見親知及諸路人，若男若女，言於此路，多諸毒惡，喪失性命，無令是眾，自取其死。』

是故，地藏菩薩具大慈悲，救拔罪苦眾生，生天、人中，令受妙樂。

是諸罪眾，知業道苦，脫得出離，永不再歷。如迷路人，誤入險道，遇善知識，引接令出，永不復入。逢見他人，復勸莫入。自言：『因是迷故，得解脫竟，更不復入。』若再履踐，猶尚迷誤，不覺舊曾所落險道，或致失命，如墮惡趣。

地藏菩薩方便力故，使令解脫，生人、天中，旋又再入，若業結重，永處地獄，無解脫時。」

（經法研探）因為在閻羅天子的問法中，對罪苦眾生是有不諒解的。這個不諒解，會導致整個鬼道對從人道墮下去的和已經墮在下三趣的眾生，起不了悲憫心。佛陀就藉著閻羅天子的問法，向一切鬼道，特別是眾鬼王開示，說出剛強難化習惡罪苦眾生，也有他們不得已的苦衷。

就好像那個走在險惡道上的人，他實在無可奈何，也沒有別的選擇，只能照著險惡道上繼續走下去，直到遇到善知識把他引出來。可是還會一下子又迷惑的跌下去。如果不知悔改，就在險惡道上一直滾，自己是出不來的。

於是佛陀把罪苦眾生造業、受報、被救拔、又回墮的因緣果報，正式揭示出來，通過閻羅天子和眾鬼王，把這個信息帶給鬼道，讓整個鬼道得到開解，讓他們不要對罪苦眾生起瞋妒心，要鬼道和地藏菩薩通力配合合作，在不同的「窗口」，協助救拔罪苦眾生、護衛眾生。

「猶尚迷誤」的原因，就是因為我們不「省惡路」（見本經《利益存亡品第七》），不去深刻地覺察，不肯真心地慚愧懺悔，當初到底是怎麼走上這條惡路的。凡是這樣堅持「猶尚迷誤」的人，就一定會重覆過去的經歷，作不到「無再經歷」。

譬如，有一個人愛喝路邊攤子的冰水，因為他認為冰水最解渴，可是他喝了以後，上吐下瀉，立刻送進醫院急救，打消炎針，輸鹽水，救回了小命。身體好了，醫生讓他出院，勸告他以後不要再喝路邊攤的冰水了。但他聽完，就忘了，而且他不覺得、也不相信，他是喝了路邊攤的冰水才生的急病。於是下次看到冰水攤，忍不住又跑去喝，忘掉就是這個冰水，把他送進醫院急診室去的。等再喝了冰水，又送進醫院，嚴重休克，打強心針、電擊都無效時，就活不成了。

我們這些惡業眾生，就像這個愛喝路邊攤冰水的人一樣，次次召感的業會更重，召感的罪、惡和苦也更多，直到把我們壓到地獄的深層，翻身不得，解脫不了。

（**經文**）爾時，惡毒鬼王合掌恭敬白佛言：「世尊！我等諸鬼王，其數無量，在閻浮提，或利益人，或損害人，各各不同。然是業報，使我眷屬遊行世界，多惡少善。過人家庭、或城邑、聚落、莊園、房舍，或有男子、女人，修毛髮善事；乃至懸一旛、一蓋，少香、少華，供養佛像及菩薩像；或轉讀尊經，燒香供養一句一偈。我等鬼王，敬禮是人，如過去、現在、未來諸佛。敕諸小鬼，各有大力，及土地分，便令衛護，不令惡事、橫事、惡病、橫病、乃至不如意事，近於此舍等處，何況入門。」

佛讚鬼王：「善哉！善哉！汝等及與閻羅，能如是擁護善男女等，吾亦告梵王帝釋，令衛護汝。」

（經法研探）所謂「善事」的定義，是「作佛事」。

經文上說只要讀一句一偈，真的就有功德嗎？如果讀了幾千遍，怎麼還是災難不斷？那麼佛和惡毒鬼王說的惠利是真的嗎？是什麼緣故使這些惠利不發生呢？一、我們作惡就會讓惠利不發生；二、作佛事要誠心誠意恭敬供養，心不誠，作佛事就沒有效果。

這些鬼王也不想害人，看到人作一點佛事，他就來利益他們，但人一作惡，所有的佛事功德不現，直到能止惡、除惡，善業才會體現。

這裡面的訊息非常清楚：必須止惡！過去雖作了惡事，現在就必須先立刻止惡；若現在還作惡，那現在所作的一切佛事，皆無利益。若能做到這點，就保證鬼王的承諾可以實現，乃至佛菩薩的承諾也都會應現。

承諾沒有應現是因為我們不能止惡！譬如在我們讀經、念佛、供養佛時，心中還會起種種惡心。即使身、口二業都不造，但心中三惡還止不住（憍慢邪見、貪欲慳吝、瞋恚嫉妒），這樣作佛事無效，諸鬼王乃至諸佛菩薩，應許我們的利益事，都不會來，損害的事，都不會斷。

諸鬼王是和每個人的善、惡業相應的。譬如惡毒鬼王是主惡和毒的，是我們傷毀心和毒害心的對外召感來的鬼，因為我們善根惡根和善業惡業無量，因此這些鬼王的示現亦無量。我們身口意三業善的話，他們被善業所召感，相回應的也一定是善；我們身口意三業惡的話，召感來的一定是惡。這些鬼王對我們作惡或作善，單看我們的身口意三業是善還是惡。

我們身口意三業中，只要有一業是惡，所作的佛事都不善，一念惡就把一切的善都賦予惡性。同時，我們的惡業，決定了惡毒鬼王要不要帶給我們厄運。如果我們身口意三業有毒惡之處，它一定會現身，帶來災難；假如我們身口意三業都沒有毒惡，他就不會損害我們，也不會讓他的小鬼們來損害我們。

因此，我們在做佛事時，首先要停止造身口意三惡業，這樣惡毒鬼王就保證不以惡回報我們，他們雖然不做正面的惠利，但可以令傷毀不發生。

（經文） 說是語時，會中有一鬼王，名曰主命，白佛言：「世尊！我本業緣，主閻浮人命，生時死時，我皆主之。在我本願，甚欲利益。自是眾生不會我意，致令生死俱不得安。

何以故？是閻浮提人初生之時，不問男女，或欲生時，但作善事，增益舍宅，自令土地無量歡喜，擁護子母，得大安樂，利益眷屬。或已生下，慎勿殺害，取諸鮮味供給產母，及廣聚眷屬，飲酒食肉，歌樂絃管，能令子母不得安樂。

何以故？是產難時，有無數惡鬼及魍魎精魅，欲食腥血。是我早令舍宅、土地靈祇，荷護子母，使令安樂，而得利益。如是之人，見安樂故，便合設福，答諸土地，翻為殺害，集聚眷屬。以是之故，犯殃自受，子母俱損。

（經法研探） 主命鬼王管人道和下三趣有情受生受死的好壞。

（經文）又閻浮提臨命終人，不問善惡，我欲令是命終之人，不落惡道。何況自修善根，增我力故。

（經法研探）這一段經文以「增我力故」四個字結尾。「我」同時指「主命鬼王」和「臨命終人」，這正是無內、無外的寫照。主命鬼王一再發起願力，要臨命終人不墮惡道，借此善緣自修善根，增長自心實力。同時他也要臨命終人自修善根，也增長內心的實力，這樣不但絕對不墮惡道，並能受生到善道。在此讓我們領受無人無我、無內無外的深義。因為人我、內外兩者是相應不二的。臨命終人的善心惡心，善行惡行，善業惡業，正和主命鬼王的善心惡心，善行惡行，善業惡業完全相應，二者的修行是無內無外，不二不異的，一起應證了佛陀所說「作善獲福，為惡受殃，修道得道」的真理。

（經文）是閻浮提行善之人，臨命終時，亦有百千惡道鬼神，或變作父母，乃至諸眷屬，引接亡人，令落惡道。何況本造惡者。

（經法研探）臨終人最容易跟著走的，就是自己熟悉的親人，這個誘惑在那時很難抵擋，就好像我們初到外地，人生地不熟，語言又不通，如果有熟悉的親戚，我們一定會先去找他們的。

當我們面對死亡時，是帶著百劫千生，乃至今世的惡業去轉世，如果沒有消業除障，見到的應是自己一步踏入無邊黑暗才對，怎麼竟會見到死去的親友來接引自己「回老家」呢？由此可見，見到死去的親人，就已經是被鬼包圍了，不知這些「親眷」是惡道鬼神的化現。如果跟了他們走，就正好是跟著惡神、惡鬼走，這一走就掉到三惡道裡去了。

地藏菩薩說我們都是「舉心動念，無非是罪」的眾生，平時罪業如果不慚愧懺悔，沒有交給地藏菩薩，臨終時只好攀「功業」來抵這些罪業。但我們有什麼功業呢？想不出來，就會去親近那些讓自己覺得有面子的人，比如最愛自己的父母親人，或者自己曾經給予過幫助的人。

又，雖然是作了佛事的人，但沒有堅定地發無上菩提心，不修菩薩行，未入初地菩薩位，沒有開啟智慧，就不能保證「自知死已，決定不離諸佛菩薩」（《華嚴經．十地品》），都很難抵抗這個「親人接引」的誘惑。何況我們？

但是臨終時的慚愧懺悔很難作，如果對「知死有生、作善獲福、為惡受殃、修道得道」的因果關係不清楚，就更難了。不過，如果見到死去的親人或者冤親債主時，能夠認識到「這是我惡業的召感」，趕快叫：「地藏菩薩救我！南無地藏菩薩摩訶薩！」表示我們承認有這些惡業，承認受不起這個果報，請地藏菩薩救拔。

所以如果臨終者，能夠如是不離地藏菩薩摩訶薩，隨時把身痛心苦交給地藏菩薩全與負，向地藏菩薩求救，就算沒有初地菩薩位，也可以做到「自知死已，決定不離諸佛菩薩」，這就是地藏法門的殊勝。

（**經文**）世尊！如是閻浮提男子、女人臨命終時，神識惛昧，不辨善惡，乃至眼耳更無見聞。是諸眷屬，當須設大供養，轉讀尊經，念佛菩薩名號。如是善緣，能令亡者離諸惡道，諸魔鬼神悉皆退散。

（**經法研探**）在這裡我們還要注意另外一件事，很多臨終者的家屬，請外道術士來驅鬼，這就嚴重得罪了主命鬼王、惡毒鬼王和他們的同僚及部下們。外道術士有時還要殺生，用牛、羊、雞、鴨、豬等家畜來供祭，這反而召感來了那些欲食腥血的夜叉、羅剎，不但不能有絲毫利益，反而有害。

就像本經《利益存亡品第七》中，地藏菩薩所說：「是故我今，對佛世尊，及天龍八部，人、非人等，勸於閻浮提眾生：臨終之日，慎勿殺害，及造惡緣，拜祭鬼神，求諸魍魎。何以故？爾所殺害，乃至拜祭，無纖毫之力，利益亡人，但結罪緣，轉增深重。」

我們中國人常常認為，家中死了人不吉祥，是凶宅。就算這是一般人所信，我們也可以讓凶宅變成吉宅，只要大作佛事就行。因為這是惡毒鬼王的承諾，他們會退避三舍，無有橫事、惡事、橫病、不如意事降臨舍宅，這不正是凶宅變吉宅了嗎？所以要勸一切人，不要做那些燒紙人、紙馬、紙錢……等愚弄鬼神的蠢事。

這是地藏菩薩在這部經中，一再對一切善男信女親口交待的話。所以我們不要和佛菩薩對著幹，作了佛事，又去作惡事，讓惡干擾杜絕了一切善。這也說明了為什麼我們本來該得到利益，卻得不到的原因。

臨終人和眷屬本來想好生好死，主命鬼王也是要我們好生好死，怎麼會搞到生死俱不得安呢？就是因為造了惡。如果不能先「止惡」，主命鬼王和惡毒鬼王所承諾的利益，就都不會實現。

因此，只要作最微細的善，即使是一毛一渧，聞一佛名，一菩薩名，乃至大乘經典的一句一偈，或設大供養，轉讀尊經，念佛菩薩名號，或懸一幡一傘一蓋，香、花供養，就能幫我們先止了惡，那麼主命鬼王和他的部屬一定會兌現諾言，這都是佛和地藏菩薩清楚的付囑。

在這裡對一些絕對不可以觸犯的惡，有特別的指定：一、臨命終人，不要跟著已故的親人走；二、不許殺生；三、不許放逸的哭、鬧；四、不許稱揚自己的功德；五、不許拜祭鬼神。

其實整本地藏經都是在說「止惡行善」。在這一品裡，很具體的交待臨命終人和他的眷屬該作什麼，不該作什麼；該止什麼惡，該行什麼善。若能做到，眾鬼王在佛前對眾生的承諾就都會實現；若做不到，不止不兌現，還要墮惡道。經上說得非常清楚，黑白分明。

（**經文**）世尊！一切眾生臨命終時，若得聞一佛名、一菩薩名、或大乘經典一句一偈，我觀如是輩人，除五無間殺害之罪，小小惡業，合墮惡趣者，尋即解脫。」

佛告主命鬼王：「汝大慈故，能發如是大願，於生死中，護諸眾生。若未來世中，有男子、女人至生死時，汝莫退是願，總令解脫，永得安樂。」

鬼王白佛言：「願不有慮。我畢是形，念念擁護閻浮眾生，生時死時，俱得安樂。但願諸眾生於生死時，信受我語，無不解脫，獲大利益。」

（**經法研探**）這個率直的回答中，有更重要的一句潛台詞，那就是：他們若不聽我的話，一定會墮三惡趣。所以主命鬼王在此向世尊做了正面的保證，也做了反面的保證。

（**經文**）爾時，佛告地藏菩薩：「是大鬼王主命者，已曾經百千生，作大鬼王，於生死中，擁護眾生。是大士慈悲願故，現大鬼身，實非鬼也。卻後過一百七十劫，當得成佛，號曰：無相如來，劫名：安樂，世界名：淨住，其佛壽命不可計劫。地藏，是大鬼王，其事如是不可思議，所度天、人亦不可限量。」

（**經法研探**）世尊的用心是很深遠的，而且是要把我們罪苦眾生的心往上提升的。這一品要分三個段落來看：

第一個段落的經法研探，開解了鬼道眾生對人道的嫉妒和瞋恨，因為鬼道眾生的福報抵過人道，但是他們的罪業卻大過人道，受的苦也大過人道，所以世尊通過第一段落的經法研探，讓鬼道眾生少造惡，少受苦。

第二個段落的經法研探，是特別針對人道，因為「敬畏鬼神」是人類的本性之一，對「無形界」不了解，所以害怕。但是「無形界」無形無相，以人類的六根實在難以認識，如果堅持自己的意思，只能瞎做，反受其殃。所以要由兩位鬼王，親自說出鬼道和人道互動的「遊戲規則」，只要遵守這個規則，不只不受修理，還會得到幫助。

第三個段落的經法研探，是要讓我們歸依到，怎麼正確認識我們認為「有傷害」的力量。對鬼道有正確的認識，知道他們可以極善，也可以極惡。比如一般眾生認為生了孩子要慶祝，於是大酒大肉大事殺生，結果惹得鬼道翻臉，非要修理我們不可；但是又因為我們不殺生，還能夠做一些佛事，那些魍魎鬼魅就遠離我們了。

其實一切法都是一樣，最凶惡的法可以變成最善良的法，最善良的法，也可以同時變成極凶惡的法，終究要以我們的心來決定的。

又，在此品結束時，我們將菩薩及鬼王們對閻浮提眾生的殷勤付囑再重複一遍：

		應作（必要攀的善緣）	不應作（不可攀的惡緣）
受生	因緣	但作善事	1 慎勿殺害，取諸鮮味供給產母。 2 不要廣聚眷屬，飲酒食肉，歌樂弦管。
	果報	增益舍宅，自令土地無量歡喜，擁護子母，得大安樂，利益眷屬	1 召感欲食腥血之無數惡鬼及魍魎精魅，子母俱損。 2 能令子母不得安樂。
受死	因緣	1 命終人之眷屬，當須設大供養，轉讀尊經，念佛名號。 2 一切眾生臨命終時，若得聞一佛名、一菩薩名、或大乘經典一句一偈。	1 臨命終人，不問善惡。（不知慚愧懺悔） 2 不要被變作父母，乃至諸眷屬之百千惡道鬼神接引。 3 臨終之日，慎勿殺害，及造惡緣，拜祭鬼神，求諸魍魎。
	果報	1 能令亡者離諸惡道，諸魔鬼神悉皆退散。 2 小小惡業，合墮惡趣者，尋即解脫。	1 爾所殺害，乃至拜祭，無纖毫之力，利益亡人。但結罪緣，轉增深重。 2 令墮惡道。

無論受生、受死，於一切時，諸鬼王都是在護念閻浮提的眾生，從他們對佛陀的承諾中，就可以明白地看到他們的意願。

惡毒鬼王對佛說：「或有男子、女人，修毛髮善事；乃至懸一幡、一蓋、少香、少華、供養佛像及菩薩像；或轉讀尊經，燒香供養一句一偈。我等鬼王，敬禮是人，如過去、現在、未來諸佛。敕諸小鬼，各有大力，及土地分，便令衛護，不令惡事、橫事、惡病、橫病、乃至不如意事，近於此舍等處，何況入門。」

主命鬼王對佛陀說：「願不有慮，我畢是形，念念擁護閻浮眾生，生時、死時，俱得安樂。但願諸眾生於生死時，信受我語，無不解脫，獲大利益。」

如何信受奉持此《閻羅王眾讚歎品》呢？如何依此品止惡行善呢？

止惡：

持戒──鬼王們說不可做的惡事，絕不再做。

行善：

一、作佛事──設供養，轉讀尊經，念佛菩薩名號。

二、了解眾鬼王的心意，感激他們護念一切有情，念念擁護閻浮眾生的大願。

三、發與地藏菩薩同樣的大願：救拔一切罪苦眾生乃至五無間地獄眾生。

稱佛名號品第九

（前言）這部《地藏本願經》是很難講解的，這一品尤其難講，因為在文字上沒有什麼可說的，若有生辭，佛學辭典都可以翻查得到。今承諸佛及地藏菩薩威神力的加持，試解此品。祈願所有讀者，皆能蒙受諸佛及地藏菩薩威神力的加持，正受此品。

（經文）爾時，地藏菩薩摩訶薩白佛言：「世尊！我今為未來眾生，演利益事，於生死中，得大利益。唯願世尊聽我說之。」

佛告地藏菩薩：「汝今欲與慈悲，救拔一切罪苦六道眾生，演不思議事，今正是時，唯當速說。吾即涅槃，使汝早畢是願，吾亦無憂現在未來一切眾生。」

（經法研探）佛陀在這裡說：「吾即涅槃」，並將現在和未來一切罪苦眾生交托給了地藏菩薩來救拔。難道佛就不度眾了嗎？還有這麼多的眾生沒度，怎麼辦呢？

佛陀不是平等普度一切眾生嗎？為什麼要將罪苦眾生交托給地藏菩薩，要地藏菩薩「演不思議事」，而且「今正是時」，還要地藏菩薩趕緊上任，「唯當速說」？

如來有十種稱號，其中有「無上士」一稱，意指佛陀是一切大丈夫的領袖和導師。又稱為「調御丈夫」，即負責調伏、駕馭這些人、天有情顛倒錯亂的心行。又稱為「天人師」，故是天、人兩道的大導師。在其它佛剎土，譬如阿彌陀佛的世界裡，沒有地獄，也沒有三惡趣，任何佛出現於世時，基本上就辦這三件事。

但是，娑婆世界不止有三惡趣、大小地獄和五無間獄，而且在末法時期南閻浮提的人道裡，很難再有真正的丈夫，甚至連具足受生為人的福報都很難得。也就是說，末法時期人道眾生的福報善根大大地降了一格，善業不足，召感不來佛的三十二相、八十種好，所以佛陀很難發揮他的力量，無法直接以他的身教、言教來度化我們，因此，佛陀只好示滅，並將度化罪苦眾生的重任交托給地藏菩薩。

所以世尊以佛的形像示現於世時，他必須要有分身來和他分工合作。地藏菩薩做為世尊的分身，來管末法時期人道眾生、三惡趣和地獄的事；世尊自己以佛陀的形像示現來管天、人兩道的事。

其它世界的佛示現時，如釋迦牟尼佛所授記的無相如來（前身主命鬼王），佛壽可以長到不可說劫，而釋迦牟尼佛在南閻浮提示現受生，佛壽只有八十年。在這八十年裡，他將能度的眾生都度了之後說：「所作已辦」（《佛遺教經》）。也就是說，世尊以佛的形像示現於世，該辦的事都辦了，因此佛的形像要示滅入涅槃，而剩下的事情──幫佛度脫下三趣的罪苦眾生，就該由地藏菩薩來辦了。所以世尊要快點下台，好讓地藏菩薩快點上台。

《大般涅槃經》記載，當天魔波旬再三向世尊頂禮，請世尊快點示現入涅槃時，天魔對佛說：您老人家已經累夠了，該辦的事都辦了，可以退居後台了，現在是我的舞台，剩下的事就由我來辦吧！

難怪世尊要催地藏菩薩快說、快上台，因為後面有天魔波旬在催他啊！

於是，出現了世尊的兩個分身：一是地藏菩薩；一是天魔波旬。地藏是十地菩薩，天魔波旬是七地菩薩，他們做為佛的分身，幫佛來辦不該由佛辦的事。

《維摩詰所說經．不思議品第六》上說：「十方無量阿僧祇世界中作魔王者，多是住不可思議解脫菩薩，以方便力故，教化眾生，現作魔王」。因為南閻浮提眾生剛強難化，地藏菩薩作為正面教員還不行，仍需要天魔波旬，以反面教員的形像出現來幫助他。

正面教員用軟語，令眾生接受如來的正法；而反面教員用粗語，令剛強難化的眾生心，先軟化下來，才能受法。地藏菩薩和天魔波旬兩人分工，各以正面教員和反面教員的形像同時出現，出來度脫罪苦眾生，這樣「兩個拳頭揍人」，就可以不漏失一個眾生，為佛把事情辦妥當了。

佛陀悲憫末法時期眾生福薄善淺、剛強難化，見不到佛和菩薩高大的形像，也聽不懂佛和菩薩的教化，恐怕因此無法被度化，所以除了正面教員外，不得不需要反面教員。而反面教員，除了天魔波旬外，還有閻羅天子、諸大鬼王和無量的小鬼，都作為佛的無量分身，以千百億化身示現，來教化不同根性的眾生。因此，佛陀不得不做示現入涅槃的安排。

其它世界的佛示現時，佛壽可以長到不可說劫，而《大般涅槃經》中說，佛是不生不滅，不增不減，不垢不淨，無所不在的，那麼，為什麼釋迦牟尼佛只活八十年就示滅了呢？

正是因為南閻浮提眾生福薄善淺、罪業深重，面對無量善良、無邊光明的佛身，只能召感八十年。當八十年過後，此土眾生心慢慢黑暗下去，就見到佛的示滅，不再見到佛了。

當佛陀示滅時，他知道眾生的心，不但發揮不出善業力，還常在惡業力促動下起心動念，因此絕對見不到佛，只有見菩薩；惡業再造作時，連菩薩都見不到，只有見魔王；再惡時，魔王也見不到，只有見閻羅王；等閻羅王也見不到時，見大鬼王；大鬼王見不到時，見小鬼王；小鬼王也見不到時，見夜叉、羅剎這樣的小鬼，那就是地獄眾生所見的景象了。

不過，不論是菩薩，或是魔王，或閻羅王、大小鬼王，乃至小鬼，都是佛的分身，都在度化我們，都要讓我們從惡業中覺醒過來。

縱然諸佛有這麼大的神通力，可以作這麼多的分身化現，但是從秘義來說，我們所見的分身，都是我們心的外化作用，也就是依我們的業力召感來的客觀世界。所以，當善業力發起時，就可以見到佛身高大，佛壽無量，也見到天道光明美好的景象；當惡業力造作時，就見不到佛，只見到無常、逼迫、猙獰、恐怖，充滿了傷毀的地獄景象。

所以，我們應當慚愧，本來，佛以三世十法界為身，其身高大無邊。但是，是誰把佛高大的「無邊身」給分身掉了？

若依客觀世界來看，我們說佛本有無邊神通，可以化現無量的分身；但依主觀世界來看，是我們無量無邊、黑暗狹劣的心，把佛身割裂、扭曲、矮化、醜化成為不同的分身。而這一切的化現，就是「業化」的過程—把一個無量無邊的法身佛，經過不斷的無明業力和惡業力去分化，最後化現成一個個的地獄，一個個的鬼。

我們所處的客觀世界，包括自己、眾生、山河大地、日月星宿、草木瓦石等，都是我們過去、現在、未來的業，所化現而生的。當這一切，被無明的業力所化現時，我們是無知無覺的；以無知無覺故，猶如生盲，當為惡業所化時，我們就見到一個黑暗、恐怖、悲慘、邪惡的客觀世界。

我們學佛的目的，就是要把我們的心，從無明的險惡道上，調轉車頭，也就是「苦海無邊，回頭是岸」，也就是把「業」通過「佛化」的過程，使一切變成佛化所生，如是，就改變了我們所處的「客觀世界」。

若是佛化所生，首先要依善業來化。被善業所化，就化現人、天兩道，所見都是比較美好的景象。但善業還是無明的力量，因此當我們的心由熾盛、熱惱，漸趨清涼時，我們開始歸依佛、歸依我們的佛性。

這裡首先分出善業或惡業：善業所召感的世界，就是天堂；惡業所召感的世界，叫做地獄。但善業、惡業都是「業」，仍然是無知無覺地依無明而行，依業而化。所以只有依佛性所化，依覺性所化，依諸佛菩薩「任運自在，遊戲神通」力所化，才能幻化出諸佛菩薩的世界，也就是佛光普照的世界，一切覺的世界，一切智的世界。

一切本自無生，以幻化而生。不自覺地幻化，是業化；自覺地幻化，是佛化。若由佛性來幻化，就可以開始自覺地幻化出我們自己、眾生，到山河大地、日月星宿、草木瓦石等客觀世界。這樣有自覺幻化能力的人，就是諸佛菩薩。我們發願行菩薩行，就是發願自覺地去善化、佛化出諸佛菩薩的世界。

所以這個世界，不管是惡業化或善業化，業化或佛化，都是幻化而生，無有真實。《金剛經》說：「滅度一切眾生已，而無有一眾生實滅度者」；就是說我們所處的一切世界、乃至所見的一切眾生，實無有生，都是依幻化而生，但因業化故，我們對整個過程無知無覺。而我們自心萬法具足，有六大神通力。如果我們不能自覺地體現這個神通力時，就只有隨業而轉，為業所化。

我們的心就是業化出來的，再依業去幻化一切，召感一切。麻煩的是，我們無知無覺，不知道如何幻化，也不知道幻化出來的世界，是不是我們要的。更可怕的是，我們的心是顆無常的心，無常心所召感來的一切，都是無常相。而無常相即是傷毀相，傷毀相即是惡相，惡相即是苦相。所以我們的心，經常調發的是惡業，見到的是傷毀，感受到的是苦。

為什麼我們說一切眾生「妄見傷毀」？端看我們的惡業力有多重，就會妄見到多麼嚴重的傷毀，乃至於無傷無毀的東西，都被認為有很大的傷毀。

譬如，有些人對蟻酸敏感，被蜜蜂叮一口，或是被很小的火蟻咬一下，就要趕快送急診室，否則會死人的。過去，我們很少聽過這樣的事，這到底是怎麼回事？

過去幾乎沒有聽過「過敏」，現在過敏的情況愈來愈多，有人對巧克力過敏，對牛奶過敏，對桔子水過敏……這些對別人是營養可口的食物，對過敏的人而言，卻成了毒藥。

還有人對阿司匹靈過敏，不小心吃了帶阿司匹靈成分的藥，支氣管就封閉起來，馬上呼吸困難，臉也腫起來，要送急診室。我們有位同學，就發生上述阿司匹靈中毒的情形。當時我告訴這位同學：「先安靜下來，不要想自己，想想在這個世界上，現在有多少眾生，就在這一秒鐘，受著和你一樣的痛苦。可是他嚥下去的是最後的一口氣，當這口氣吐出來之後，下一口氣就不會再來了，而你還可以吸下一口氣，所以你不是最悲慘、最苦的。」聽著這個「眾生咒」，他的臉慢慢消腫了，氣管也不再縮緊，整個人放鬆下來，就沒事了。阿司匹靈是聖藥，患心血管病的人，要長期服用它，但是對這位同學而言，卻成了致命的毒藥。

這些妄見傷毀的例子，都反應出末法時期眾生心中惡業力的躁動造作，停止不住賦予外面人事物予傷毀力，當然召感來的都是惡人、惡事、惡相。

所以佛陀說，現在眾生的惡業力，連我這個佛身短小，佛壽極短的佛像，都不能召感來了，只能召感地藏菩薩的形像。如果連地藏菩薩的形像，都召感不到的話，就只能召感同輩善友、善知識的形像，依靠善知識、善友帶我們好好學習《地藏本願經》，才能召感到地藏菩薩的形像。若我們把善友、善知識當成惡友、惡知識，那麼，不但召感不到地藏菩薩的形像，可能連天魔波旬的形像都召感不到，甚至閻羅天子、大小鬼王都召感不來，只能召感夜叉、羅剎等小鬼，乃至鐵狗、鐵馬、鐵驢、鐵鷹等地獄景象。

這時，世尊知道時間到了，眾生心開始黑暗下去，於是，快快把責任交付給了地藏菩薩。

這是一舉數得的事。首先，世尊早點卸任；地藏菩薩早點成佛；罪苦眾生也早點被度；其次，要帶出地藏菩薩接下來想說的話。

（經文）地藏菩薩白佛言：「世尊！過去無量阿僧祇劫，有佛出世，號無邊身如來。若有男子、女人聞是佛名，暫生恭敬，即得超越四十劫生死重罪。何況塑、畫形像，供養讚歎，其人獲福，無量無邊。

（經法研探）稱念一聲佛號，塑個佛像，就有這麼大的功德嗎？是的！稱念一聲佛號，塑一個佛像，讓我們的心開始轉向，從暗轉明，開始思量善事，造作善業，並自願自覺地去觀想佛陀的三十二相，八十種好，乃至更進一步去觀想如來的「無邊身」，自然可得無量無邊的福報。

每個佛的名號，都有特殊的意義。稱念佛的名號，就是去觀想這個名號所代表的佛功德，回歸依止他的種種功德。例如，阿彌陀佛代表的是無量壽、無量光。無量壽，是說無量的過去和無量的未來，沒有時間的限制；無量光，是說照亮我們無量黑暗的過去、現在和未來，也就是照亮無量時間裡的無明行。當稱念一聲「南無阿彌陀佛」時，表達了我們回歸依止覺性光明的願望，以及要從三世的顛倒夢想中醒過來的願望。

第一品中，提到地藏菩薩的前身長者子，因睹師子奮迅具足萬行如來相好千福莊嚴，而發無上菩提心，發大乘願。那時他的心地一定最光明，最能思量善事，因此才能和佛的相好千福莊嚴相應，才能發起無上菩提心和大乘願。

這一品中，地藏菩薩講的是要一切眾生，去憶念一切過去佛的名號，並至心至誠念佛名號。

去來今三世諸佛，任何一個佛的名號，就是咒語，就是陀羅尼（Tarani），就是總持——「總」一切至善法，「持」一切殊勝義。也就是說，任何一個佛示現受生於某一時、某一處時，他的名號就變成了咒，代表他的一切功德善根；也總持他所代表的一切至善法、一切殊勝義。

在過去劫裡面，我們都在無明行底下，造作惡業，屢受生死。因此，我們過去的生命是在黑暗中經歷的，唯一的「功德」就是累積成現在的業，做為現在的我們繼續造作惡業並飽嘗苦果的因緣。

用念過去佛名號的方式，能喚起我們對過去惡業的覺悟，因為佛代表的是覺悟。當念出這個佛號的同時，我們的願力發起。願什麼？願覺悟！願依止至善法、殊勝義，去覺悟過去、現在、未來所造的業。故知三世諸佛的名號，能調發我們覺悟的願力和動力。

所以，當一聲佛號「南無無邊身如來」升起時，我們心中恭敬地發起大願──願回歸依止無邊身如來那無量、無邊的覺性和光明；願照亮、願覺悟那過去無量阿僧祇劫、那四十劫生死的無明業力所行、所造作、所召感、所安受、邪受的一切惡業因果。在這樣的大願底下，稱念「無邊身如來」的名號，就能幫助我們從過去生的四十劫重罪，包括四重禁罪、五逆重罪中覺醒過來。

至於「塑、畫形像，供養讚歎」，為什麼「其人獲福，無量無邊」？若從字眼上來說，就是去塑、畫佛的像嘛，那不是成了偶像崇拜嗎？

從諸佛秘義來理解，「塑、畫佛像」是一種提醒和調發的方便法門，使我們的心擴大、光明、善良起來。當我們看不到佛的卅二相、八十種好的時候，正是我們自心惡業深重，已不能召感到如來完美的形像。所以通過努力塑、畫形像的過程，制心一處，先息止一切惡業的造作，主觀能動地調發我們百劫千生累積的善根、善業。依此善業力去思量最善的事，去作最光明、善良、美好的觀想，才能觀想到古佛「無邊身如來」的完美形像。

但是，無邊的東西，如何觀想？何況「無邊身如來」是古佛，誰也沒見過，如何畫出來？

所以只能跟著釋迦牟尼佛的形像來塑、畫，使盡我們心中最光明、最善良的力量，來做無量無邊的觀想。先看到釋迦牟尼佛短小的佛身，衝出整個宇宙，突破過去、現在、未來世，最後終究再把他縮小成為一尊有形有邊的佛像。

這時，我們會覺悟一件事，原來十方三世諸佛平等，因此於一切佛作平等想。如是開啟了般若智，見到無量與有量通、大與小通、美與醜通、去來今通。正是《維摩詰所說經・不思議品第六》上說的，住不可思議解脫大菩薩，能以四大海水入一毛孔，一切魚鱉黿鼉之屬，都無所撓的真理。當我們去雕、去塑、去刻、去畫「無邊身如來」的過程中，我們的心如果能行過這樣一個「神通」的過程時，自然獲福無量無邊。

（經文）又於過去，恆河沙劫，有佛出世，號寶性如來。若有男子、女人聞是佛名，一彈指頃，發心歸依，是人於無上道，永不退轉。

（經法研探）「寶」是珍貴、寶愛、善自護念；「性」是佛性。「寶性如來」即是寶愛佛性的如來。我們呼他的名號，歸依他的功德，當然得遇無上道。

在《大般涅槃經》中說得非常清楚，無上道就是講佛性。當我們寶愛我們和一切眾生的佛性，持誦「寶性如來」的名號，就可直接回歸依止佛性，立刻踏上法王夷坦道，永不退轉。

（經文）又於過去，有佛出世，號波頭摩勝如來。若有男子、女人聞是佛名，歷於耳根，是人當得千返，生於六欲天中，何況志心稱念。

（經法研探）「波頭摩」是梵文的音譯，梵文是Padma，是紅蓮花；「勝」的梵文是Rabha，殊勝、光明的意思。所以「波頭摩勝如來」全名應該是「紅蓮花光明如來」，有時翻譯成「華光佛」，也可以翻成「華光自在如來」。

所謂「淤泥定生紅蓮」（見《法寶壇經》），就是說紅蓮花是從地獄的火中長出來的。當我們惡業召感最厲害的時候，有時身上會出現皮開肉綻的瘡或傷口，就像一朵朵的紅蓮花，這樣地被折磨，就是身處在「紅蓮花地獄」。但是，當善業召感時，我們就在人間看到美麗的紅蓮花。

紅蓮花也開在一切佛國土裡。在阿彌陀佛世界中也有紅蓮花。經上還描述，在彌勒示現受生的正法時期，土地平整、清潔、柔軟，任何有情的排泄物一落到地上，地會裂開，排泄物掉進去後，地再合攏，上面開出一朵紅蓮花。

同樣是一朵紅蓮花，卻因眾生惡業、善業的召感，而有不同的感受。

「波頭摩勝如來」的「勝」，是殊勝、光明的意思，因此當我們稱念一聲「紅蓮花光明如來」時，我們對「紅蓮花」要作最殊勝想—從地獄罪苦眾生，像紅蓮花一樣皮開肉綻的瘡觀想起，於此起大悲心、大慚愧心；想到人間美麗的紅蓮花；再想到阿彌陀佛極樂世界的紅蓮花，和彌勒菩薩示現成佛的世界中的紅蓮花。這樣就把地獄眾生往上提升，將惡業轉為善業，將不覺轉為覺，直入「紅蓮花」實相，見「紅蓮花」放光。

讓我們志心稱念「紅蓮花光明如來」，所得惠利實非文字語言所能形容。

（經文）又於過去，不可說不可說阿僧祇劫，有佛出世，號師子吼如來。若有男子、女人聞是佛名，一念歸依，是人得遇，無量諸佛摩頂授記。

（經法研探）《說無垢稱經．序品第一》讚美無垢稱菩薩（又稱維摩詰菩薩）說法，「以大師子吼聲敷演，美音遐振周遍十方」。在當下的五濁惡世，聽到的都是種種嘈雜喧憒、不堪入耳的靡靡之音，那不是美音，是惡音。故勞諸佛菩薩作「師子吼」，發出最美好的聲音，喚醒我們厭離世間種種惡音。

為什麼要「師子吼」？為了把我們及一切眾生從顛倒惡夢中喚醒。

為什麼「師子吼」的聲音這麼美好？因為能令我們及一切眾生覺悟。

因此，於色，要歸依無邊身如來；於聲，要歸依師子吼如來。色法中最善的是無邊身如來，聲法中最善的是師子吼如來。無邊身如來，能令一切眾生心，做無邊無量的擴大，得四無量心的善果；師子吼如來，則能以獅子王的吼聲，令一切無量無邊的罪苦眾生，從可怕的顛倒惡夢中覺醒過來。

如是，觀想獅子吼的美音，就能歸依得上師子吼如來。而當我們全心全意歸依時，無量的諸佛就跟著來為我們摩頂授記。

讓我們稱念：「南無師子吼如來！」

（經文）又於過去，有佛出世，號拘留孫佛。若有男子、女人聞是佛名，志心瞻禮，或復讚歎，是人於賢劫千佛會中，為大梵王，得授上記。

（經法研探）拘留孫佛是賢劫的第一位佛，當他示現成佛時，人間的平均壽命是四萬歲。他是什麼樣的佛呢？為什麼志心瞻禮讚歎他的話，就能得到蒙佛授記的果報？

「拘留孫佛」的梵文是Krakchanda Buddha。Krakc的意思是有決斷、有決定；Chanda的意思是欲、願。所以拘留孫佛的意譯，是「欲定斷行佛」或「正斷佛」。也就是說，他特殊的功德，體現於四正斷行和四定斷行。

當念「南無欲定斷行佛」時，在他覺性感召下，一切眾生覺悟何者為善，何者為不善；何所應斷，何所應行；何所應欲樂，何所不應欲樂，這就是他的特殊功德。這時，他加持我們修行四正斷行和四定斷行，幫助我們不再欲樂小法、貪愛小法，進而決定大乘、讚歎大乘、護持大乘、宏揚大乘、欲樂大乘、貪愛大乘。

志心瞻禮「拘留孫佛」，就調發出我們百劫千生的善業力，去召感他的形像，去觀想、讚歎他的無量功德。這樣我們就行上「四正斷行」和「四定斷行」，自然勇猛精進得五根、五力，乃至如來十力，而得「於千佛會中，為大梵王，得授上記」的果報。

（經文）又於過去，有佛出世，號毘婆尸佛。若有男子、女人聞是佛名，永不墮惡道，常生人、天，受勝妙樂。

（經法研探）「毘婆尸」是梵文Vipasyi的音譯；是Vipasyana（止觀、禪定）的字首，故是正觀察、隨順觀察之義。所以這個佛的功德，是能夠正觀察。正觀察，即是無障無礙觀；就如世尊為諸天菩薩說《華嚴經》時，所示現的「事事無礙，重重無盡」觀。因此，Vipasyi Buddha可以翻譯為「無礙無盡佛」；也可以翻譯成「普見佛」，即是能無礙無盡地慈眼普見、慧眼普見、法眼普見、佛眼普見故。

這位無礙無盡佛，是過去莊嚴劫第九百九十八佛，那時人間平均壽命是八萬歲。

我們稱「毘婆尸佛」的名號，持他的咒，歸依「無障無礙」觀察的功德，能普見一切，淨見一切，就不會墮三惡趣。為什麼呢？我們墮在三惡趣中，就是因為有障有礙，譬如像地獄中，有大小鐵圍山，有鐵城鐵牆，內有鐵蛇鐵狗吐火追逐，所以出不來。若依「無礙無盡佛」威神力的加持，就不會被困在三惡趣，故能「常生人、天，受勝妙樂」。

（經文）又於過去，無量無數恆河沙劫，有佛出世，號寶勝如來。若有男子、女人聞是佛名，畢竟不墮惡道，常在天上，受勝妙樂。

（經法研探）「寶」是寶愛、善自護念；「勝」是諸法勝義。「寶勝如來」的功德，就是令一切眾生寶愛一切法的殊勝義，於一切法起殊勝想，不作下劣想，常思量善事。惠能大師說：「思量善事，化為天堂」，所以志心專念「寶勝如來」，就得「常在天上，受勝妙樂」的福報。

（經文）又於過去，有佛出世，號寶相如來。若有男子、女人聞是佛名，生恭敬心，是人不久得阿羅漢果。

（經法研探）「寶相如來」非常注意三千威儀，八萬細行的形像，也就是阿羅漢的形像。如果我們對此形像起恭敬心，認為是殊勝之法，就蒙寶相如來威神力和功德力的加持，幫我們持上「攝律儀戒」和「攝善法戒」，發小乘菩提心，依如來正教修行，修習四法印、十二緣起法、四聖諦和卅七助道品，得入滅盡定，最後證阿羅漢果位。

（經文）又於過去，無量阿僧祇劫，有佛出世，號袈裟幢如來。若有男子、女人聞是佛名者，超一百大劫生死之罪。

（經法研探）「袈裟幢如來」的功德，是以袈裟為勝利的旗幟。而袈裟是世尊大沙門所著，示現出家相和出家的殊勝功德，代表著降魔伏怨的勝利旗幟，意謂是一切眾生的護膚、護體。

在《大乘大集地藏十輪經．無依行品》中，講到「昔有國王，名超福德，有人犯過罪應合死，王性仁慈不欲斷命，有一大臣多諸智策，前白王曰：願勿為憂，終不令王得殺生罪，不付魁膾令殺此人。時彼大臣以己智力，將犯罪人付惡醉象。時惡醉象，以鼻卷取罪人兩脛，舉上空中，盡其勢力欲撲於地，忽見此人裳有赤色，謂是袈裟，心生淨信，便徐置地，懺謝悲號，跪伏於前，以鼻拄足，深心敬重，瞻仰彼人」。其實這個人並不是出家人，穿的也不是赤袈裟，但醉象誤以為是赤袈裟，認為不可干犯，因此趕快收斂行為，把這個人放下。所以，袈裟有安定一切眾生心的作用。

「袈裟幢如來」代表的就是殊勝的出家功德，高舉的是降魔勝利的旗幟。聽到這個佛的名號時，他的總持威神力就能加持我們，讓我們永遠想到：出家是唯一的解脫之道。當我們披上袈裟時，就是打著佛陀降魔勝利的旗幟，引領自己及一切眾生出離生死苦海。

已著袈裟的人，心中當時時正念「南無袈裟幢如來！」還沒有著袈裟的人，也應常念「南無袈裟幢如來！」當想到：袈裟是最殊勝的，是如來降魔伏怨勝利的旗幟，這樣就能超過一百大劫的生死罪業。

（經文）又於過去，有佛出世，號大通山王如來。若有男子、女人聞是佛名者，是人得遇，恆河沙佛，廣為說法，必成菩提。

（經法研探）「山」是指須彌山。每一個佛的世界，都有一個須彌山，這裡以須彌山來比喻佛世界，還比喻無形無相的障礙。也就是說，這個須彌山，隔開了一佛一佛的世界，乃至隔開了人我。但「大通山王如來」，能通一切須彌山，能通人我，能通此佛世界和彼佛世界，無所不通，這就是他的威神力和功德力。

因此，聽到他的名號，歸依他的總持神通力，能令我們消業除障，見到一切佛國土無障無礙。這樣我們就會遇到像恒河沙那麼多的佛，廣為我們宣說一切諸佛妙法，助我們證得無上正等正覺，終究成佛。

（經文）又於過去，有淨月佛、山王佛、智勝佛、淨名王佛、智成就佛、無上佛、妙聲佛、滿月佛、月面佛，有如是等不可說佛。

（經法研探）「月」在佛教裡是指清涼，「淨月」是象徵純淨的清涼心，這就是「淨月佛」所代表的功德。

「山」指不動如須彌山，代表的是禪定的功德；「王」是最上首、最殊勝，所以「山王佛」代表禪定波羅蜜多的功德。

「智勝」是最殊勝的智慧，代表如來十種智力，所以「智勝佛」就代表淨智波羅蜜多的功德。

「淨名王佛」代表持戒波羅蜜多的功德。「淨名」是維摩詰居士的名字，又叫無垢稱，無垢即指離垢。二地菩薩主修持戒波羅蜜多，登離垢地，所以修持淨戒時，要常念「淨名王佛」的名號，歸依他的加持力。

「智成就佛」的功德，是成就一切智、一切道種智和一切種智。一切智是阿羅漢智，一切道種智是菩薩智，一切種智是佛智。

「無上佛」象徵無上正等正覺，象徵阿耨多羅三藐三菩提。

「妙聲佛」妙聲象徵獅子吼，為了把我們及一切眾生，從顛倒惡夢中喚醒，故是最美妙的音聲。

「滿月佛」象徵修行「月愛三昧」的功德圓滿。「月愛三昧」是如來在《大般涅槃經》中，提出的一種修禪定的法門。因為南閻浮提眾生，其心熱惱，五陰熾盛，滿月散發出來的清涼月光，能令眾生由熱惱、熾盛，轉為清涼。滿月的光，亦能照亮夜間的黑暗，方便夜間的行路人─末法時期的修行人。

「月面佛」的功德，是使一切眾生，睹其面，則息熱惱，即得清涼，即滅黑暗，長夜安樂。

每個佛的名號，都是總持，都是咒語，都是一個陀羅尼門。稱他的名號，持他的咒，就能總這個佛所代表的一切至善法，持這個佛所代表的最殊勝義，並入於這個佛的陀羅尼門。

（經文）世尊！現在未來一切眾生，若天、若人、若男、若女，但念得一佛名號，功德無量，何況多名。是眾生等，生時死時，自得大利，終不墮惡道。

（經法研探）「生時死時，自得大利，終不墮惡道」，這都是陀羅尼門的功德，持佛名號的功德。如果臨終的人，跟著佛號的功德走，跟著佛號美妙的音走，會厭離一切惡聲，尤其是厭離來自地獄中一切眾生痛苦的「大嚎叫聲」。

（經文）若有臨命終人，家中眷屬，乃至一人，為是病人高聲念一佛名，是命終人，除五無間罪，餘業報等，悉得銷滅。是五無間罪，雖至極重，動經億劫，了不得出，承斯臨命終時，他人為其稱念佛名，於是罪中，亦漸銷滅。何況眾生自稱自念，獲福無量，滅無量罪。」

（**經法研探**）這一品，是地藏菩薩特別為救拔無間罪業的眾生，安排了這個不可思議的殊勝法門。所以這一品中選出的佛，都是從過去七佛和五十三佛中選出來的，只是在不同的時期，翻譯出了不一樣的名字。

比如：波頭摩勝如來，就是蓮花勝佛。還有幾個佛和月亮有關系的，如淨月佛，是不是善寂月音妙尊智王佛？滿月佛、月面佛，是不是世靜光佛？觀世燈佛？還是慧炬照佛？妙聲佛是不是指妙音勝佛？或是無量音聲王佛呢？又比如：毘婆尸佛，講的是慧觀佛，就是禪定佛、三昧佛的意思。

因此我們在讀誦稱念這一品的諸佛名號時，特別可以與過去七佛和五十三佛的名號對一對，因為五十三佛裡，已經把某些佛特殊的功德講出來了，這樣稱佛名號，讓我們更加有字有義，而且地藏菩薩特選這幾佛出來，一定是和我們的關係特深的。

對有五無間罪業的眾生，因為活時沒有悔過發願，又不曾跟地藏菩薩深結法緣，這些罪業無法消除，是要向五無間地獄奔去的。所以一定要鼓勵他們的家人，在他們病重時，先為他們念過去七佛及五十三佛的功德名號，死後也一定要讓他們的家中眷屬，給他們大聲念：釋迦牟尼佛、阿彌陀佛和這品中諸佛的名號，讓他們一歷耳根時，五無間罪就會漸漸消滅了。

這個法門是專門對無間罪業眾生說的，為的是不墮五無間地獄。法門很簡單，但很重要，比如：遇重病及臨命終人，請他的家中眷屬，大聲念「南無無邊身如來」的名號，還可請重病者和臨命終人一起念「南無無邊身如來」的名號，再念「南無地藏菩薩摩訶薩」，再為他讀《地藏本願經》。

（後語）講解完這一品，心中更加怖畏，我們若以不誠的心和邪心，斷章取義地來持佛的名號，最後一定會因「念佛不靈」而謗佛、謗法、謗經，毀謗地藏菩薩，永世墮入地獄。同時，也更加感慨，不讀此經，還不太容易下地獄，若錯讀了此經，反而更容易下地獄，豈不太荒謬了嗎！所以，祈願所有念佛的朋友們，皆能蒙受佛陀和地藏菩薩的威神力加持，正受此品，正受「念佛法門」的真實義。

校量布施功德緣品第十

（經文）爾時，地藏菩薩摩訶薩承佛威神，從座而起，胡跪合掌白佛言：「世尊！我觀業道眾生，校量布施，有輕有重，有一生受福，有十生受福，有百生千生受大福利者。是事云何？唯願世尊，為我說之。」

爾時，佛告地藏菩薩：「吾今於忉利天宮，一切眾會，說閻浮提布施校量功德輕重。汝當諦聽，吾為汝說。」

地藏白佛言：「我疑是事，願樂欲聞。」

（經法研探）地藏菩薩與佛等位，豈能不知道這些事嗎？

地藏菩薩乃是住不可思議解脫大菩薩，他以一切眾生為「我」，故與一切眾生同體。因此，當他說「我」的時候，至少就代表了一切會眾，乃至代表一切十方三世六道眾生。他明白，只要一切眾生沒有出離六道輪迴，還要依業道而輪轉，就不會知道布施功德的種種因緣差別。所以，他才代表一切會眾向佛陀請法。

本經在這一品之前，主要是針對閻浮提的罪苦惡業眾生，在為惡受殃時，在面對生老病死等八苦時，在認識無間地獄及三惡道苦後，如何歸依地藏菩薩大願威神力，而能離苦得樂，特別是，目前正在罪苦中，急需被救拔的眾生。還有，自己雖有福報，而他的親人（如婆羅門女及光目女的母親）或他的子民（如第四品的小國王），受到極大的罪苦，急待救拔。

而這一品的內容，和前面九品的重點完全不一樣，進入了一個嶄新的領域。不再提「罪、惡、苦」令眾生興起知苦、怖畏、厭離之心；反而提出──作何善能獲何福，令與會大眾及末後世、南閻浮提的我們，能對此善因、善果生起欽羨仰慕之心，均能學習仿效。

由此可見，地藏菩薩管的不只是釋迦牟尼佛示滅一直到彌勒菩薩成佛以來，這當中一切罪苦眾生的救拔，更護念一切作善獲福的善業眾生。因此，我們南閻浮提的一切善業、惡業有情，跟地藏菩薩的關係最親密，他是我們想要離苦得樂的最近因緣。

（經文）佛告地藏菩薩：「南閻浮提，有諸國王、宰輔大臣、大長者、大剎利、大婆羅門等，若遇最下貧窮，乃至癃殘、瘖啞、聾癡、無目，如是種種不完具者。是國王等，欲布施時，若能具大慈悲，下心含笑，親手遍布施，或使人施，軟言慰喻，是國王等所獲福利，如布施百恆河沙佛功德之利。何以故？緣是國王等，於是最貧賤輩及不完具者，發大慈心，是故福利有如此報。百千生中，常得七寶具足，何況衣食受用。

（經法研探）從本段起開始進入主題。本品所提及的布施功德因緣差別之相，共分兩大類：一是初地菩薩，具有世間主福報的布施；二是地前菩薩，具有持上十善法戒者福報的布施。

關於本段所述，去布施給貧窮下賤者，類似的布施，過去我們多少也曾做過，怎麼世間主去做，就能得到這麼大的惠利，竟然能大到像布施供養一百條恒河沙佛的功德，這是為什麼？

首先，世間主由初地菩薩兼領。初地菩薩主修的正是布施波羅蜜多──由行布施而能直達解脫彼岸。因此，菩薩布施之行必定與一般世間布施有所不同。對這些享有世間大福報的世間主而言，能用大慈悲心去布施給這麼不幸的人，實屬難能可貴，原因有三──

一、這些最不幸的人跟世間主的福報，差距最大。世間主若能對他們起大平等心、大慈悲心的話，表示已克服了自己的憍慢邪見，並跨越了高下、貴賤、貧富的鴻溝。同時，已開始在救拔自己無量劫來的那些惡業障，從過去曾造過的盲聾瘖啞的惡業力中，解脫出來。

這樣消業除障，好比布施百恒河沙諸佛世尊功德之利一樣大，此屬難能可貴。

二、一切世間的財布施、身布施，都是有力者布施給無力者。就算解決了受施者生活上的匱乏，卻讓受施者在等待一次次的救濟中，真正墮落為行尸走肉，活在不配活的無力感下，不但沒有感激心，甚至還對布施者起瞋恚、嫉妒、爭鬥心。這樣的布施正是「雖有善加身，卻令心中惡」。

而本段世間主所做的財布施、身布施，是先令對方免於當下的飢貧交迫，接著打開對方的心，以「軟言慰喻」去鼓勵他們，讓他們在生命的拼搏中體會到：自己並不是那麼孤立無援，而是有世間福報那麼大的世間主正在關愛與護念自己。接著，再以法布施開解他們心中的苦與惡，與三寶結緣，乃至能接引到地藏大願威神力的加持護念。

初地菩薩能做這樣純然是善的布施，正是「先以善加身，再以善入心，令身心俱善」。如是具足的財布施、身布施、法布施，於世間布施而言，實屬難得。同時，一下子行上菩薩道的四攝法：布施、愛語、利行、同事的前兩項，更屬難能可貴。

三、世間主能親手布施給這些不幸的人，或是勸他的部下也這麼去布施，實屬難能可貴。

在這裡我們要了解一些印度當時的社會背景。整個印度按照種姓制度，決定了每個人的階級，並分配了每個人所應盡的使命與應享的待遇。其中，最低賤的種姓就是首陀羅（Sudra）。在這個階級裡，除了代代相傳的首陀羅外，還有的是高貴種姓跟首陀羅通姦所生的私生子，叫作「旃陀羅」（Candala）。而他們所從事的職業，像是妓女、屠夫、污穢處理者、屍體處理者……等。因此，首陀羅和旃陀羅必定是最輕賤、最貧窮的種姓。

身份比首陀羅高的人，絕對不可以和他們共住一村、共處一室，也不能共飲一井、共食一桌，甚至不能讓他們正眼看一下。假如要布施東西給他們，也要把東西丟在地上，不可以和他們有任何接觸。如果他們動用了高種姓者的東西和器皿，一定要全數燒掉、毀棄。萬一他們偷偷在高種姓者的井裡取了水喝，馬上就得把這口井封死。

聖雄甘地為了打破整個印度擁護種姓制度的不平等心，率先在他領導的修行共同體裡，讓所有人跟他領養的一個首陀羅家庭一起同吃、同住、同勞動、同學習。有一次，甘地要他太太去洗廁所，她誓死反對，甘地為此發怒，要把太太趕出去。後來，甘地慚愧懺悔，開解了自心及他太太，最後，她也自願地去掃廁所。

為什麼這件事會鬧得這麼大呢？因為，掃廁所是最下種姓—首陀羅的份內工作。有身份的人一去做的話，就會失去他的身份、地位和特權，這麼一來，就要被整個家族廢除種姓，不只是怕沒面子、怕髒的問題。

而這些豪貴的世間主們能親手布施給貧窮下賤者，甚至還勸導他的部下也照著作，這正是和甘地一樣。首先，以大無畏心去打破以往所持的世間「惡戒」，以真正的平等心、慈悲心，來化解由我們的不平等心所引發出的「貧窮」、「下賤」與「骯髒」，此屬難得。

除了這三大難能可貴的理由外，世間主親手布施給這些最不幸的人所得的惠利，能大到跟布施供養一百條恒河沙佛的功德一樣，真正的原因是：

依《華嚴經・十地品》來看，這些世間主乃是登「歡喜地」的初地菩薩，他們以大慈悲心親手布施給那些最貧窮下賤的人，這麼一來，就在開啟六大神通中的第一個神通—他心通。也就是說，讓最豪貴者的心和最貧窮下賤者的心相通，而這正是初地菩薩晉升二地菩薩位的資糧。光是一個以大慈悲心，親手遍布施，就累積了進入二地的資糧，這個功德可是夠大吧！

當然，初地菩薩晉升二地不是只專修本段經文所提到的方便法，依大乘般若經典、乃至涅槃經典所示，還有很多必修的功課和必備的資糧。既然如此，佛陀為何要安插這一段，讓法會上還搆不上初地菩薩位的會眾聽？甚至還要講給末後世既不豪、也不貴的我們聽？

佛陀凡所說法，向來是要能諸根普被，總是「佛以一音演說法，眾生隨類各得解」（請見《維摩詰所說經‧佛國品第一》）。因此，佛陀的這場開示，必有其深心奧義。

佛陀為世間福報還搆不著世間主的有情，開示此法的目的是，藉由羨慕這些世間主，能享有豪貴自在的福報開始，進而去羨慕他們能以大慈悲心平等布施給最貧賤不幸之人；去羨慕他們因此布施，所能得到的轉輪聖王的果報，乃至得到最上衣、最上食等五欲之樂的福報；更羨慕這個由善轉得更善，由福還得大福的良性循環，而發起「見賢思齊」的心。

既然，我們都羨慕這些世間主們作善獲福的因、緣、果、報，那麼，這些世間主就不再是我們嫉妒、爭鬥的對象。如是，就能免於因造下嫉妒惡業，而墮入餓鬼道的果報。如果，還進一步把世間主當成是我們學習的榜樣，努力精進的話，這樣就向初地菩薩靠攏，很快地就能接上修學菩薩道、行菩薩行的大善緣了。

在學習世間主們所做的布施時，就算一時之間發不起平等大慈、同體大悲的心，但起碼不要用貢高心、傲慢心、嫌棄人的心去布施給福報比自己還要差的人。如是，起碼保住布施他人所開闢的福田，同時，也避免在行善時不知不覺地又大造惡業，把好事變成壞事。

這正是佛陀普雨甘露、諸根普被、普門接引的深心所在，這也是本品的精神所在。當我們能體會佛陀的心思，就能拿出最大的福──「願力」來答報，這麼一來，就能和地藏菩薩大願威神加持力相應，這才是用最殊勝的心來學習《地藏本願經》。

（經文）復次，地藏！若未來世，有諸國王，至婆羅門等，遇佛塔寺，或佛形像，乃至菩薩、聲聞、辟支佛像，躬自營辦供養布施。是國王等，當得三劫為帝釋身，受勝妙樂。

若能以此布施福利，迴向法界，是國王等，於十劫中，常為大梵天王。

（經法研探）本段講的是，初地菩薩大作佛事、布施供養所得到的功德跟惠利。這對未發無上菩提心、福報又不及世間主的聽眾，特別是末法末期的我們來說，都在強調跟前一段同樣的重點：從羨慕這些世間最豪貴者的福報與善行，起而效法、學習，降伏心中的嫉妒與爭鬥。同時，藉由這個羨慕與學習，朝著大乘菩薩道的方向去親近、靠攏，進而跟大乘法結上法緣。

然而，對世間福報已達世間主的豪貴者，以及已發無上菩提心、發願滅度一切眾生的大乘修行人而言，本段又有個諸佛奧義。

前一段布施的功德惠利是，令初地菩薩能晉級為二地菩薩。本段布施的功德惠利是，令初地菩薩能晉級為三地乃至八地、九地菩薩。同樣都是在布施，為什麼這兩者的差別這麼大？

第一個原因是，布施的對象不同。

前一段是初地菩薩布施給最貧窮下賤的人，本段是初地菩薩布施供養三寶。後者的布施是，令三寶種性及正法眼能於長夜不滅，如是則在護持正法，同時也護住了一切眾生究竟離苦得樂的救贖之門。因此，護持正法的布施供養，其功德惠利遠大過前者。

第二個原因是，把布施的功德迴向給十法界的有情。

在本段中，同樣都是大作佛事、供養三寶，如果去自受用福德的話，就能把原先的初地菩薩，晉級到三地菩薩位去兼領帝釋天王。如果不去受福德，而把布施供養的功德惠利、平等迴向給十法界的一切有情的話，原先的初地菩薩就能一連晉級到八地或九地的菩薩位，去兼領大梵天王。

光是一個「迴向」，就能把晉級到三地菩薩位的資糧迅速擴大到八地或九地，這正是本段經文秘而未宣的奧義。

一切菩薩依菩薩道去自覺覺人、自度度他，必能產生功德與惠利。如果菩薩能照《金剛經》所教示的「菩薩不受福德」去做，而把這個福德平等布施給一切有情，如是就把原先的福德無量擴大，這就是迴向。

下面有個台灣名廚傅培梅的小故事，藉著這個例子，讓我們初步去體會一下「迴向」是什麼。

傅培梅原本是個家庭主婦，她跟所有的家庭主婦一樣，每天都有個共同的煩惱：在又經濟、又營養的原則底下，怎麼樣能燒得出色、香、味俱全的飲食，討好得了全家大小。於是，傅培梅做出了食譜，乃至拍了電視節目，讓那個得天天做、卻又天天煩、枯燥無味的例行公事，變成是每個家庭主婦一展身手的好機會。

結果，傅培梅食譜成為很多家庭必備的廚房「聖經」，而她的電視節目受到太多家庭主婦的歡迎。傅培梅從她個人的煩惱，體會到所有台灣家庭主婦的煩惱，接著又從她個人的解脫跟惠利，擴大給所有的台灣家庭主婦。這麼一來，就把她從一個沒沒無聞的家庭主婦，變成一位家喻戶曉的電視名人。

從這個小小的例子，讓我們對「迴向」這門高級的菩薩法式，有個概念性的印象。

我們再來看看，為什麼光是作個「迴向」，就可以把菩薩很快送到八地、九地去？一個菩薩把所修的功德惠利，迴向給三世十法界的一切有情，這時，菩薩就把心量無限擴大，終究去跟慈、悲、喜、捨四無量心等同。

而慈無量心正是七地菩薩所主修的方便波羅蜜多，悲無量心正是八地菩薩所主修的願波羅蜜多，喜無量心正是九地菩薩所主修的力波羅蜜多，捨無量心正是十地菩薩所主修的淨智波羅蜜多。

所以，只要一個菩薩能依迴向法而行，就等於是在累積進入八地、九地的資糧。如是一來，離十地菩薩、蒙佛授記也就不遠了，接著就等著菩薩成佛了。

而前一段所提到的世間主對最貧窮下賤者的布施，是以大慈心、大悲心來布施，並不是依迴向法所做的慈無量心、悲無量心的布施，所以兩者所得到的功德惠利差別是這麼大。

（經文）復次，地藏！若未來世，有諸國王，至婆羅門等，遇先佛塔廟，或至經、像，毀壞破落，乃能發心修補。是國王等，或自營辦，或勸他人，乃至百千人等，布施結緣。是國王等，百千生中，常為轉輪王身；如是他人同布施者，百千生中，常為小國王身。更能於塔廟前，發迴向心，如是國王乃及諸人，盡成佛道，以此果報無量無邊。

（經法研探）佛陀的塔廟、塑像、經典被毀，正表示人心由正法時期的光明、廣大、善良、快樂轉變得黑暗、狹劣、邪惡、痛苦。在這個時候，願意挺身而出，去修復已損壞的塔廟經像，就等於是在漫漫長夜中，重新建立三寶的旗幟、聖幢，令三寶種性及正法眼長夜不滅，這麼做就是在護持正法。

這種對三寶的布施供養，正屬「雪中送炭」，這遠比爭先恐後地去供養香火鼎盛的寺廟，那種「錦上添花」的布施功德大得太多了。如本段經文所教示，對三寶「雪中送炭」所得的功德惠利，能令原先無論是什麼樣福報的人，都能證得佛位。

佛陀藉著本段經文來慈悲護念現在的大乘修行人：

我們不該妄自菲薄，怨嘆自己福薄善淺，生在佛陀示滅，經典雖在、正法不存的末法末期。我們應當要在這正法被毀的時刻，挺身出來修復正法，恢復正法的本來面目，於此漫漫長夜中，護持已點亮的正法明燈，準備度過更黑暗的滅法時期，迎接彌勒菩薩示現成佛，迎接那個最光明、最善良、最快樂的龍華法會的到來。

正是因為面對了正法被毀、三寶明燈欲滅的現實，這才激起我們應當要荷擔如來家業的勇氣，這才發起生生世世、全心全意歸依三寶的願，這才接引上諸佛菩薩威神力的護念，讓我們在三寶加持下勇猛精進，終得佛果。

正法時期的佛弟子，以其累世種諸善根，故值遇佛陀三十二相、八十種好的正面教化，而能得度；末法末期的我們，在漫漫長夜中，因挑起護持三寶種性、跨越時代的歷史使命，而能於龍華會上蒙彌勒佛授記（請見《彌勒下生經》）。這正是佛法乃平等大法的示現：正法時期和末法時期平等，佛陀的示現與示滅平等。在這裡正透露出「佛性不滅」的法義。

世間主們能教化人民親近三寶的話，立刻就能轉命轉運。尤其是在佛前佛後的時候，讓子民能起佛緣，是最大福德，而最快增長福報的辦法，就是修塔修廟，把這個形成個風氣，是自他互利之法，利己利人，救己救人。

能讓人民親近三寶，是不得了的好事。如果多些人親近三寶的話，法也出來了，轉輪王也出來了，這是替轉輪王聚善緣的方法──「緣合故有」。

轉輪王是地藏菩薩很好的幫手，是最能自利利他的人，在人間最能自救救他的人。有形界最有福報的人，就是轉輪王，也是最大力者，應當要出轉輪王才好。

（經文）復次，地藏！未來世中，有諸國王及婆羅門等，見諸老病及生產婦女，若一念間，具大慈心，布施醫藥、飲食、臥具，使令安樂。如是福利，最不思議，永不墮惡道，乃至百千生中，耳不聞苦聲；二百劫中，常為六欲天主；一百劫中，常為淨居天主；畢竟成佛。

（經法研探）世間領袖在遇見最急需被幫助的老人、病人和生產婦女時，能在一念間起平等大慈悲心，除了及時布施他們需要的東西之外，還能用正法去開解他們，把他們從大匱乏、大悲苦中救拔出來，初步使他們進入安隱快樂之地。符合了上述的條件，才算做了「及時布施」。

而初地菩薩在面對眾生的老病死時，能如經文所敘述地去做「及時布施」，這就等於是在以方便善巧來救拔眾生，這個方便善巧正是七地菩薩所主修的「方便波羅蜜多」。如是布施，正是菩薩在累積未來進入七地—遠行地的資糧。

既然，具備了入七地遠行地的資糧，因此，在未來也必將成就七地菩薩所具備的功德。如《維摩詰所說經．佛國品第一》云：「關閉一切諸惡趣門，而生五道以現其身。」這正是大菩薩永不墮惡趣，為了度化惡趣眾生，故示現惡趣受生，而根本不受惡趣之苦。同時，大菩薩也不再聽到任何惡聲、苦聲，聽到的都是真理的教化之聲。如《維摩詰所說經．不思議品第六》中云：「十方世界所有眾聲，上中下音，皆能變之，令做佛聲，演出無常、苦、空、無我之音」。

而七地菩薩正是兼領他化自在天的天王，該天天王正是天魔波旬，掌管了欲界六天。因此，做了及時布施的初地菩薩，在未來的兩百劫中，能在七地菩薩位上，而不退轉。

接著，還能在一百劫的受生中，常做淨居天天主而不會退轉。淨居天天主正是由九地或十地菩薩來兼領。換句話說，既然累積了入七地的資糧，接下來再往前勇猛精進到九地、十地，也就沒問題了。當然，既已精進到十地，那就決定即時成佛了。

這一連串的功德惠利，都是從初地菩薩所做的「及時布施」而來。

（經文） 是故，地藏！若未來世中，有諸國王及婆羅門等，能作如是布施，獲福無量。更能迴向，不問多少，畢竟成佛，何況轉輪、釋、梵之報。

（經法研探） 對這些初地菩薩而言，前面這四種布施供養所得的功德惠利，有循序漸進的次第關係，這當中：

第一種以大慈悲心布施給最輕賤者所得的功德，比不上第二種布施——供養三寶。而第二種布施的功德，又比不上第三種布施供養——去修補先佛塔廟經像。而第三種布施供養的功德，又比不上第四種布施供養——以善巧方便做及時布施。

然而，無論做了上述的哪一種布施，只要能迴向，就可以把布施的功德惠利擴大提昇成畢竟成佛的資糧。這正是本品用最簡略的方式去提醒初地菩薩，除了要明瞭布施的功德因緣差別之相，不要忘了，迴向法正是能增益擴大功德的重要法寶。

（經文）是故，地藏！普勸眾生，當如是學。

（經法研探）雖然，初地菩薩是本品的重要聽眾，但其他福報善根未達初地菩薩的有情，也蒙受佛陀的慈悲護念。光看看本段經文中，佛陀那麼般勤付囑地藏菩薩，要他把上述的布施功德因緣差別之相，拿去教化眾生。

佛陀的深心奧義是，欲令眾生在羨慕、景仰世間主的福報與善行之餘，能起而學習，以達到止惡行善的效果，進而能藉此機會，接引上地藏大願威神力的加持，發起無上菩提心與滅度一切眾生的大乘願，也能成就初地菩薩的功德善根。然後，再依此布施供養之法，漸次成就佛果。

（經文）復次，地藏！未來世中，若善男子、善女人，於佛法中，種少善根，毛、髮、沙、塵等許，所受福利，不可為喻。

（經法研探）從本段開始，佛陀針對持上十善法戒的善男子、善女人，開示布施供養的功德因緣差別之相，有別於前面針對世間主的開示。

首先要明白，持上十善法戒的善男子、善女人，就具備了發菩提心的資糧。而在末法時期的今天，處於經典雖在、正法不存的情況，所能發的唯有無上菩提心，所能行的唯有依大乘願及大乘經典去行的菩薩道。

這是因為「聲聞乘」必須親聞佛陀開示如來正教（四法印、十二緣起法、四聖諦、三十七道品）方得開解，並依法修行而得解脫。當如來示滅後，正法、像法時期又過去，進入了末法時期，「聲聞乘」無有示導，而難成就。而「獨覺乘」或「緣覺乘」則多出現在大小二乘法滅之後，連經典亦滅之時。換句話說，這些持上十善法戒的善男子、善女人正是地前菩薩。

唯有持上十善法戒的地前菩薩，對三寶所做的布施供養，才能回歸依止得上三寶，這樣才算是真正親近擁護三寶。如果持不上十善法戒，發不了菩提心，就算做了多少「佛事」，還是念念回歸依止己意、己力，這正是惠能大師所訶責的：「布施供養福無邊，心中三惡元來造」（請見《法寶壇經・懺悔第六》）。

因此，只有能歸依上三寶，所做的佛事，才能種下五種善根，所謂信根、進根、念根、定根、慧根。由此五根所發展出來的五種實力，才能超越一切世間權假之力；才能超越一切時間空間，在不斷的受生受死中，於佛道上勇猛精進，而繼續增長五種善根力，以致能摧滅一切魔事魔力，終究成佛。

這正是，一切法以佛法最善；一切布施供養，以供養三寶最善；一切福德惠利，以五種善根最善。是故「所受福利，不可為喻」。

最難能可貴的是，這些持上十善法戒的地前菩薩，以能為佛辦事、護持正法的功德因緣，能直接調發出方便善巧，這正是累積未來晉級七地菩薩，主修方便波羅蜜多的資糧。等到晉級七地，成就慈無量心，再往前精進，慈、悲、喜、捨四無量心就將圓滿成就，如是離成佛之日就不遠了。是故「所受福利，不可為喻」。

除此之外，這段經文有個特別的勸導，怕已有福德的善男子、善女人，不做佛事，而貪圖五欲之樂，不肯轉更進修，勸他們不要自縱放逸，不要休止，方向就是要歸依三寶，多做佛事，這是最有效的辦法。因為世間福也是很無常的，還在「性識無定」之中，只是逐境而生的善與福，要把這善和福鞏固起來，歸依了三寶，就不再「性識無定」，令一切眾生能出三界。

（經文）復次，地藏！未來世中，若有善男子、善女人，遇佛形像、菩薩形像、辟支佛形像、轉輪王形像，布施供養，得無量福，常在人、天，受勝妙樂。若能迴向法界，是人福利，不可為喻。

（經法研探）我們很容易理解，布施供養佛像、菩薩像、聲聞像、辟支佛像是直接在大作佛事，所得到的福當然無量。為什麼布施供養轉輪聖王像，也算是大作佛事，能得無量福呢？

轉輪聖王乃是由二地菩薩兼領，他的使命是以十善法戒教化天下，如是教化正令其人民免墮惡趣，得生人天高處，這正是為佛辦事。因此，布施供養轉輪聖王像，就在宣揚二地菩薩的教化，就算是在大作佛事。

我們可以觀察，世間的聖明君主在位時，老百姓的人心是那樣的光明、善良，殺、盜、淫、妄的惡業基本不犯，還能與國家同一命運，共同度過難關。反觀那些假領袖當道的國度，當領袖的沒辦法去滿足老百姓的貪、瞋、癡，就得防著老百姓要造反，連像美國六〇年代的甘迺迪總統對人民的呼籲：「不要問你的國家能為你做什麼，要問問你能為你的國家做些什麼！」都說不出口了。或許，這該是去誠心瞻禮轉輪聖王像的時候，真誠地把當時人心中的光明、善良給呼喚出來。

如果這些持上十善法戒的地前菩薩，能把布施的福德迴向給十法界的話，那就是入了菩薩位的真菩薩。真菩薩布施供養迴向所得的功德惠利，正如前所述，其福德正是無量無邊。

善男子、善女人不只要禮佛像，還要布施供養，讓末法時候眾生的佛緣不斷，還能親近三寶。《地藏本願經》裡很重視經、像，因為我們已經見不到佛和見不到菩薩了，所以要眾生從親近經、像開始，來起佛緣。

所以對維持有經、像及有塔廟處，讓許多人來初結佛緣的「廟工」們，要作肯定，要正確看待。一方面要感激他們勞苦功高，讓末法眾生在見不到佛、見不到菩薩、也不解法義的時候，給眾生提供了有經、像的地方，而且這一方面的功德也不會白費。他們將來能得救，也是因為做了這些功德，這也算是善業的一部分。但另一方面，如果藉佛像、菩薩像、經典，自己牟利，也是個人要自造惡業自受殃報的。

雖然一切眾生聞佛名號後，也不見得不下地獄，但是假如不聞佛名號的話，一切解脫都變得不可能。若不能見佛形像，不知有經典，惡男子、惡女人就不能與三寶初結佛緣，從而歸依上三寶，則不可能轉成善男子、善女人。我們要用「因果」關係來看待這個問題。

（經文）復次，地藏！未來世中，若有善男子、善女人，遇大乘經典，或聽聞一偈、一句，發殷重心讚歎，恭敬布施供養，是人獲大果報，無量無邊。若能迴向法界，其福不可為喻。

（經法研探）如《金剛經》中佛云：「須菩提！若三千大千世界中，所有諸須彌山王，如是等七寶聚，有人持用布施。若人以此般若波羅蜜經，乃至四句偈等，受持讀誦，為他人說。於前福德，百分不及一，百千萬億分，乃至算數譬喻所不能及。」

由此可見，持上十善法戒的善男子、善女人，對一句佛偈、一句法語布施供養，所得的福德，遠遠超過前面所說大作佛事，供養佛像、辟支佛像、轉輪王像的福德。

（經文）復次，地藏！若未來世中，有善男子、善女人，遇佛塔寺，大乘經典，新者布施供養，瞻禮讚歎，恭敬合掌；若遇故者，或毀壞者，修補營理，或獨發心，或勸多人同共發心。如是等輩，三十生中，常為諸小國王。檀越之人，常為輪王，還以善法，教化諸小國王。

（經法研探）四天下都是被各個小國王所分別統領的。當七寶具足的轉輪聖王得到小國王們的擁戴和支持，必能平定四天下、擁有四天下。而轉輪聖王如何得到小國王們的擁戴和支持？一方面靠的是：以十善法戒教化四天下人民；另一方面靠的是：以菩薩行教化諸小國王。

（經文）是故，地藏！未來世中，若有善男子、善女人，於佛法中所種善根，或布施供養，或修補塔寺，或裝理經典，乃至一毛、一塵、一沙、一渧。如是善事，但能迴向法界，是人功德，百千生中，受上妙樂。如但迴向自家眷屬，或自身利益，如是之果，即三生受樂，捨一得萬報。

是故，地藏！布施因緣，其事如是。」

（經法研探）我們心中常想的是父母、夫妻、兄弟、兒女，而任何一個好的領袖，心中有迴向法，無時不把一切眾生列入考慮之中，無時不在關心之中，這是兩種不同的思惟方式。因為我們沒有這個福報資糧，不懂迴向法，這也是我們最難過的一關，只有學了大乘的迴向法，或有可能突破自心的牢籠和障礙。

怎樣才能打破這個狹劣的心呢？怎麼破籠而出呢？如何炸掉像地獄一樣的高牆呢？就要從「苦聖諦」開始修起：想到我自己過去所受到的苦，現在正受的苦和未來當受的苦。這些苦，我該怎麼辦？都是我受不起的苦。

再想到我們從現在開始，只能聚來種種惡緣，而且在人道「作客」的時間將要結束，馬上就要「回家」—墮三惡趣了（請見《五苦章句經》：三惡道者，是一切眾生之家。暫得為人，暫得為天。譬如作客日少，歸家日多）。但是我們搬不動的是無量劫來、百劫千生的惡業，卻逼著非「回家」不可，想到這些，當起危機感。

想到眼下的這些受苦眾生的苦相和惡相，都是在提醒我無量劫來所造的惡業和苦相，我不能再不面對了。這樣，從「自私的」觀點上來突破它。

感謝地藏菩薩引出這一法來。

地神護法品第十一

（經文）爾時，堅牢地神白佛言：「世尊！我從昔來，瞻視頂禮無量菩薩摩訶薩，皆是大不可思議，神通智慧，廣度眾生。是地藏菩薩摩訶薩，於諸菩薩誓願深重。

（經法研探）先讓我們來認識一下這一品的第一主角「堅牢地神」。

為什麼叫堅牢地神？一切有形有相的色世界，基本上是由地、水、火、風「四大」和合而成，其中一切形成「堅、牢」的因素，叫「地大」。堅是堅固，牢是緊密，堅固而緊密，正是「地大」的特性，故稱「堅牢地神」。他不只主管大地的事，凡是一切眾生能感應受用到的，能保持相對穩固形相和姿態的堅固質密的東西，都屬「地大」，都歸堅牢地神管轄。

堅牢地神是地藏菩薩的分身，因為地藏菩薩自己不會說：「六道眾生當如何供養我」，就要讓另一個角色出台，請堅牢地神出來，根據這個劇本說：「你們要如何來供養地藏菩薩」。這角色是非常重要的，若論究竟，也沒有堅牢地神，因劇情、角色需要，他要出來客串這齣戲。

（經文）世尊！是地藏菩薩，於閻浮提有大因緣，如文殊、普賢、觀音、彌勒亦化百千身形，度於六道，其願尚有畢竟。是地藏菩薩，教化六道一切眾生，所發誓願，劫數如千百億恆河沙。

（經法研探）這段經文很難正確理解它。

首先，經文中「其願尚有畢竟」，是什麼意思？除了地藏菩薩，和我們最親的就是觀世音菩薩。觀世音菩薩最主要的職責，是接引一心想往生極樂世界，已發阿耨多羅三藐三菩提的善男子、善女人，雖也「聞聲救苦」，其救拔項目如《妙法蓮華經・普門品》中所記載，相對於地藏菩薩於十方無量世界示現百千萬億分身、化身度脫眾生來說，有局限性。地藏菩薩於此土更是隨時隨地對我們「頭頭救拔」，不只管我們眼下受的苦，管我們生前死後，還管中陰身四十九天後往哪裡受生，乃至會在地獄門口攔著我們，即使我們真的墮了下去，只要一至心求救，他就把我們救出來……等等，所以說觀世音菩薩「其願尚有畢竟」。

彌勒菩薩發願守護法藏，管像法、末法、滅法時期的眾生不會喪失如來經藏，只要有人要，終可得之。他主要是在訓練當他成佛時的龍華法會的「籌備委員」們，幫助他們準備好，一起迎接下一個正法時期的到來。所以說彌勒菩薩「其願尚有畢竟」。

只有地藏菩薩摩訶薩度眾不設門檻，不管是無間地獄眾生或是一闡提者，他都要救，而且要漸漸度脫之，還保證最後統統成佛，故願無有盡。

其次，難道菩薩還分厲害的菩薩和差勁的菩薩？同四大菩薩一比，地藏菩薩的功德願力好像最殊勝，別的菩薩就差了些。但文殊師利菩薩和普賢菩薩是佛陀的上首弟子，彌勒菩薩也已蒙佛授記為未來佛。這樣一比，地藏菩薩好像又略處下風了，但世尊一再希望地藏菩薩早日完畢誓願，快入佛地，顯然地藏菩薩也是蒙佛授記的未來佛，如果真是差勁，還能作佛嗎？

再回頭來看看本經《閻浮眾生業感品第四》中的兩位小國王，一個發願盡快成佛，一個發願要永度罪苦眾生，然後才成佛。如果說那個發願盡快成佛的小國王比較差勁，豈不是說釋迦牟尼佛比地藏菩薩差勁？如果說那個發願永度罪苦眾生的小國王差勁，我們今天又何必受持讀誦《地藏本願經》？又何必稱頌地藏菩薩，何不只稱頌釋迦牟尼佛就好了？

四大菩薩和地藏菩薩都是示現快登佛位的灌頂位菩薩，灌頂位的菩薩都是具足圓滿、與佛等位的，他們之間沒有高下之分，彼此不能互相比好壞的。如果妄自分別比較，不僅毀謗菩薩，甚至毀謗佛了。

既然這之間沒有高下、勝劣之分，為什麼還要說「其願尚有畢竟」，還作這些不同的示現呢？

原來「涅槃」是一個觀念性的存在，所謂清淨無餘究竟大涅槃，也只是一個真常、真樂、真我、真淨的體現，並沒有「永入涅槃」這回事。因為如果真有「永入涅槃」這回事，也就是說佛會「入滅」。

若說佛「入滅」，有滅必有生。但有生有滅的是假佛，不生不滅才是真佛。

如果佛不入滅，就將繼續覺悟度化眾生。

因此，兩個小國王的示現也好，釋迦牟尼佛和地藏菩薩的示現也好，乃至四大菩薩和地藏菩薩的示現，都是在體現如來功德力的一體兩面：一個是速入涅槃；一個是度眾不斷。

示現速入涅槃，是要體現如來功德力的真常、真樂、真我、真淨，令一切眾生嚮往，但並不是真的永入寂滅。示現度眾不斷，是要體現如來功德力的「覺」字。

經中佛陀示現的是真常、真樂、真我、真淨的涅槃境界；地藏菩薩示現的是度眾不斷的大誓願力。佛陀示現的是本自不生；地藏菩薩示現的是永遠不滅。兩位小國王，一個示現不生；一個示現不滅。四大菩薩示現無生法忍的無生境界；地藏菩薩示現覺性不滅的境界。

《維摩詰所說經．觀眾生品第七》中，文殊師利菩薩問維摩詰大菩薩說：「菩薩欲依如來功德之力，當於何住？」答曰：「菩薩欲依如來功德力者，當住度脫一切眾生。」

又問：「欲度眾生，當何所除？」答曰：「欲度眾生，除其煩惱。」

又問：「欲除煩惱，當何所行？」答曰：「當行正念。」

又問：「云何行於正念？」答曰：「當行不生、不滅。」

又問：「何法不生？何法不滅？」答曰：「不善不生，善法不滅。」

所以這段經文的真實義，是諸佛菩薩要向我們示現「不善不生、善法不滅」的佛性境界，也就是如來功德力的體現。如果我們在經文的文字上「妄生」分別計較，則免不了要謗佛、謗法了！

（**經文**）世尊！我觀未來及現在眾生，於所住處，於南方清潔之地，以土、石、竹、木作其龕室，是中能塑、畫，乃至金、銀、銅、鐵，作地藏形像，燒香供養，瞻禮讚歎，是人居處，即得十種利益。何等為十：

一者、土地豐壤；二者、家宅永安；

三者、先亡生天；四者、現存益壽；

五者、所求遂意；六者、無水火災；

七者、虛耗辟除；八者、杜絕惡夢；

九者、出入神護；十者、多遇聖因。

世尊！未來世中及現在眾生，若能於所住處方面，作如是供養，得如是利益。」

（**經法研探**）為什麼供養禮拜地藏菩薩，還常有不如意的事發生？

本經一再告誡我們，鬼神的守護是有條件的。我們雖然做了些供養諸佛菩薩的善事，但只要一個惡念或做了惡事，就會把應得或已得的福報給毀了。本經《閻羅王眾讚嘆品第八》中，由主命鬼王代表，說出了眾鬼王的心聲：「在我本願，甚欲利益，自是眾生不會我意，至令生死俱不得安」，就是這個意思。

善業雖是助長覺悟的資糧，惡業雖是助長痴迷的因緣，但若論究竟，善業本身不能滅惡，惡業本身不能毀善。作善、作惡只能使善、惡的果報「延期支付」，也就是說，惡果並不因為作善而抵銷，善果也並不因為作惡而消弭。因為善業、惡業都是「無明行」，雖是無明行，卻各有善惡因果，如《達摩多羅禪經》中說的「無有無作果，所作終不喪」、《維摩詰所說經．佛國品第一》中說的「善惡之業亦不亡」。所以善究竟不能毀惡，惡究竟也不能毀善。善惡業只能以覺性的光芒照亮，不能相互抵銷，一旦照亮，就不再是「業」了。

那麼為什麼又說，只要一個惡念或做了惡事，就會把應得或已得的福報給毀了？這中間的因緣果報是怎麼計算的呢？原來作善、作惡，可以使原本應現的果報提前或延遲發生。

比如有人在為善中起了一念惡，這個惡可能使他此生應得的善果不現，延遲到下一生乃至下十生或下百生才報，但所造的善業和惡業都沒有消，都在「相似相續」的業力中繼續「無明行」，直到被覺性的光芒照亮。所以說「覺悟」時，就是「消業」時，好比一個人若不是醒著，就是在睡夢中，但一覺醒來，夢就煙消雲散了。

《未曾有說因緣經》中，阿逸多王受持了一百六十年的「十善法戒」，在作為二地菩薩兼轉輪王位時，因自心起一念惡，導致了天災人禍、國破家亡，不僅使他進入三地菩薩的善果延後，又因為惡業的相似相續，導致了無量惡而墮入地獄道、餓鬼道，最後受生為畜生道中最不堪的野干身。但以其曾受持「十善法戒」以及曾修菩薩行的善業，使他即使墮入地獄、餓鬼道，也一入即出，不像一般人要歷經千百億劫。在作野干時，也能為諸天師，為帝釋天王及其眷屬宣傳教化，並以此功德，捨野干身後，跳越了三地菩薩位，直登四地菩薩位。

所以，在為善時，自心若起一念惡，這個惡在不持戒、不斷愧懺悔下繼續增長，使得善果向後推延；同樣的，在為惡時，自心若起一念善，這個善也將推遲了原本惡果的出現，如是可以爭取起佛緣、種佛種，爭取持戒修福的機會。這正是惠能大師在《法寶壇經．懺悔第六》中說：「自性起一念惡，滅累劫善因；自性起一念善，得恒沙惡盡」

的意思。

但末法末期的我們，心量狹劣黑暗，不是說「唉呀！反正百劫千生已經這麼惡了，今生又作了這麼多惡，歸依三寶也沒用了，管它去！」於是自甘沉淪；就是說「反正善惡之業亦不亡，我再怎麼做也沒用！」變成了宿命論者，甚至敢放逸其心地作惡，「多加一些惡算得了什麼！」總之，就是不肯鬆油門、踩煞車、調轉車頭，不肯迴一念善。

對我們這些南閻浮提的「習惡眾生」，堅牢地神還是為我們指出了一條路，只要此刻即時迴一念善，不僅可以把過去的惡業延遲，還能在現在的善業上起佛緣，今世即可得本段經文中所列舉的十種利益，終究還可得「恒沙惡盡」的功德。

為什麼迴一念善就能得恒沙惡盡的殊勝功德呢？

因為地藏菩薩的大願，正是要救度我們這樣的罪苦眾生。他跟我們有最密切的關係，所以只要照著本段經文裡，堅牢地神的指示，恭敬供養地藏菩薩，就跟地藏菩薩的大願結了善緣，何況還時時瞻仰、頂禮、頌揚、讚歎地藏菩薩的功德！當地藏菩薩的功德入了我們的心，我們就和地藏菩薩大願威神力的加持相應，即可將今世的惡業延遲，並得到經文中所列舉的十種善果。

如是停止了「為惡受殃」（請見《未曾有說因緣經》），開始「作善獲福」，並以相信善惡因果故，信有來世，即「知死有生」。於是以恭敬供養地藏菩薩的迴一念善為根苗，開始止惡行善，進一步在地藏菩薩大願威神力的加持下，發起大願。

既已止惡行善，又發大願，就能持上「十善法戒」，成為善男子、善女人，則能發無上菩提心，發滅度一切眾生的大乘願，走上菩薩行，「修道得道」，成為覺有情。以覺性的光芒照亮百劫千生的無明行，使無量的惡業化為烏有，得恒沙惡盡！

所以從恭敬供養地藏菩薩開始，就能行上「知死有生」、「作善獲福」、停止「為惡受殃」、並開始踏上「修道得道」之路，讓我們這些罪業深重的「習惡眾生」盡快結佛緣、種佛種，這就是方便平等經典的微妙神通力所在。

但請不要忽略，迴一念善，推遲惡果報，是為了要爭取持戒修福、累積資糧的機會，也就是為了「見所作」。見所作，是為了得善法；得善法是為了開啟覺性，消業除障。所以必須要在大善知識的引導下和諸佛菩薩威神力的加持下迴一念善，才不致失次第，才能使「重業輕報」，把壞事變好事。

否則若失次第，惡果報雖然延遲了，卻不是為了「見所作」，那麼「作惡不即受，如乳即成酪，猶灰覆火上，愚者輕蹈之。」（《大般涅槃經．如來性品》）反而「輕業重報」，好事變成了壞事。

這樣長遠的因緣果報，若非諸佛菩薩威神力的加持，絕不是一般眾生，更不是我們南閻浮提「習惡眾生」那黑暗、狹劣的心所能揭示的。

但堅牢地神答應我們，只要願意照著做，時時檢視自己有沒有真的恭敬供養？有沒有瞻仰、頂禮、稱頌、讚歎？一旦和地藏菩薩大願威神力的加持相應，那百劫千生的一切惡業都終將煙消雲散。如是善巧方便度化眾生，可知堅牢地神必是地藏菩薩的另一個分身。

（經文）復白佛言：「世尊！未來世中，若有善男子、善女人，於所住處，有此經典及菩薩像，是人更能轉讀經典，供養菩薩。我常日夜以本神力，衛護是人，乃至水火、盜賊、大橫、小橫，一切惡事，悉皆銷滅。」

（經法研探）如果是善男子、善女人，所得的利益又有不同！

所以，如果做了供養，還出了水火、盜賊、大橫、小橫等惡事，說明我們還不是善男子、善女人，這是很重要的。

（經文）佛告堅牢地神：「汝大神力，諸神少及。何以故？閻浮土地悉蒙汝護，乃至草、木、沙、石、稻、麻、竹、葦、穀米、寶貝，從地而有，皆因汝力。又當稱揚地藏菩薩利益之事，汝之功德及以神通，百千倍於常分。

（經法研探）印度是拜祭多神的，他們認為地有地神、水有水神、火有火神、風有風神、花有花神、樹有樹神、山有山神、海有海神等等。但這些「神」都是因為眾生有如是業力的召感，才會說出這些神的名字，才會憑「想像」、「靈感」塑造出各種神的形象。佛陀為歡喜隨順眾生心之所欲樂，也全部接受了當時印度的諸眾鬼神，所以經文裡提到「諸神」。

那麼難道堅牢地神也是我們自心業力所召感的？是的。一切客觀世界所示現的日月星宿、山河大地，都是我們自心業力所召感的，所以堅牢地神也是我們「自心」中的一法。只是我們心量狹劣膚淺，只認同自己眼耳鼻舌身意和「外面」色聲香味觸法的互動，所以堅牢地神變成我們「心外」的一法，對堅牢地神所示現的「乃至草、木、沙、石……寶貝，從地而有」的大神通力，也不能認領。直到我們以覺性的光芒見到自心業障的因緣果報，勇敢地消業除障時，才能將堅牢地神的大神通力，也就是這些「自家珍財」認領回來。

其實，堅牢地神使一切「地大」的「含藏」從地而出的大神通力，即是一切眾生「以心聚緣」的體現。若自心發願覺悟，必聚佛緣，開啟覺性，如是「自家珍財」即從「心地」湧出。可知堅牢地神的確是地藏菩薩的另一分身，這也是為什麼他具有比一般地神或其他諸神大十萬倍神通力的原因。

（經文）地神，若未來世中，有善男子、善女人供養菩薩，及轉讀是經，但依《地藏本願經》一事修行者，汝以本神力而擁護之，勿令一切災害，及不如意事，輒聞於耳，何況令受？非但汝獨護是人故，亦有釋、梵眷屬，諸天眷屬，擁護是人。

（經法研探）什麼是「地藏法門」？以「大願」為本的修行法門，也就是以「願力法」克服「業力法」；以自心大願和地藏菩薩大願威神力的加持相應；以大願為動力，亦以大願為回歸依止的修行法門，所以叫「地藏法門」。「地藏法門」是幫助一切修行大乘法的人，順利披上菩薩的「大願甲冑」，所以事實上，一切菩薩行，都必須從地藏法門入手。

佛陀為什麼要在這兒特別另外提到帝釋天王？因為帝釋天王是專門護念進入三地菩薩位之前的修行人，只要是實發了無上菩提心和大乘願的修行人，就會直接受到帝釋天王的護念。在《未曾有說因緣經》中，掉在丘井裡的野干，以其宿世受持「十善法戒」及修菩薩道的因緣，一念祈禱，帝釋天王就立刻帶著眷屬從忉利天下來幫助他，就是一個很好的例子。

另外，也許有人在讀了這段經文後，會提出一個疑問，這個疑問是有代表性的。因為末法末期的眾生，福薄善淺，心地黑暗，心量狹劣，只迷於自己的眼耳鼻舌身意所信，於諸佛菩薩不能起正信之心，自然很容易錯解或扭曲大乘經典的真實義。比如，得了諸天護念，甚至只得堅牢地神的護念，難道一切災害、一切不如意的事就不發生了嗎？從此家中大小就平安、不遭老病死苦了嗎？電視、報紙上報導的天災人禍，就聽不見、看不見了？還是故意忍著不聽、不看？

當然，還是會聽到、見到天災人禍的消息，自己和家人因為都還沒有出離生死苦海，也一樣會有生老病死苦。但對發了大願修行，並受持「十善法戒」的善男子、善女人來說，在自己主觀能動的自願自覺下，在諸佛菩薩和堅牢地神威神力的加持下，持戒修福，滅度自己的傷毀心、出離小悲小惱、思量大事不再思量小事，如是調伏自心。

鬼神都是沒有自性的，如果我們的心是十善大地的時候，堅牢地神就一定來護念；我們的心是十惡大地的時候，他就護不著了，就會有別的鬼神來修理。這就是地藏菩薩和堅牢地神所講的「地」字，一切根據我們的心地而轉。

（經文）何故得如是聖賢擁護？皆由瞻禮地藏形像，及轉讀是本願經故，自然畢竟出離苦海，證涅槃樂。以是之故，得大擁護。」

（經法研探）善男子、善女人要怎麼樣才能受到一切聖賢和諸天眷屬，以這樣大的神力來擁護呢？如何去聚這個緣呢？都是要先從瞻禮地藏菩薩像，轉讀本經開始，這樣就可聚集來一切聖賢和諸天眷屬的大擁護。

經文中聖賢的「聖」，指的是諸佛菩薩；「賢」，指的是証得四賢果位的須陀洹果、斯沱洹果、阿那含果、阿羅漢果的修行人。

如不解諸佛菩薩的真實義，對此品經文很容易有兩方面的誤解：一、一般科學常識、邏輯思惟或普通常識豐富者，以己意己力故，會對此經有疑：真的嗎？可能嗎？就這麼簡單嗎？而排斥此經；二、用迷信的心思來對待，只想買個保險，所以即使照經中所述，做了些供養和禮拜，也得不到大惠利，最終恐怕也要抱怨三寶不靈，因而犯下謗經謗佛的過失。

因此對這部經，我們愈學到後面，愈要加以小心。首先我們自己不能謗佛謗經，其次要用此經來惠利一切眾生，因為佛陀的本意就是要以此經惠利末法時期、福薄善淺的罪苦眾生的。

（後語）在本品結束前，也許有人要問，這個世界，就人道的六十多億人口來說，大多數人都不是住在土壤豐厚的地區。比如中國的大西北、大西南，處處是丘陵、荒漠和高山，不利耕作。是不是這些地方的居民，堅牢地神就不護念他們了？他們供養禮拜地藏菩薩就沒有用了？

當然不是！正如經上一再提醒我們，只要眾生願意先止惡，哪怕所行的善只是一毛、一渧、一沙、一塵的善，都能令堅牢地神歡喜，受到堅牢地神的護念，何況還能恭敬供養、讚歎禮拜地藏菩薩！

讓我們先把拘泥於「大地只是長莊稼的」這樣的心打開來，因為大地不是只長出莊稼，還有別的「寶貝」。好比石油、各種礦產、寶石、黃金。

就先拿石油產區的阿拉伯來說，看看堅牢地神是怎麼護念和為什麼會護念阿拉伯人民的？

在默罕默德創伊斯蘭教之前，阿拉伯人民只能從事兩種行業：一是商旅駱駝隊，他們是世界最早的商人；二是做土匪強盜、打家劫舍，比如膾炙人口的「阿里巴巴四十大盜」，就是發生在阿拉伯。

默罕默德創立伊斯蘭教之後，阿拉伯人民雖不再以部落形式的土匪強盜出現，但還是極具攻擊性、侵略性的民族。他們首先就衝進並消滅了當時全國都信佛教的文明古國安息國，就是古代的波斯帝國，就是現在的伊朗。

十八世紀以後，整個阿拉伯民族及絕大部份伊斯蘭教的國土，都被白人新興的資本主義所帶來的新帝國主義和殖民主義征服，淪為殖民地。但就在殖民主義的奴役下，這塊最貧瘠的沙漠地，卻得到堅牢地神的護念，開採出了全世界儲量最豐富的「寶貝」—石油。

堅牢地神為什麼突然在這時護念阿拉伯人民呢？我個人的看法是，阿拉伯人民曾造很多殺業，乃至攻擊印度，毀了佛教。而我國的新疆大西北，本來是最重要的佛教重地之一，後來也變成了伊斯蘭教的地盤。整個伊斯蘭教史可以說是一部戰爭史，也是一部隨戰爭而傳教的傳教史。

除此之外，阿拉伯人民堅持信己意、己力，在淪為殖民地之前，非要養羊、種莊稼不可。想想，沙漠地上要怎麼才種得出給羊吃的草？怎麼種莊稼？所以人民長期在愚昧、貧窮、落後中。

但淪為殖民地後，在殖民統治者之下，自己倒不大造殺業了，而且因為宗教的信仰，人民一般都比較強調「善」了，個人的道德水準也略高過基督教的國家。可能以如是「止惡行善」的因緣故，得堅牢地神歡喜，從寸草不生的沙漠地下，冒出「黑金」—黑色的金子，成為全世界最大的石油生產重地。

又好比南非，原本各部落互相殘殺，並互將戰俘當作奴隸。後來在白人的統治下，各部落之間不再殺伐，反而團結起來，止了一些惡。推翻白人政權後，人民不再祭祀鬼神，從多神教轉為信仰基督教或伊斯蘭教，開始行一些善。如是令堅牢地神歡喜，得堅牢地神照顧，成為全世界最大的鑽石和黃金產地。

讓我們再來看看台灣：當年蔣介公推行「耕者有其田政策」，政府用半強迫性的「贖買」手段，向當時大地主們贖買土地，使耕種者有自己的田耕種，並配合「三七五減租」的政策，使農民的生活水平提高。而那些當時的大地主，雖然喪失了土地，卻成就為台灣第一批現代的工業家、資本家。

在如是穩定的政治和經濟環境下，台灣人民迎接了一個又一個的經濟奇跡。這都是因為台灣民心普遍淳樸厚道，讓堅牢地神歡喜，受到堅牢地神護念的結果。

但經濟起飛後，大多數人民「貪天功為己功」，認為完全是自己「打拚」的結果，一有錢就開始憍誑自大起來。卻沒有想一想，為什麼當年即使稻米一年三熟，而且在稻米收成兩茬之間，還可種菜，那時農民日出而作、日落而息，根本沒有休息的時候，但生活得還是那麼苦？所以絕對不是勤奮不勤奮、打拚不打拚的問題。

越憍誑自大，就越相信己意己力。經濟起飛後，有的人只感激了自己，有的人或遠離了三寶，乃至不供養佛菩薩了，有的雖有供養禮拜，卻不「恭敬」，轉身就忙著去

「打拚」，甚至身口意業齊犯。如是惡念惡行不止，使所得的善果、福報，不能持久。

綜觀近六、七十年來，全球各地天災人禍不斷，我們對堅牢地神的護念，對地藏菩薩的加持仍不起感激心，只是更加的照顧自己的利益，更加的相信己意己力，以致不能定下心來，把這六、七十年的變化想一想，到底前後發生了什麼樣的變化，試著去找找原因，問一聲「為什麼？」當然也就沒有辦法收到堅牢地神發出的種種訊息，更不能體會到堅牢地神的存在了！

見聞利益品第十二

（**經文**）爾時，世尊從頂門上，放百千萬億大毫相光。所謂：白毫相光、大白毫相光、瑞毫相光、大瑞毫相光、玉毫相光、大玉毫相光、紫毫相光、大紫毫相光、青毫相光、大青毫相光、碧毫相光、大碧毫相光、紅毫相光、大紅毫相光、綠毫相光、大綠毫相光、金毫相光、大金毫相光、慶雲毫相光、大慶雲毫相光、千輪毫光、大千輪毫光、寶輪毫光、大寶輪毫光、日輪毫光、大日輪毫光、月輪毫光、大月輪毫光、宮殿毫光、大宮殿毫光、海雲毫光、大海雲毫光。

（**經法研探**）這一段，以世尊從頂門上，放百千萬億大毫相光，來讓我們去感應釋迦牟尼如來無量的功德、智慧、神通。正如此經第一品開始時，如來含笑放百千萬億大光明雲一樣，皆是以光和雲來譬喻佛所釋放出來的「法」。讚歎佛法能於五濁惡世的娑婆世界裏，示現不可思議無量、無邊的大智慧力、大神通力、大功德力，來調伏此土剛強難化的有情。

也再一次讓我們揣摩此次忉利天法會的莊嚴盛況，同時又再藉著種種不同的毫相光及毫光，幫助我們突破眼、耳、鼻、舌、身、意的局限。藉著佛陀的大威神力，照亮百千萬億恒河沙等諸佛世界，包括五無間地獄，令我們見到依業力不能見的景相。

換句話說，諸佛以三十二相、八十種好出現時，首先放身光，所謂的頭光、背光等。如果這些光再進一步增上時，能穿破一切障礙，跨越一切距離，一直照亮無量無邊的佛剎土，照亮三千大千世界。

這些光，都是世尊大能力、大能量的體現，但是我們福薄善淺，無法出離自己一向所執著的肉眼，故無法去召感和認識這些光和能。但見不到，並不表示這些光和能不存在。如紅外線、紫外線、阿發射線、貝塔射線（Alfa, Beta）……乃至X光等光，我們肉眼全都看不見，但它們都能起強烈的作用。諸佛世尊是不生不滅的，能量和光明也是不滅的，若肉眼見不到，則單看我們的心，能不能受到感動和激發，依感激心的多少來決定與光和能相應的程度。

這些光和能從來沒有停止過，只是我們心盲、眼盲，拒不相認。只因為我們堅持用自己的眼、耳、鼻、舌、身、意去見，只相信己意己力，故受不到佛陀慈悲力的感動激發，排斥佛眼、法眼、慧眼、天眼所見。這些不能正面接受佛陀度化的習性，使我們只有不自覺地用自己八苦的苦行苦受去為佛陀所宣示的真理作證了。

在這一段裏，我們先要瞭解什麼是「毫光」，然後才能瞭解「大毫光」。

在室外太陽當空，沒被任何雲霧遮住，或者是天沒黑，但整個太陽不現時，這種光是一種「普光」。假如光線從門縫、窗戶裏進來，或從雲縫裏出來時，它出現的是放射線似的光，這種光就叫「毫光」。而太陽呈放射線似的光，就叫「白毫光」。

這次世尊放大光明，是從頂門上放的，放出的是「毫光」。通常這種毫光，是從身體任何一個部位放的光，譬如從兩眉之間放、從兩肩放、從兩膝放、從兩足放、從胸腋放，都叫「毫光」或「毫相光」。如果如來所放毫光或毫相光無遠弗居，則名「大毫光」或「大毫相光」；如果全身放光，並放出均勻的光，則名「普光」。

世尊先以身光的形態出現，光再增上，變成大光，所以出現毫光和大毫光，或毫相光和大毫相光等不同，其實，在本質上是相同的。

毫光、大毫光或普光，都是大能量的現相。能量呈現出來的相，不一定只是光相，但能量體現時，一定有光發射出來，只是我們的肉眼能見到的光度，是很有限的。恰如紅外線、紫外線，我們都看不到；阿發、貝塔、伽瑪（Gamma）射線，我們也都看不到。可是，我們看不到，並不表示這些光線不存在。例如蜜蜂的眼睛可以看到的紫外線，人的眼睛都看不到，可見人的肉眼是局限性極大的。

所以，世尊放各種光出來，是表示一個大能量在運作。這個大能量在運作時，一定放光。例如太陽本身不是個堅實的物質，是個能量的光球，是一連串核融合釋放出能量，用光來體現的。太陽沒有具體有形的「東西」，可以看到或摸到，因為太陽的溫度太高了，像個核子反應爐的內部，沒有成形的固體物質，只是以大的光和火（熱）出現。它也是「風輪」先轉，才出現「火輪」，只要核子分裂或核子融合，就會產生高能，出現風輪和火輪，其次出現水輪，最後出現地輪。

所以世尊從頂門放各種光，顯示世尊有大能量、大神通力。這種能量，有的時候，人的眼睛可以看得見；有的時候，人的眼睛看不見。看不到時就表示：我們的福業善根資糧不足，所以看不到。

從第一段的經文中，我們可以把這些毫相光和毫光，總結成三個類別。一種是抽象的，有高度象徵意義的，如瑞毫相光、慶雲毫相光；一種是以顏色來聚相的，如紅、黃、藍、綠毫相光；再一種是非常具體的，如宮殿毫光、千輪毫光。下面再分別地談談這三種類別：

第一類別，抽象的、沒有具體形象或顏色的光：例如瑞毫相光、大瑞毫相光、慶雲毫相光、大慶雲毫相光。這些光雖然不具顏色，但讓人受到之後，調發出吉祥安樂的感覺。

什麼樣的感覺是吉祥的感覺呢？無凶、無惡、無傷毀是吉祥；安隱快樂是吉祥。世尊放出瑞毫相光和大瑞毫相光時，一切眾生的心，會感受到祥和、安隱和快樂。先前所有的恐怖、傷毀、不安、逼迫、罣礙、危機感等不良感覺，都消失了。

第二類，有具體顏色的光：像是紫毫相光、大紫毫相光、紅毫相光、大紅毫相光、綠毫相光、大綠毫相光。對這些光，我們比較能準確地想像出它們的顏色。

但是，青毫相光和大青毫相光是什麼顏色，又出現了問題了。這可能是漢文曖昧的缺點。「青」到底是什麼顏色？「青」有時是指黑色，有時是藍色，有時是綠色。但後面經文又有碧毫相光和綠毫相光，所以一定不是指藍色和綠色這兩個顏色，而是一種界於藍綠、藍黑之間，說不出是什麼顏色的顏色。有這種顏色嗎？有！太陽升起前後和太陽落下前後，山、海和樹的顏色，就是那種形容不出來的顏色。例如海有時是碧綠，有時是黑色，有時是寶藍，有時昏暗的說不出它的顏色。所以這個時候，中國人就用青色來形容。

什麼叫做玉毫相光和大玉毫相光？這個玉又是什麼顏色呢？綠色？白色？還是黑色？我們一般說玉是綠色，可是我們到博物館去看看，古代的玉極少是綠色的，多半是黑色、牙黃色兩大系列。漢朝以前，中國漢地很少出產綠色的玉。綠色的玉，大多是從緬甸來的，到了清朝，才普遍流行起來。

所以玉毫相光是讓我們感受到玉所代表的品質。簡單地說，玉的涵意，是一種色調統一、質密堅硬的石頭。它的品質是相對穩定，可以用來作工具，或作珍寶裝飾。在新石器時代，人類找到了玉，同時把玉作了一定的加工改造之後，變成了切割的工具，捶打的工具，以及當成武器、耕具、祭器和日常生活用具。玉的堅硬度及其色澤就是它的實用價值。因為堅硬光澤，不容易損壞，故有「常」。「常」就是價值。人類崇拜的偶像，祭祀用的象徵器皿，最珍貴、最有裝飾性、最有紀念性的東西，都採用玉，玉變成了人類生活中不可或缺的東西。

金毫相光和大金毫相光不只是黃色，還涉及了金屬的光澤。

第三類，有具體形相的光：這一段中，從千輪毫光起到最後的十二個毫光，體現的光具體又具相，所以都去掉「毫相光」的「相」字，只用「毫光」兩個字。

對這些具相而又具體的毫光，我們應該怎麼樣去作聯想呢？「千輪」指的是什麼呢？千輪是說世尊的三十二相中，他的手掌和腳掌上有千幅輪相，而且可以放光。寶輪指的是轉輪聖王的七寶輪。日輪是指太陽光作放射線的照射。宮殿毫光可以想成慶典時的夜晚，主要建築都張燈結綵，燈火燦爛，向外放射光彩，遠處可見。海雲毫光，可以想成在海平線上，雲和海是連成一片的景象。

人道的眼、耳、鼻、舌、身、意，都是非常有局限性的，乃至有許多畜生能見到的光或聽到的音，都超過人道。更不要說世尊放出的種種光，福薄善淺的人，無法用我們的肉眼，去召感這個光和認識這個光。

諸佛世尊是不生不滅的，永遠在放光。我們有多少感激心，就能相對地體驗到這個能量，並和這個能量相應，單看我們的心，能不能受到感動激發。這些佛光到現在還在照著我們，只是我們拒不相認而已，因為我們的感激心，還沒有發起到可以相認的地步，所以我們拒絕受到感動激發。但客觀上，我們還是不自覺地用自己的苦行苦受，為佛陀「無常、苦、空、無我」的真理不斷地在作證，這是任何人都在執行的任務。可惜往往我們因「不了於行」故，對自己在「作證」、在「執行任務」這件事，也拒不相認。

（經文）於頂門上放如是等毫相光已，出微妙音，告諸大眾、天龍八部、人、非人等：「聽吾今日於忉利天宮，稱揚讚歎地藏菩薩，於人、天中，利益等事、不思議事、超聖因事、證十地事、畢竟不退阿耨多羅三藐三菩提事。」

說是語時，會中有一菩薩摩訶薩，名觀世音，從座而起，胡跪合掌，白佛言：「世尊！是地藏菩薩摩訶薩，具大慈悲，憐愍罪苦眾生。於千萬億世界，化無量千萬億身，所有功德及不思議威神之力。我聞世尊與十方無量諸佛，異口同音，讚歎地藏菩薩云：『正使過去、現在、未來諸佛，說其功德，猶不能盡。』向者又蒙世尊普告大眾，欲稱揚地藏利益等事。唯願世尊為現在、未來一切眾生，稱揚地藏不思議事，令彼等瞻禮獲福。」

佛告觀世音菩薩：「汝於娑婆世界，有大因緣，若天、若龍、若男、若女、若神、若鬼、乃至六道罪苦眾生，聞汝名者、見汝形者、戀慕汝者、讚歎汝者，是諸眾生常生人、天，具受妙樂，於無上道，必不退轉，因果將熟，遇佛授記。汝今具大慈悲，憐愍眾生，及天龍八部，聽吾宣說地藏菩薩不思議利益之事。汝當諦聽，吾今說之。」

（經法研探）觀世音菩薩在娑婆世界度眾利益之事，也就是在說觀世音菩薩和娑婆世界的關係。娑婆世界的眾生，若聽到觀世音菩薩的名號，見到他的形像，生起戀慕的心，發出讚歎的話，這些娑婆世界的眾生，會得到三項惠利：一、常生人、天，具受妙樂，累積修菩薩道的資糧；二、因修無上道，就有入第八不動地，得永不退轉的資糧；三、因有八地的資糧，就可以入十地，成熟菩薩因果，所謂因地上發心，果地上證果，而畢竟成佛。這就是觀世音菩薩和娑婆世界的關係。

（經文）觀世音言：「唯然，世尊！願樂欲聞。」

佛告觀世音菩薩：「未來、現在諸世界中，有天人，受天福盡，有五衰相現，或有墮於惡道之者。如是天人，若男、若女，當現相時，或見地藏菩薩形像，或聞地藏菩薩名，一瞻一禮，是諸天人，轉增天福，受大快樂，永不墮三惡道報。

（經法研探） 天道幻生幻滅法的規律性是什麼呢？天人是以「天福」受生天道，也就是有生天的福報在天道幻生；天道福報用盡時，他就幻滅。天人雖然受生天道，但終究有把福報享盡的時候，除非他依佛法修行，不斷地再累積福業。若不依佛法修行，他的福業一定會用盡。福盡還墮時，天人就要現五種衰相——頭上花冠萎謝，衣裳垢膩，身體臭穢，腋下汗出，不安於座。這五種衰相出現時，就是天人要死的時候。

天人福報很大，平時沒有人間這些愛別離、怨憎會、求不得、五陰熾盛、老病死等問題。他們平日生活也過的很豐厚；不會生病；也沒有煩惱；頭髮也不會像人一樣漸漸由黑變灰，再全部變白，或皺紋一條條增加；不像人從生下來，就慢慢向老境邁去。他們受生以後，很長的時間不經歷老病死的過程，不現老病死相，但是在快死時，所有的苦——生、老、病、死、愛別離、怨憎會、求不得、五陰熾盛，一時俱現，來得非常突然，令他們特別不能忍受。

也就是說，天人因善業力故，眼、耳、鼻、舌、身、意六根所召感的都是上妙樂的色、聲、香、味、觸、法六塵。眼不見惡事，耳不聽惡聲，鼻不嗅惡氣，舌不嚐惡味，身不受惡觸，故心中惡念難起，惡性互動難行。唯獨在臨死時，很難不和五衰相惡性互動，惡念非起不可，此惡念能使天人毀掉過去的一切善，而下墮到三惡趣中，甚至墮到地獄。

此時天人最大的考驗，是如何停止心中已升起的惡念，迴一念善，令惡念轉善。這裏佛陀傳授了一個最方便、最快速的法門，那就是—見到或想到地藏菩薩的形像，看一眼、想一回就頂禮一下；聽到地藏菩薩的名號，聽一聲就頂禮一下，這樣就能很快地達到止惡行善的目的，則不墮惡趣。

所以，我們知道生天並不是永久的保證。何況生天並不是聞法修行最好的地方，天道太快樂了，沒有危機感。人道雖然有這麼多的煩惱、這麼多的痛苦，但給人道眾生最好修行的機會。因為人道眾生最容易依正法修行發無上菩提心，在其他五道，包括天道，要發菩提心就非常難了。這也是為什麼佛教認為「生天是一難」的道理。

（經文）何況見聞菩薩，以諸香、華、衣服、飲食、寶貝、瓔珞，布施供養，所獲功德福利，無量無邊。

（經法研探）這裏我們要注意一件事，就是人道眾生塑、畫地藏菩薩形像時，必須採用土、石、膠、漆、金、銀、銅、鐵等作材料。因為人道的善業力不足，心中不能直接召感地藏菩薩的形像，但天人就不用材料塑畫了，只要提起正念向地藏菩薩祈禱，以念力和願力，就可以召感出地藏菩薩形像，然後念一次，頂禮一次，這樣就保證：一、不再墮惡道，二、生天的福報增長，下一生仍受生天道，享受天道的快樂。

對地藏菩薩和佛陀瞻禮、祈禱，是求「他力」來救拔、加持我們，其實這些力都來自自心。可是我們的心太小、太膚淺，只肯認定那些力量是他力，而拒絕認領那正是自心的力量，認為只有自己的眼耳鼻舌身意才是我，離開了我的眼耳鼻舌身意都不是我，這麼一來，神通幻化都與我無關。既然如此，唯一的辦法就是向他力求救吧！

我們排斥、拒絕認領一切的神通幻化力，把這個力排斥在外，那它就在外面，那麼天堂地獄也就在外面，六道眾生也在外面，因此，我們只好求外面的力量來救我們。

佛教有時講他力，有時說自力。我們是靠他力解脫呢？還是靠自力解脫？其實在諸佛菩薩眼裏，這兩個力是一個力，因為諸佛菩薩，早已深入不二法門，他知道自他不二，根本是同一個東西。只是人的分別心，把它說成兩個，首先分別「我的眼耳鼻舌身意」才是我，其他都不是我。妄作這種分別，才會有自力、他力的說法。

諸佛菩薩有大智慧、大方便，隨順我們的心來說，不然我們不懂、也不承認，還要繼續反對。所以他們說：「不要反對了，我隨順你們說吧！自力、他力都行，就算求他力吧！為了免墮苦處，跪下求好了。」

依外力，求他力的法不究竟，也和外道法劃不清界限，但卻有一大好處：當我們誠心求救時，突然一下子，心中的憍慢、慳貪、瞋妒全都不見了。心中三惡一除，這樣便立即爭取到止惡行善、轉惡為善的機緣。好比一個平日飲食無度的人，突然腹痛如絞，不能忍受，趕快打電話叫救護車送醫院求救，這時他自然已停止了暴飲暴食，又因醫生警告和痛苦恐怖的經驗，改變了往日的飲食惡習，身體得救，恢復健康。

因此，「求救」一法正是諸佛菩薩慈悲方便的教導。

（經文）復次，觀世音！若未來、現在諸世界中，六道眾生，臨命終時，得聞地藏菩薩名，一聲歷耳根者，是諸眾生，永不歷三惡道苦。何況臨命終時，父母眷屬將是命終人舍宅、財物、寶貝、衣服，塑、畫地藏形像；或使病人未終之時，眼耳見聞，知道眷屬將舍宅、寶貝等，為其自身塑、畫地藏菩薩形像。是人若是業報，合受重病者，承斯功德，尋即除愈，壽命增益。是人若是業報命盡，應有一切罪障業障，合墮惡趣者，承斯功德，命終之後，即生人、天，受勝妙樂。一切罪障，悉皆銷滅。

（**經法研探**）我們苦多樂少，煩惱心重，不能像天人一樣依善業力，立刻把地藏菩薩的形像召感到眼前來。所以只有用塑和畫的辦法，讓地藏菩薩的形像在心中升起，感動激發我們的心，把我們心中的善業力調發出來，這樣才達到「塑、畫」的真正目的。

基本上來說，臨命終者如果能聽聞地藏菩薩聖號，攀住一個決定性的善緣，至心歸依地藏菩薩，還能把所有的房地產、錢財等都布施出來，塑、畫地藏菩薩的形像，這樣就有「命終之後，即生人、天，受勝妙樂」的功德。

得「生人、天，受勝妙樂」，即可以做為善因；有了這個善因，才有資糧歸依得上地藏菩薩的大願加持力，來修道得道；再以「修道得道」為因緣，一切罪障，終究可以全部銷滅。

（**經文**）復次，觀世音菩薩！若未來世，有男子、女人，或乳哺時、或三歲、五歲、十歲已下，亡失父母乃及亡失兄弟、姊妹。是人年既長大，思憶父母及諸眷屬，不知落在何趣？生何世界？生何天中？是人若能塑、畫地藏菩薩形像，乃至聞名，一瞻一禮，一日至七日，莫退初心，聞名、見形、瞻禮、供養。是人眷屬假因業故，墮惡趣者，計當劫數，承斯男女、兄弟、姊妹塑、畫地藏形像，瞻禮功德，尋即解脫，生人、天中；受勝妙樂者，即承斯功德，轉增聖因，受無量樂。

（**經法研探**）經上常說「生人、天中，受勝妙樂」，到底人、天中的五欲樂，有多麼殊勝？多麼神妙？其實，這是佛陀為誘導下三趣眾生，速出離黑暗，要求光明善良，而說人、天有「勝妙樂」。因為下三趣的眾生往往也認為他們有樂，但是如果和人、天之樂一比，就微不足道；而人、天之樂，自然就顯得殊勝神妙。但在《妙法蓮華經》中佛陀則說，連天道的快樂，都仍是在三界火宅，實無有樂，應速出離。所以，佛陀說人、天「勝妙樂」是為隨順、引導眾生，為了不讓眾生墮三惡趣而說的。我們要深體佛陀慈悲方便的真實義。

如果這個人要想更進一步地知道，到底他死去的親人「落在何處？生何世界？生何天中？」經文中接下來說：

（經文）是人更能三七日中，一心瞻禮地藏形像，念其名字，滿於萬遍，當得菩薩現無邊身，具告是人，眷屬生界；或於夢中，菩薩現大神力，親領是人，於諸世界，見諸眷屬。

（經法研探）這裏說「菩薩現無邊身」，該如何見呢？的確，「無邊身如來」就是法身佛，是以三世十法界為身，是無量無邊的。假如菩薩對我們現無邊身，我們福報不夠，一定看不到，因為我們的眼界連自己的後腦勺都看不見，當然不能見到菩薩無量無邊的現身。因此，當我們清醒時，若聽到空中聲音，那就是菩薩對我們現無邊身。此處，這個人在作了二十一天的功德之後，就聽到地藏菩薩的聲音，「具告是人，眷屬生界」，而見不到地藏菩薩現無邊身，就像第一品中的婆羅門女，當覺華定自在王如來對她現無邊身時，也是以空中傳音的方式，對婆羅門女說話。

而這個人在睡夢中見到菩薩現大威神力，就像第四品中的光目女在睡夢中見到清淨蓮華目如來放大光明。

（經文） 更能每日念菩薩名千遍，至于千日，是人當得菩薩遣所在土地鬼神，終身衛護；現世衣食豐溢，無諸疾苦；乃至橫事，不入其門，何況及身？

（經法研探） 這段講的是這個人雖在人道，卻能得到天道的安隱。比起人道來說，天人樂多苦少，煩惱心輕，正如經中所說，都是「現世衣食豐溢，無諸疾苦；乃至橫事，不入其門，何況及身？」所以這個作了大功德的人，在五欲之樂方面的享受，可能不及天人，但所得的安隱，卻已趕得上天人。當然，終究也免不了還是要老病死的。

在今天先進國家中上層階級的人民，有些都享有這些安隱保障，換句話說，他們就像經中的這個人一樣，也是得到了土地鬼神的護念。

（經文） 是人畢竟得菩薩摩頂授記。

（經法研探） 摩頂授記通常是指菩薩入了灌頂位時，得佛陀為他摩頂授記說：「汝於來世，定當作佛」，在下一品，就講到釋迦牟尼佛為地藏菩薩摩頂授記。然而卻不曾聽過有菩薩可以為眾生摩頂授記作佛的事，因為連大菩薩都還要由佛來摩頂授記呢！那麼這裏說的「得菩薩摩頂授記」是什麼意思呢？可能是對有限功德的摩頂授記，譬如後面會講到的，有人因宿世業障，於大乘經典，旋讀旋忘。如果通過發願、布施、持戒等功德，就見到地藏菩薩在他睡夢中為他授灌頂水，即獲聰明，一聽經典，永不忘失，這也叫灌頂。

得此菩薩摩頂授記，是很重要的。尤其是已學大乘法，發大乘願，修菩薩行的人，到底算不算是菩薩了呢？發的願清不清淨啊？實不實在啊？心中常常會有疑惑。如果我們能誠心誠意歸依地藏菩薩，得到地藏菩薩在夢中為我們摩頂授記，就是一件大好的事。因為對我們未來的精進，是一個極大的鼓勵，幫助我們把正信、大願更進一步地發實，把捨、戒、忍、進、定、慧這條菩薩道走得更加穩定、順利，心中不再有疑，這是修行人的福報，說不定可以「驀然總過七地！」（見神會和尚《直了性壇語》）

接下來的經文，是揭示修行人和地藏菩薩之間的因緣。

（經文）復次，觀世音菩薩！若未來世，有善男子、善女人，欲發廣大慈心，救度一切眾生者；欲修無上菩提者；欲出離三界者。是諸人等，見地藏形像及聞名者，至心歸依，或以香、華、衣服、寶貝、飲食，供養瞻禮，是善男女等，所願速成，永無障礙。

（經法研探）前面幾段提到的是，地藏菩薩和不同眾生之間的因緣：先講地藏菩薩跟那些受天福盡、現五衰相的天人之間的因緣；再講他跟未來、現在諸世界臨命終的六道眾生之間的因緣；再講他跟未來世幼年亡失父母或親人，並想知道他們受生何處的男子、女人之間的因緣；這一段，講的則是既已發三乘菩提心的善男子、善女人和地藏菩薩之間的因緣。

有很多大根器的人，他們一開始學佛，就講要發菩提心、發大乘願。但是多少年過後，心中仍是虛虛浮浮，弄不清楚自己菩提心到底發實了嗎？大乘願發實了嗎？主要的原因，就是沒有接引上地藏菩薩大願威神力的加持。

因此，對發三乘菩提心的修行人而言，是否至心歸依地藏菩薩，成了決定性的因素。因為地藏菩薩代表的是大願威神力，有了這個大願威神力的加持，大、中、小三乘的修行人，會省掉很多修行路上的坎坷和障礙；反之，沒有這個大願威神力的加持，光靠己意己力來精進，力量是很薄弱的，定然磨難重重，處處是障礙，所以非得要歸依上地藏菩薩大願威神力的加持不可。

故知，一切修行人精進的基本動力，是靠「願力法」。尤其是發願修行大乘菩薩道的人，定要回歸依止願力法，讓願力法一直護持他，直到進入第八地—不動地為止。等過了八地，才可以不用再依靠願力法修行。所以從地前菩薩到八地菩薩，願力是很重要的精進力量；沒有願力，就無法成就大中小三乘菩提。那麼，這個願力法又和誰最有關係？地藏菩薩！

修行好比火箭升空，把衛星或太空梭送入外太空的軌道。修行人的軌道，就是三乘道，單看我們發什麼菩提心，就進入什麼軌道上運行。火箭升空需要燃料，對火箭而言，正確的燃料是液化氫和液化氧；對修行人而言，正確的燃料是地藏菩薩大願威神力的加持。修行人若是用錯了燃料，動力不足，就不能衝破大氣層，不能脫離地心引力，不能把衛星或太空梭送到軌道上去。

所以，修行人歸依不上地藏菩薩大願威神力的加持，燃料不對，動力不足，那修行路上就走得坎坷辛苦了，甚至進入不了修行的軌道。

我們學習《地藏本願經》，就是希望大家都能歸依上地藏菩薩大願威神力的加持，儘快成就所發的誓願，得到所想得到的修行成果。

所以我們要經常向地藏菩薩祈禱，求他給我們大願威神力的加持，讓我們更加勇敢誠實起來，堅實我們的願望。

如果我們至心誠意地向地藏菩薩祈禱，他一定會來加持、護念我們嗎？

諸佛菩薩是慈悲的——平等大慈、同體大悲，不會特別照顧誰或不照顧誰。問題是：我們的心願意對諸佛菩薩打開嗎？

很多人都奉行這句話：「逢人只說三分話，未可全交一片心」。意思是說，要看是什麼人，才可以決定交出多少心；至於內心深處最後一塊地盤，是屬於自己的，對誰都絕對不能交出去的。

我們的心，就像被一重重的圈圈圍住，然後把不同的親友，按照親疏尊卑遠近，放在不同的圈圈裏。越沒有利害關係的人，就放在越外層的圈圈，最後中間核心剩下的就是我們自己。我們在不同的圈圈裏，說不同的話，做不同的反應，想不同的事。本來，我們這樣做是為了安全、自保，以維護自己最高的利益。殊不知，得到的正好是顛倒的效果——把自己關進暗無天日的小堡壘裏面，孤獨、寂寞、封閉、隔絕，重門深鎖，道道圍牆，還加上電網，養上一群看門的惡犬，任誰也進不來了。這就是我們心的圖像。

這個圖像，不正是第一品中無毒鬼王對婆羅門女所形容的地獄景象嗎？我們的心，就是三重業海的十八大地獄（六識、六門和六塵互動形成的十八界）；那些重重的圈圈就是大大小小的鐵圍山。

所以，我們現在知道，地獄是我們自己一磚一瓦把大鐵圍山、小鐵圍山砌起來，把三重業海挖出來，把十八所地獄造起來的，不是別人強加給我們的，更不是有個所謂的「十八層地獄」等著我們被「打」進去。可嘆的是，我們的心這麼努力地在營造地獄，我們卻不能自知、自見、自覺。

想到這裏，我們應該感到怖畏。假如我們活著的時候，就已經把自己關在暗無天日的地獄裏，外面是重重高牆電網，隨時防範著任何人事物來傷害我們，那麼，我們就是為死後蓋好了歸宿，不止破土動工，還已經快要落成交付使用了。

所以，「拆地獄」是眼前第一要務。如果不拆的話，縱使諸佛菩薩要護念加持我們，我們也接受不到，乃至接受不到善友、善知識對我們的護念和加持。

《說無垢稱經》上說：「若自有縛，能解他縛，無有是處；若自解縛，能解他縛，斯有是處」。說的是，發了大乘願要「自度度他」的修行人，如果不先拆自心的地獄，就沒有辦法幫眾生去「拆地獄」。而末世南閻浮提的眾生，包括我們自己在內，個個都是營造地獄的高手，因此更要緊緊歸依上地藏菩薩的大願威神力加持，以他的大願威神力，能拆一分，就拆一分，終究是要拆盡自己和一切眾生心中的地獄。

（經文）復次，觀世音！若未來世，有善男子、善女人，欲求現在、未來百千萬億等願，百千萬億等事，但當歸依、瞻禮、供養、讚歎地藏菩薩形像，如是所願所求，悉皆成就。復願，地藏菩薩具大慈悲，永擁護我。是人於睡夢中，即得菩薩摩頂授記。

（經法研探）我們心裏這時就犯疑了：哇！一拜地藏菩薩就什麼都有了，如果貪心的人什麼都要，那還得了！的確，這段經可以很容易這樣被誤解！為什麼會有這樣的誤解呢？因為我們忽略了必須以「善男子、善女人」做為先決條件。持上十善法戒的人，方名為善男子、善女人，他一切的願，定是善願，一切他要作的事，定是善事；若起貪心，就犯了十善法戒，成為惡男子、惡女人，想的都是貪、瞋、癡的願，做的都是自欺欺人、自害害他的事，因此所願所求定然是惡，那麼，這段經就跟他沒有關係了。

善男子、善女人發了百千萬億的善願，想作好百千萬億的善事，那正合地藏菩薩的心願，令地藏菩薩歡喜，地藏菩薩能不加持我們嗎？既然地藏菩薩準備要加持我們，那我們要不要他的加持？

這時，善男子、善女人該作的就是不要再依己意己力，因為若依己意己力，就是靠三毒十惡之力，就歸依不上地藏菩薩的力，一定不能完成想做的事，不能實現所願。所以，成敗與否的關鍵，就是一定要歸依地藏菩薩大願威神力的加持。

如何得到地藏菩薩大願威神力的加持呢？就是歸依、瞻禮、供養、讚歎地藏菩薩形像，謙恭志心求他的加持力。有了地藏菩薩大願威神力加持的話，還怕所願、所求不能成就嗎？

既已正確地和地藏菩薩接通了線路，得到他的威神力的加持，如果我們希望這個加持力，永遠不退，希望地藏菩薩「永擁護我」，就要隨時想到所發的善願。這樣，不但不會作惡，而且會不斷清淨我們的大願，推動我們勇猛精進。這時，這個菩薩願就發得非常的殊勝、堅實了。

所以，我們要常祈禱，祈求地藏菩薩大願威神力，永遠加持於我，使我可以永遠發起更多的大願，永遠辦善事，乃至度脫無量、無邊的眾生。

這一段經文應如是去正解，有了正解，才能生起正信，也才能真正護持好《地藏本願經》以及地藏法門。

（經文）復次，觀世音菩薩！若未來世，善男子、善女人，於大乘經典，深生珍重，發不思議心，欲讀欲誦，縱遇明師，教視令熟，旋得旋忘，動經年月，不能讀誦。是善男子等，有宿業障，未得銷除故，於大乘經典，無讀誦性。

（經法研探）經上說的「讀誦」，和現代人的讀誦情況很不一樣。對於現代人而言，取得經典很容易，所以要做到「讀誦」並不困難，倒是流於「空誦但循聲」是相當嚴重的問題。

對古代學佛的人而言，要親自讀誦到經典，是件非常困難的事。所以，一定要先找到明師，並接受他的教導，因為明師對經典的記憶是完整的，無有漏失錯謬，不會違背佛意亂說。然後在學習讀誦時，明師一句句地口授，徒弟要一句句地熟記、背誦下來。所以做徒弟的一邊學、一邊忘記的話，就很麻煩了。這樣缺乏「讀誦味」，再怎麼努力學習佛法，終將見不到成果。

佛在《大般涅槃經》中說，人老了有三種苦，因為喪失了「三種味」：讀誦味、坐禪味、出家味。老年人喪失這三種味，是因為這一世造了業，到了老年時，業障成熟，障蔽了他的智慧心，就很難開啟這三種味。

娑婆世界眾生造的業都很重，每個人到老時，業障深重，幾乎都會喪失這三種味。尤其現代醫藥科技發達，以前人到了五、六十歲就叫老，現在人活到八十、九十、一百歲才算老。雖然壽命延長了，卻也延長了老化的過程，加重了老年癡呆的程度，長期活在喪失三種味的昏憒中，更加成熟來生智慧難開的業障。

這段經中提到的善男子、善女人，雖然發心讀誦，卻旋讀旋忘，正是因為前世或累世業障的體現。

那麼對喪失了讀誦味的人，該怎麼辦呢？佛陀接著又傳授了一個殊勝的地藏法門。

（經文）如是之人，聞地藏菩薩名，見地藏菩薩像，具以本心，恭敬陳白；更以香、華、衣服、飲食、一切玩具，供養菩薩；以淨水一盞，經一日一夜安菩薩前，然後合掌請服，迴首向南，臨入口時，至心鄭重；服水既畢，慎五辛、酒肉、邪淫、妄語及諸殺害，一七日或三七日。是善男子、善女人，於睡夢中，具見地藏菩薩現無邊身，於是人處，授灌頂水，其人夢覺，即獲聰明，應是經典，一歷耳根，即當永記，更不忘失，一句一偈。

（**經法研探**）若依「他力」的說法，由於今世或先世的業障，對大乘經典喪失了讀誦味，依照這個地藏法門，就可以接引上地藏菩薩大願威神力的加持，擯除業障，重新開啟智慧，讀誦經典。

若依「自力」的說法，是通過這個地藏法門，不斷地把自心本有的大願神通力，給呼喚出來。因為我們自心本具一切智，為什麼出不來呢？被我們百劫千生的業障蒙蔽。如何突破業障呢？辦法是「制心一處，無事不辦」。但是我們很難「制心一處」，所以要通過這個地藏方便法門，方可突破障礙，調發出明利的讀誦味。

這個法門是——

一、稱念地藏菩薩的名號，瞻禮他的形像，恭敬陳述心願，提醒我們本來的願力。

二、以香料、鮮花、衣服、飲食、一切珍玩寶愛供養地藏菩薩，提醒我們起大捨心，也同時捨掉業障。也許有人會問，用香、花供養菩薩容易懂，但如何用衣服、飲食來供養呢？地藏菩薩不會來穿，也不會來吃，那是什麼意思呢？具體的做法，就是在我們自己使用這些東西之前，先供養菩薩，然後自己再使用。經上也交待過，衣食要先供養聖僧和佛，再拿來自己使用。至於一切珍寶之物，在供養佛之後，拿去變賣了錢，用來大作佛事。

三、恭敬對待那杯水，並嚴格持戒慎五辛等，七天或二十一天不斷，以提醒我們「制心一處」，呼喚調發本有的智慧力和覺性。

實際上，通過這些方便法門，我們開始「制心一處」，走過了信、願、捨、戒、忍、進、定、慧的次第，使我們突破了不少業障，自心的力量不斷增強，而能念「信」——「於大乘經典，深生珍重，發不思議心」；念「願」——「具以本心，恭敬陳白」；念「捨」——「香、花、衣服、飲食、一切玩具，供養菩薩」；念「戒」——「至心鄭重服水」、「慎五辛等」。換句話說，就是以「念力法」來制心一處，接引上地藏菩薩大願威神力的加持。

這個「念力法」，方名為真正的「念佛法門」，就看我們能不能「制心一處」來念了。

（經文）復次，觀世音菩薩！若未來世，有諸人等，衣食不足，求者乖願；或多病疾，或多凶衰；家宅不安，眷屬分散；或諸橫事，多來忤身；睡夢之間，多有驚怖。如是人等，聞地藏名，見地藏形，至心恭敬，念滿萬遍，是諸不如意事，漸漸消滅，即得安樂，衣食豐溢，乃至於睡夢中，悉皆安樂。

（經法研探）世尊象徵大覺，地藏菩薩象徵大願；大願的目的，是為了成就大覺。佛陀臨入涅槃時說，「所作已辦」，剩下的事就交由地藏菩薩來管。也就是說，將未來末世眾生如何發起大願的事，交托地藏菩薩來負責。

正法時期的覺悟者，大都是出身豪貴，生活安隱快樂，因此容易發起大願，成就覺悟。而末法時期，眾生福報太差，或是貧窮下賤，或是災難疾病不斷，或是心神惱亂不安，就好比下三趣眾生，每天被饑寒渴熱所逼，時時刻刻被外來的傷毀所干擾折磨，所以，基本上，和下三趣眾生沒有太大的差別，同樣不具備學佛的資糧，更不用奢談發大願，求覺悟的事！

糧。

因此，地藏菩薩很重要的工作，就是幫我們先脫離福薄善淺的困境，湊足學佛的資

經上說：「得為人身難」。因為人能夠發大願、發無上菩提心，比起天人還容易，所以受生為人是一件難得的事。這段經文說的，就是地藏菩薩再給了我們一個方便法門，讓受生為人，卻又不具足人道福報的人，儘快補足資糧，先具足做人的資格，心情上有了相對的安隱快樂後，才能靜下心來學佛，有機會接引上地藏菩薩的大願加持力，發心發願，邁上覺悟的道路。所以，先爭取到基本做人具足、完備的資格，是這個地藏法門的目的。

這個法門是：瞻禮地藏菩薩形像，稱頌地藏菩薩名，至心恭敬地念滿一萬遍。這麼簡單易行的法門，何不讓我們都來試著做做看呢？

首先，我們必須先老實承認自己的處境實在很慘、很苦，然後勇敢承認自己徹底不行了、沒轍了。這樣，我們才會對地藏菩薩發出求救的訊號，才會「聞地藏名，見地藏形，至心恭敬，念滿萬遍」，地藏菩薩大願威神力才會來加持我們，救我們出離苦難。如果我們一下子覺得自己很差、很爛、很慘，一下子又覺得情況還好、自己很棒，那就

發不出求救的訊號，當然得不到地藏菩薩的加持力，那我們就會掉入更深的苦難中了。

今天末法末期的南閻浮提眾生，多數的人已發不出求救的訊號了。再慘再苦，就是不求救。為什麼呢？因為一求救，就等於承認了自己沒轍，勢必要宣告己意己力的破產了。何況求救了以後，還要恭敬供養地藏菩薩，全心全意瞻禮地藏菩薩形像，呼其名號一萬次，這麼做，不是摧折掉自己的「自尊心」——憍慢邪見，更加承認自己不行了嗎？所以實在很難相信這個地藏法門。

不過，即使我們現在不信，也不要放棄，因為地藏菩薩答應我們的這個救贖法門，還是會進入我們的意識中。等到有一天我們掉到更苦的地獄深處時，願意承認自己受不了、沒轍了，願意放下自己的憍慢邪見，就會迴一念善，想起地藏菩薩，而向他發出求救的呼喚，這一聲「求救」，保證將我們拔出苦難的地獄。

求救就是得救的開始。在我們全心全意禮敬地藏菩薩，祈求他的加持時，我們終將覺悟到，原來一切的苦厄災難，都是為了衛護自己的憍慢邪見，令嫉妒瞋恚不止，造作身業、口業所召感來的惡果報。因此不再造惡，堅持持好十善法戒，這樣，一定能讓「不如意事，漸漸消滅」，而得安樂。

（經文）復次，觀世音菩薩！若未來世，有善男子、善女人，或因治生，或因公私，或因生死，或因急事，入山林中，過渡河海，乃及大水，或經險道。是人先當，念地藏菩薩名萬遍。所過土地，鬼神衛護，行住坐臥，永保安樂。乃至逢於虎狼師子，一切毒害，不能損之。」

（經法研探）每個人一生，都會走上不同的險惡道，有的人就容易被險惡所害，有的人卻能化險為夷。難道這是和運氣的好壞有關係嗎？當然不是。若把它歸諸於運氣，即是「撥無因果」的說法。

學佛的人都知道，當傷毀出現時，一定有必然的因果關係，絕不可能是偶然的。我們百劫千生造了不少的善業和惡業。善業、惡業彼此不能抵消，但可以「延期支付」。例如我有很多善業，應該得善果，但我現在造惡，就使善果「延期支付」，出現傷毀；同樣的，我有很多惡業，應得惡果，但我現在造善，就使惡果「延期支付」，不出現傷毀。

因為造業定然受報，「延期支付」不見得是好事，如《大般涅槃經》所說：「作惡不即受，如乳即成酪，猶灰覆火上，愚者輕蹈之」。所以，有時作惡即受，出現傷毀，反而是好事，因為立刻可以從傷毀的惡果中，順藤摸瓜找到惡因，當下慚愧懺悔，有所覺悟，否則，墮到地獄還茫然無知，也就無從發起慚愧懺悔、消除惡業了。

即使是持十善法戒的善男子、善女人，還有百劫千生的舊業未消，而且對舊業也無知無覺，因此，若要讓百劫千生的惡業「延期支付」，最快調發這個善的辦法，就是不斷發起大願力，和地藏菩薩的大願威神力相接引。而善男子、善女人持地藏菩薩的名號，和一般人念名號是不一樣的，很快就能調發起自己的大願力；用這個大願力，雖然還不能立即消業（消業要靠正確而深刻的慚愧懺悔法門），但足以使一切惡業的果報，暫時「延期支付」。

為什麼要使惡業果報「延期支付」？因為一般人還不能正確掌握「慚愧懺悔法門」，也不具有洞察因緣果報的智慧。惡果報出現時，常會陷入惶恐錯亂，乃至冤屈怨恨的境界，轉加迷惘，更難回頭。諸佛菩薩慈悲方便，以此延期支付法門令眾生爭取開福田、集資糧、修道業、開智慧的機緣，在掌握慚愧懺悔法之後，便能消業了。

所以，這段經文說，善男子、善女人，雖行十善法戒，仍會行經險惡道，遇到危險的事，也就是說，過去無量惡業的果報，很容易在這個險惡道上「兑現」。這時，志心恭敬稱誦地藏菩薩名號萬遍，調發願力和其他各種善根力，以此願力和善根力對治業力，「延期支付」惡果，所以能避開危險，得享安樂。這是諸佛秘義，經上沒說。

還有，多數的人認為老虎、獅子、狼是最具傷害性的野獸，但是他們本身並不具傷害性，並不會主動去傷害什麼動物，只有肚子餓了要找東西吃時，才會去「攻擊、傷害」其他的動物。

那為什麼會發生老虎、獅子、狼傷人的事呢？只有一個原因，那就是人類對它們賦予了傷害力，認為他們有主動傷人的意願。因此對它們起了猜疑心、恐怖感、防範心等種種的敵意，使人們和它們對立了起來。而這些敵意，就會調發出它們的傷害心，導致人被傷害的結果。

所以，遇到老虎、獅子、狼的時候，如果能志心恭敬專念地藏菩薩的名號，來克服自己的猜疑心、恐怖感和傷害心，就不會對它們產生敵意，自然不會調發它們的敵意；彼此不起敵意的互動，就絕不會受到它們的攻擊和傷害了。

（經文）佛告觀世音菩薩：「是地藏菩薩，於閻浮提有大因緣，若說於諸眾生見聞利益等事，百千劫中說不能盡。

（經法研探）在這一品中，地藏菩薩和哪些眾生結緣，對他們作出惠利呢？

一、受天福盡、現五衰相，將墮惡趣的天人；

二、臨命終的六道眾生；

三、幼年亡失親人，思念而又不知他們受生何處的人；

四、要發起三乘菩提心的善男子、善女人；

五、發起善願，要成就善事的善男子、善女人；

六、對大乘經典深生敬重，發不思議心，但因業障未除，喪失讀誦味的善男子、善女人；

七、因福薄善淺，厄難不斷，而想出離諸不如意事，發出「求救」訊號的人道眾生；

八、因緊急情況要涉險道，又恐因先世惡業召來險惡的善男子、善女人。

佛陀只是略說了一下，地藏菩薩如何惠利這八類人、天兩道的眾生，若要具體講述地藏菩薩和閻浮提六道眾生，能結的緣，能夠利益他們的事，百千劫也說不完啊！

（經文）是故觀世音，汝以神力流布是經，令娑婆世界眾生，百千萬劫，永受安樂。」

（經法研探）觀世音菩薩是這部經中，第十二位出來問法的會眾。前面已有第一品的文殊師利菩薩，第三品的摩耶夫人，第四品的定自在王菩薩和四天王菩薩，第五品的普賢菩薩，第六品的普廣菩薩，第七品的大辯長者，第八品的閻羅天子、惡毒鬼王和主命鬼王，第十一品的堅牢地神，共十一位，陸續出來代表眾生向世尊和地藏菩薩問法。

在第四品中，當世尊回答完定自在王菩薩所問的法後，付囑定自在王菩薩：「如是地藏菩薩，有如此不可思議大威神力，廣利眾生。汝等諸菩薩，當記是經，廣宣流布。」世尊因此也將此經付囑給觀世音菩薩，令他以他那特別殊勝的大悲智慧和大悲威神力來流布此經。

這品結尾，世尊以一首偈，來重新總結整品的內容，因法義及文義部份已在前面詳解過，我們就不再逐句講解了。

（經文）爾時，世尊而說偈言：

「吾觀地藏威神力　恆河沙劫說難盡
見聞瞻禮一念間　利益人天無量事
若男若女若龍神　報盡應當墮惡道
至心歸依大士身　壽命轉增除罪障
少失父母恩愛者　未知受生在何趣
兄弟姊妹及諸親　生長以來皆不識
或塑或畫大士身　悲戀瞻禮不暫捨
三七日中念其名　菩薩當現無邊體
示其眷屬所生界　縱墮惡趣尋出離
若能不退是初心　即獲摩頂受聖記
欲修無上菩提者　乃至出離三界苦
是人既發大慈心　先當瞻禮大士像
一切諸願速成就　永無業障能遮止
有人發心念經典　欲度群迷超彼岸

雖立是願不思議　旋讀旋忘多廢失
斯人有業障惑故　於大乘經不能記
供養地藏以香華　衣服飲食諸玩具
以淨水安大士前　一日一夜求服之
發殷重心慎五辛　酒肉邪婬及妄語
三七日內勿殺害　至心思念大士名
即於夢中見無邊　覺來便得利根耳
應是經教歷耳聞　千萬生中永不忘
以是大士不思議　能使斯人獲此慧
貧窮眾生及疾病　家宅凶衰眷屬離
睡夢之中悉不安　求者乖違無稱遂
至心瞻禮地藏像　一切惡事皆消滅
至於夢中盡得安　衣食豐饒神鬼護
欲入山林及渡海　毒惡禽獸及惡人

惡神惡鬼并惡風　一切諸難諸苦惱
但當瞻禮及供養　萬遍稱念大士名
如是山林大海中　應是諸惡皆消滅
觀音至心聽吾說　地藏無盡不思議
百千萬劫說不周　廣宣大士如是力
地藏名字人若聞　乃至見像瞻禮者
香華衣服飲食奉　供養百千受妙樂
若能以此迴法界　畢竟成佛超生死
是故觀音汝當知　普告恆沙諸國土。」

囑累人天品第十三

（經文）爾時，世尊舉金色臂，又摩地藏菩薩摩訶薩頂，而作是言：「地藏！地藏！汝之神力，不可思議；汝之慈悲，不可思議；汝之智慧，不可思議；汝之辯才，不可思議。正使十方諸佛，讚歎宣說，汝之不思議事，千萬劫中，不能得盡！

（經法研探）世尊以其功德具足圓滿故，現「三十二相」、「八十種好」。「紫磨金身」就是其中一種相好，也就是全身放出紫金色的光，所以他的手臂，也一定是紫金色的。

在本經《分身集會品第二》開始時，世尊已經摩頂加持過地藏菩薩了，那次是百千萬億地藏菩薩的分身，同時一齊受釋迦牟尼佛分身的摩頂，事後諸分身又合為一身。雖然前次世尊是「舒金色臂」，這次是「舉金色臂」，但都是世尊對地藏菩薩的慈悲加持。

地藏菩薩是已經與佛等位的菩薩了，不必要再受到讚美，也不必要世尊再為他摩頂。但為什麼佛陀還要示現為他摩頂，並一再地讚美他不可思議的神通力、慈悲力、智慧力、辯才力呢？因為如果連功德具足圓滿的佛陀都對地藏菩薩讚歎不絕，何況我們這些閻浮提的習惡眾生？所以世尊是說給我們聽的，要我們於地藏菩薩的神通力、慈悲力、智慧力、辯才力，深生信心，起恭敬心和感激心，並回歸依止這偉大的威神力。

（經文）地藏！地藏！記吾今日，在忉利天中，於百千萬億，不可說不可說，一切諸佛菩薩，天龍八部，大會之中，再以人、天，諸眾生等，未出三界，在火宅中者，付囑於汝：無令是諸眾生，墮惡趣中一日一夜，何況更落五無間，及阿鼻地獄，動經千萬億劫，無有出期！

（經法研探）世尊這裡說：「我再付囑你……」的「再」，是因為在《分身集會品第二》中已經說了：「汝當憶念，吾在忉利天宮，殷勤付囑，令娑婆世界至彌勒出世已來眾生，悉使解脫，永離諸苦，遇佛授記。」所以前後兩段經文是相呼應的。

而世尊一再的付囑，是要我們起怖畏心。因為我們既未出三界火宅、六道輪迴，甚至未能一定免於墮三惡趣和五無間地獄，所以應起怖畏之心。

（經文）地藏！是南閻浮提眾生，志性無定，習惡者多；縱發善心，須臾即退；若遇惡緣，念念增長。以是之故，吾分是形百千億化度，隨其根性而度脫之！

（經法研探）這一段，也是重覆《分身集會品第二》中的付囑。在該品中，佛陀對諸分身地藏菩薩說：「吾於五濁惡世，教化如是剛強眾生，令心調伏，捨邪歸正，十有一二，尚惡習在，吾亦分身千百億，廣設方便：或有利根，聞即信受；或有善果，勤勸成就；或有暗鈍，久化方歸；或有業重，不生敬仰。如是等輩眾生，各各差別，分身度脫。或現男子身，或現女人身，或現天龍身，或現神鬼身，或現山林、川原、河池、泉井，利及於人，悉皆度脫。或現天帝身，或現梵王身，或現轉輪王身，或現居士身，或現國王身……，非但佛身獨現其前。」

佛陀能示現各種不同的「平等身」，比如遇到善根深而明利的眾生，就示現比較豪貴的平等身去度他；對善根淺而愚鈍的眾生，就示現貧窮下賤的平等身去度他；甚至示現無情世界的地、水、火、風去救度眾生。

（**經文**）地藏！吾今殷勤，以天、人眾，付囑於汝：未來之世，若有天人，及善男子、善女人，於佛法中，種少善根，一毛、一塵、一沙、一渧，汝以道力，擁護是人，漸修無上，勿令退失！

（**經法研探**）世尊在這裡沒有提惡男子、惡女人和下三趣眾生，也沒講一般的男子、女人，他付囑地藏菩薩要護念天人和受持「十善法戒」的善男子、善女人。為什麼呢？

如果連天人和善男子、善女人都要發起善心，哪怕是一毛一渧一沙一塵的善，都要盡量地去發起，何況我們這些南閻浮提的習惡眾生？更不得以為善小而不作，或覺得自己沒有什麼善，就乾脆不作。因為只要發起一點善，就能和地藏菩薩大願威神力相應，受到他的加持。所以這段經文的深意是：「勿以善少，而不發心；勿以惡少，而放逸其心。」

（**經文**）復次，地藏！未來世中，若天若人，隨業報應，落在惡趣，臨墮趣中，或至門首，是諸眾生，若能念得一佛名、一菩薩名、一句一偈大乘經典，是諸眾生，汝以神力，方便救拔。於是人所，現無邊身，為碎地獄，遣令生天，受勝妙樂！」

（**經法研探**）假如我們今天以福薄善淺，惡業深重，已經受到惡報，到了地獄門口，無助無救時，請不要忘記，要努力提起正念，立刻求救，乃至念一位佛的名號、一位菩薩的名號、一句大乘經典、乃至一句大乘經典的偈，都是「苦海無邊，回頭是岸」的原動力。

例如我們有一位同學，得了愛滋病，在他病重時，想拔出困境而自己力量不足。我們教給了他一個祈禱文：「我本追求真善美，卻在中途迷失，如今願回歸依止三寶，重生如來之家，永遠活在真善美的境界中。」就這麼簡單的幾句話，使他迴一念善，放捨了奔向地獄門的惡念，回頭是岸。

請不要小觀，認為「迴一念善」不重要。因為這一段經文，不是在說我們「情況好」的時候，而是說當我們被習性業力所逼迫，正在高速衝向黑暗時，如果要能夠「鬆油門，踩剎車，調轉車頭」，都得靠憶念起一佛名號、一菩薩名號、一句大乘經典、一首大乘佛偈開始。

我們正是經文上的「志性無定，習惡者多；縱發善心，須臾即退；若遇惡緣，念念增長」的眾生。若能對自己的「現況」有更誠實和深刻的認識，就能生起知苦、怖畏、厭離、慚愧之心。

但我們常常會很憍誑地用邪心去和世尊的這段付囑相應，認為：「念一佛名號哪會是問題？十個佛名號我都會念！不要說一菩薩名號，十個菩薩名號我都記得，我早就會了！」若是這樣想，就完全沒有體會世尊在說什麼了。比如「三歸依」的功夫，如果平常不練，當無常大鬼現身，四種魔—天魔、煩惱魔、死魔、五蘊魔一起出手時，我們只有挨揍的份，一招一式都想不起來。所以這段經文是一個反提醒的教導，若不解諸佛菩薩的慈悲義，就聽歪了。

在千鈞一髮時，若能「自性起一念善，得恒沙惡盡」；「思量善事化為天堂」（兩句都出自《法寶壇經．懺悔第六》），如是提起正念，就可以求地藏菩薩，就能接引得上地藏菩薩的加持力，粉碎那個靠己意己力永遠出不來的地獄。

但問題是，在緊急關頭，我們能迴一念善嗎？我們能思量善事嗎？

（經文）爾時，世尊而說偈言：

「現在未來天人眾，吾今殷勤付囑汝：

以大神通方便度，勿令墮在諸惡趣。」

爾時，地藏菩薩摩訶薩，胡跪合掌白佛言：「世尊！唯願世尊，不以為慮。未來世中，若有善男子、善女人，於佛法中一念恭敬，我亦百千方便，度脫是人，於生死中，速得解脫。何況聞諸善事，念念修行，自然於無上道，永不退轉！」

（經法研探）我們現在知道，這段話，也是世尊和地藏菩薩對著我們說的，那麼，我們應該怎麼去理解它呢？

一、要信賴、信任地藏菩薩大願神通力和方便度化力，只要念念回歸依止這個加持力，不再歸依己意己力，就不會再墮回三惡趣。

二、地藏菩薩這時不說「一切眾生」，只說「善男子、善女人，於佛法中，一念恭敬……何況聞諸善事，念念修行……」，就是告訴我們，一定要好好地持上「十善法戒」，而且在佛法中發起恭敬心，才能接引地藏菩薩的神通力和方便度化的加持力，才能正受他的百千方便，在他的加持力底下，終究很快地出離六道輪迴、三界火宅，永離生死苦海。也就是說，如果真的能依照《大般涅槃經．梵行品》中「四丈夫行」所說的「近善知識、能聽法、思惟義、如說修行」，就一定能持上「十善法戒」，成為真正的善男子、善女人，那麼地藏菩薩的加持力，就一定會護念我們直到成佛。

世尊和地藏菩薩在本品經文的對話，至此告一段落。但如前述，他們兩位，實際上一個不必說，另一個也不必聽；但終究說了，也聽了，而且不止一次、兩次、三次的說，一次、兩次、三次的聽，這是為什麼呢？原來世尊不是一再地付囑地藏菩薩，而是一再地付囑我們，要我們不要一時或忘：

一、要恭敬三寶；

二、要恭敬、信賴、歸依地藏菩薩；

三、於三界火宅，要起知苦、怖畏心；

四、於自己業力習性，要起厭離、慚愧、懺悔心；

五、勿以善少而不發心；勿以惡少而放逸其心；

六、若已犯了大錯，急速向惡處墮落時，要相信念一佛名號、一菩薩名號、一句大乘經典、一首大乘佛偈，能幫我們「鬆油門、踩剎車、調轉車頭」，迴一念善，如是回頭是岸；

七、一定要受持「十善法戒」，要修「四丈夫行」，才能接引地藏菩薩無量威神力的加持。

所以本經中的「地藏法門」都是具體可行的，而且都是說給我們聽的，我們是「當事人」，不是「旁聽者」。如果沒有如是「對號入座」，會以為經中所述，不是迷信，就是惑弄愚夫愚婦的東西，那就辜負了世尊和地藏菩薩的一片苦心了。

（經文）說是語時，會中有一菩薩，名虛空藏，白佛言：「世尊！我自至忉利，聞於如來讚歎地藏菩薩，威神勢力，不可思議。未來世中，若有善男子、善女人，乃及一切天龍，聞此經典，及地藏名字，或瞻禮形像，得幾種福利？唯願世尊，為未來、現在一切眾等，略而說之！」

（經法研探）虛空藏菩薩是這次法會中，第十三位問法的會眾。

（經文）佛告虛空藏菩薩：「諦聽！諦聽！吾當為汝，分別說之。若未來世，有善男子、善女人，見地藏形像，及聞此經，乃至讀誦，香、華、飲食、衣服、珍寶，布施供養，讚歎瞻禮，得二十八種利益：

一者、天龍護念；　二者、善果日增；
三者、集聖上因；　四者、菩提不退；
五者、衣食豐足；　六者、疾疫不臨；
七者、離水火災；　八者、無盜賊厄；
九者、人見欽敬；　十者、神鬼助持；
十一者、女轉男身；　十二者、為王臣女；
十三者、端正相好；　十四者、多生天上；
十五者、或為帝王；　十六者、宿智命通；
十七者、有求皆從；　十八者、眷屬歡樂；
十九者、諸橫消滅；　二十者、業道永除；
二十一者、去處盡通；　二十二者、夜夢安樂；
二十三者、先亡離苦；　二十四者、宿福受生；
二十五者、諸聖讚歎；　二十六者、聰明利根；
二十七者、饒慈愍心；　二十八者、畢竟成佛。

（經法研探）虛空藏菩薩在這次法會中，為兩類眾生問「利益」事：一類是受持「十善法戒」的善男子、善女人；另一類是一切天人、阿修羅。這裡世尊先回答的是善男子、善女人所得的二十八種利益。

並不是見了地藏菩薩形像、聽聞乃至讀誦《地藏本願經》，用香、花、飲食、衣服、珍寶布施供養，瞻禮讚歎地藏菩薩的功德，就可以得到上述全部的二十八種利益。有幾個主要的先決條件，決定我們將得到哪幾種利益。這些條件是：

一、看我們作的是什麼樣的佛事，作的多深、多廣；

二、看我們的願力有多大，是否可以接引得上地藏菩薩大願威神力的加持。願力愈大，作佛事的功德也愈大，所得的利益也愈多；

三、看我們過去的善業和惡業多少而定。

也許有人會問，這二十八種利益中，有很多是重覆的呀！

是的，二十八種利益中的確有重覆的地方，例如「天龍護念」和「神鬼助持」；「諸橫消滅」和「疾疫不臨」、「離水火災」、「無盜賊厄」，基本上是一類的東西。

又有的情況是，大福利中包括總攝了小福利，例如「菩提不退」，就包括了「集聖上因」和「善果日增」；「業道永除」，就一定會「夜夢安樂」；若「宿福受生」則必定「聰明利根」；「女轉男身」的福報，高過「為王臣女」；甚至如果獲得最後的「畢竟成佛」的利益，就是因為能發無上菩提心，發大乘願，修菩薩行，前面二十七項利益自然統統獲得。

為什麼世尊要這麼細節地列出二十八種利益呢？因為我們是南閻浮提的習惡眾生，惡多善少，所作的佛事一定不具足，得不到大福利。但就是一毛、一渧、一沙、一塵的善，諸佛菩薩都計，仍舊讓我們得到一些小的福利，累積資糧。

對這二十八項利益，我們至少要作這樣的了解和相應。

（經文）復次，虛空藏菩薩！若現在、未來，天龍鬼神，聞地藏名，禮地藏形，或聞地藏本願事行，讚歎瞻禮，得七種利益：

（經法研探）諸天人和阿修羅道的眾生，多數有能力直接見佛的。經文裡的「禮地藏形」，就是指能直接見到佛的眾生，表示他們也可以直接見到地藏菩薩，見到就磕頭禮敬。如果還能夠經常稱誦地藏菩薩的名號，並學習、思念地藏菩薩在《地藏本願經》

中，偉大的行跡，爭取與地藏菩薩同見同行，必能得如下七種利益：

（經文）一者、速超聖地；二者、惡業消滅；

三者、諸佛護臨；四者、菩提不退；

五者、增長本力；六者、宿命皆通；

七者、畢竟成佛。」

爾時，十方一切諸來，不可說不可說諸佛如來，及大菩薩，天龍八部，聞釋迦牟尼佛，稱揚讚歎地藏菩薩大威神力，不可思議，歎未曾有。

是時，忉利天雨無量香、華、天衣、珠瓔，供養釋迦牟尼佛，及地藏菩薩已，一切眾會，俱復瞻禮，合掌而退。

（經法研探）任何如來法會的開始，都是由全體會眾，先繞佛禮敬供養。法會結束時，又有大供養。這些供養，是一切來參加法會的會眾共同的大供養。大供養後，再度禮佛，然後散會。

地藏本願經偈

末世哀哉苦眾生　罪緣沉重墮幽冥
心中三毒召橫逆　身口七行犯鬼神
業道輪迴非聖意　惡塗出入違慈恩
誰拔無量無邊苦　地藏慈悲誓願深

大覺垂愍

大願承擔

十方來會忉利天

光明破無間

懺盡俗緣

瞻禮聖像前

如何使用地藏法門

黃老師秉承地藏菩薩的深誓大願力，特別把《地藏本願經》中的地藏法門編排整理出來，藉由廣宣流布這個最方便善巧、最慈悲神通的法門，進而能惠利大眾。

本書中的地藏法門，講的就是：什麼樣的人遇上了什麼樣的情況，該如何照著《地藏本願經》中的指示去做，就能得到什麼樣的惠利。

地藏法門計有五十七條，共分六大類對象：一、新生兒及其親屬；二、臨命終者、死者及其眷屬；三、惡業眾生；四、一般人；五、持上十善法戒的善男子、善女人；六、世間主（世間的領袖級人物）。

不管是哪一類人，想要能有效的修行地藏法門，最要緊的頭一步就是「對號入座」，也就是把自己的情況跟法門中的對象「對上號」。否則，對不上號，就好比花了大價錢去看戲，隨手摸黑找個位子坐下，不一會兒，竟被帶位小姐請出戲院，因為，不只位子坐錯了，可能連戲院也跑錯了。

對上號後，就該老老實實地依照法門的指示去做，如是「心誠則靈」，必定能得《地藏本願經》中所應允的惠利。心如何能誠呢？一、就是徹底承認己意、己力沒轍，把自己交給地藏菩薩；二、全心全意地歸依地藏菩薩和他的深誓大願；三、誠心誠意地呼出「地藏菩薩救我」。

這當中，只要有任何一個環節沒做對，就絕不可能得到法門上所說的惠利。這時，絕不能怪諸佛菩薩不靈，而是該回來檢討自己：是「對象」沒對上號？還是「方法」沒好好執行？還是誤解了「惠利」的內容？

有位朋友的女兒因產後中風而死亡。這位朋友在喪女的悲慟下，打電話向黃老師求救，並問黃老師：「我的女兒那麼年輕，怎麼就死了？她現在到底在哪裡呢？」黃老師開解她：

「就在這個時刻，有多少人正落下最後一口氣。而死亡這個無常大鬼，他帶走的不只是老人，他也帶走壯年人、少年人，乃至襁褓中的嬰兒……妳的女兒這麼年輕就死，自有其因緣。一般說來，前世所造殺業重，則得多病短命報。這正是她前世造的惡業所致，因此，這絕非是妳或是任何人的錯，更不是醫藥、醫生的錯。

面對女兒死亡的事實，應當要拿出勇敢、誠實來面對。死亡並不是全面的結束，而是另外一個新生的開始。她現在正是個中陰身，即將被業力推動，去業力相近處受生。而妳若想要幫助妳女兒的話，就該好好的幫妳女兒準備上路的資糧。

在她的七七日內，妳要瞻禮、供養地藏菩薩畫像或塑像，並在地藏菩薩像前誠心祈禱：『祈求地藏菩薩救我、救我女兒』，並在地藏菩薩像前讀誦《地藏本願經》。如果妳能誠心誠意的做，就在幫妳女兒了。」

這位喪女的朋友，聽完黃老師的開解，並得到地藏法門的指示後，馬上從喪女的悲哀、無力中走出來。她努力地依地藏法門（二）的法門六（請見本書第352頁）、法門八（請見本書第353頁）做，願地藏菩薩護念她及她的女兒。

另外有位朋友，陷入見鬼的苦惱中，她打電話來向黃老師求救。她一直表示不知自己為何見鬼。在黃老師的開解下，她承認在某年夏天把原先供養、信奉的佛像、佛經給燒掉了。黃老師開解她：

「妳所見到的小鬼及地獄景象，正是諸佛菩薩的侍者們前來提醒妳，過去以惡心燒毀佛像、佛經之過。然而，幸好這是現世報，倘若來生再報，那報起來就『莫名其妙』了。

妳當瞻禮、供養地藏菩薩畫像或塑像，在地藏菩薩像前誠心慚愧、懺悔過去所造之惡，並在地藏菩薩像前讀誦、抄寫《地藏本願經》。如果妳能誠心誠意的做，就能得地藏菩薩的護念，過去之罪即能消滅。」

這位女士雖然一方面求救，但另一方面卻認為自己的情況沒那麼糟，並不願意按照黃老師的開解以及地藏法門（三）的法門（一）（請見本書第357頁）去做。對於這位女士，我們也只能為她及一切不願接受諸佛菩薩教化的苦難眾生們祈禱：只要一回頭，地藏菩薩就在那兒接引你！

以上這兩個例子正說明了，縱使地藏法門多麼靈驗，也得靠我們那顆誠心，誠心誠意地承認己意、己力的沒轍，並回歸依止佛意、佛力，回歸依止地藏菩薩的深誓大願加持力，這才給了諸佛菩薩一個疼愛我們、救拔我們的機會，這樣地藏法門才會真靈驗。

地藏法門對照表

一、為新生兒及其親屬而設的法門

法門(一)

對象	惠利	方法	出處
新生的男女嬰兒。	1如果是以惡業來受生的嬰兒，可以從惡報中解脫，安樂易養。多病嬰兒，會少病；多災的嬰兒，會少災；原來短命的嬰兒，壽命會增長。 2如果本來就是以先世福業而受生的嬰兒，會變得更加安樂，壽命更長。	嬰兒出生七天之內，盡早為他讀誦《地藏本願經》，並為他念一萬遍地藏菩薩名號。	第六品 詳見第163頁

二、為臨終者、亡者及其親屬而設的法門

法門(一)

對象	惠利	方法	出處
日夜憶戀亡母之心，倍於常情，但又明白亡母在世時，因不敬三寶，不信因果，根據所造的惡業應已墮入惡趣，卻又無處可問亡母去處的女人。	1知亡母果在地獄。 2得入地獄尋母。 3救拔亡母。	1變賣全部家產，購買香料、鮮花等供具供養三寶，並供養佛的塔廟。 2同時要在佛塔廟裡，瞻仰禮拜佛像，並思念佛乃大覺悟者，必有大智慧的功德，一心一意祈求能見到佛，請佛慈悲告知亡母去處。 3還要願意捨身救母。	第一品 詳見第44－46頁

法門(二)

對象	惠利	方法	出處
發大願入地獄救度亡母的女人。	發大願的女人因見地獄罪業眾生的悲慘狀態，而發起大弘誓願：願在未來生生世世中，用一切方便法門，救度一切罪惡眾生，讓他們都得解脫。	發大願的女人，端坐思惟佛之名號，經一日一夜，依靠諸佛菩薩威神力的加持，得入地獄。	第一品 詳見第46－59頁

對象	惠利	方法	出處
已墮地獄的亡母和一切在地獄中的眾生。	其亡母及同在無間地獄的罪人，都能出離地獄，受生到天道享受五欲樂。	地獄眾生因造深重的惡業得入地獄。這樣的罪業眾生，必須要攀緣任何一個關心地獄眾生苦難，並在佛前發大願救拔地獄眾生的人（如婆羅門女及諸菩薩）或發同樣大願的親屬，希望得到他們的福力和功德力的救拔。	第一品 詳見第57頁

法門（三）

對象	惠利	方法	出處
知亡母以習惡故，必墮惡趣，即從母亡之日起，布施供養三寶，廣開福田，發心救拔亡母的女人。	於夢中，得佛告知亡母的受生處。以便於重逢時，得識宿命，而得相認。以得相認故，再結佛緣，以救拔之。	1誠心憶念佛功德。 2還要捨所愛的財物珍寶，拿來雕塑、彩畫佛像，並設供養。 3還要以恭敬心瞻仰禮敬佛像。	第四品 詳見第106－107頁

法門（四）

對象	惠利	方法	出處
發大誓願救度亡母永脫地獄、三惡道，永不再受生為下賤人、女人身的女人。	女人以能發起同地藏菩薩一樣的大願，蒙如來無上正等正覺大覺力的護念和地藏菩薩深誓大願力的加持，依法精進，廣度一切罪苦眾生，所願具足，竟成佛果。	女人在佛的聖像前發大誓願：願在今後百千萬億劫中，把所有的地獄跟三惡道的所有罪苦眾生，統統救拔出來，讓他們離開地獄、畜生、餓鬼三惡道。等他們都歸依三寶，修學佛道，全部成佛以後，我才成佛。	第四品 詳見第108頁

對象	惠利	方法	出處
已墮惡道、將繼續再墮惡道的亡母。	這位亡母就能捨掉所有罪業惡報，大起佛緣。如光目女的亡母，再受生成清淨修行人，可活一百歲，等命終後，再受生到無憂佛國，壽命長達無量劫，最後終成佛果，廣度人、天兩道無量無邊眾生。	亡母必須要攀緣已發上述如是大願的菩薩的救拔。若有親人已學佛，並發起同樣如是救拔地獄眾生的大願，則為亡母攀緣的最近因緣，如光目女的亡母攀緣光母女一樣。	第四品 詳見第107—108頁

法門（五）

對象	惠利	方法	出處
久病在床，輾轉枕席之間，求生不得，求死不得的男子、女人 1或夢到惡鬼和死掉的親人來找他； 2或經歷一些凶惡危險的境界； 3或夜裡夢見鬼，被鬼所逼，押解到地獄見種種的慘狀；最後在病塌上拖得太久，變成癱瘓癆消，在昏迷中叫苦，憂悲苦惱的時候。	病人死後，本來累積下來的災難和沉重的罪業，甚至是五無間罪業，都能永遠得到解脫，不只不受生三惡趣，還能受生人天，生生世世都做三寶弟子。	病人的家屬對著佛菩薩像前，對病人大聲地讀一遍《地藏本願經》，或者把病人最寶愛的東西，譬如衣服、珍寶、莊園、房子等財產統統拿來，當著病人面前高聲地說：“我某某人為了這個病人的緣故，現在對著佛菩薩像和《地藏本願經》前，幫他把一切財物統統布施出去，用來或供養經、像；或塑造佛菩薩像；或建造諸佛舍利塔和寺院；或燃長明燈；或布施供養僧伽。”如是對病人說三次，一定要讓他聽到。假如病人已經心識渙散，聽不到，沒有反應，或已經死了，甚至在死後一、二、三、四天到七天內，都沒有關係，還是大聲對他說，大聲對他讀經。	第六品 詳見第158—159頁

法門（六）

對象	惠利	方法	出處
臨終者。	1為臨終者準備“上路”的資糧，幫助他以福來答報即將走上的死亡之旅。 2臨終者的眾罪悉皆銷滅，免墮三惡趣。 3死者永離三惡趣，得生人、天兩道，受勝妙樂。	臨終者的父母和眷屬，為臨終者： 1高掛讚美佛陀榮譽的旗幟和傘蓋，及點燃象徵佛智的長明燈； 2高聲讀誦佛陀的經典； 3或恭敬供養佛陀的聖像和諸菩薩、阿羅漢、辟支佛的聖像和念佛菩薩及辟支佛的名號，但都要讓臨終者聽得見才好。	第七品 詳見第172｜175頁
臨終者之父母及其他眷屬。	能得到無量的惠利。	如果臨終者的父母和眷屬還能在臨終者死後的四十九天內「廣造眾善」，即發和地藏菩薩一樣的深誓大願。	

法門（七）

對象	惠利	方法	出處
臨終者。	死者以此善因，不問有罪、無罪，終得解脫。	臨終者的父母妻子兒女等身份高的眷屬，或婢女奴僕等身份低的眷屬： 1令臨終者死前聽到一佛、一菩薩或一辟支佛的名號； 2還要在臨終者命終後，為其作各種功德，包括設齋，就是在固定時間內，以食物布施供養佛與僧。並根據諸佛的教誨，作種種佛事，為死者種下佛種。	第七品 詳見第179｜181頁

法門（八）

對象	惠利	方法	出處
平日不修善因，不攀佛緣，多造眾罪的男子、女人命終後，以及為他們作佛事的不同身份的親友眷屬。	1及時救拔死者的中陰身，幫助中陰身在還沒有按照業績審定前的四十九天內，修造一點福田和善力。 2中陰身能在這個千愁萬苦、無所適從的時限內，攀上一些善緣，於大惡、大苦中回頭，不墮入三惡趣或大小地獄中。過了四十九天，必定隨業受生，就來不及了。 3這一切佛事的惠利若分成七份，死者得的惠利只是其中的一份，為他作佛事的親友眷屬卻可得六份。	家中不同身份地位的親友眷屬，在死者命終後四十九天內，為他作佛事，造福利，包括專心誠意，精勤護淨，設齋供養。但在準備飲食的過程中，連淘米水和揀剩下來的敗菜葉子，都不要滿地亂丟。準備好的食物，要先供養佛與僧後，自己才能吃。	第七品 詳見第183－187頁

法門（九）

對象	惠利	方法	出處
臨命終時，神識昏昧，不辨善惡，甚至已看不見、聽不到的男子、女人。	1能令死者離開三惡道。 2鬼王和小鬼們也都會遠離死者。	臨終者的眷屬當為臨終者： 1大作佛事，布施供養佛和聖僧。 2讀誦佛經。 3念佛菩薩名號。	第八品 詳見第212頁

法門（十）

對象	惠利	方法	出處
一切臨命終的六道眾生。	除了造下五無間重罪者外，如果是造了小罪，或即使本來有罪要墮三惡趣的，立刻得到解脫。	1聞一佛名、一菩薩名。 2或聞大乘經典一句一偈。	第八品 詳見第214頁

法門（十一）

對象	惠利	方法	出處
一切六道眾生，不論是天人或男子、女人，在受生受死時。	自然會得大惠利，絕對不會再墮三惡道。	聽聞「無邊身如來」、「寶性如來」、「波頭摩勝如來」、「師子吼如來」、「拘留孫如來」、「毘婆尸佛」、「寶勝如來」、「寶相如來」、「袈裟幢如來」、「大通山王如來」、「淨月佛」、「山王佛」、「智勝佛」、「淨名王佛」、「智成就佛」、「無上佛」、「妙聲佛」、「滿月佛」和「月面佛」的名號，受持其中任何一個佛名號所代表的功德，或多個佛名號所代表的功德。	第九品 詳見第242頁

法門（十二）

對象	惠利	方法	出處
病重將死的男子、女人	1除了五無間罪外，其餘的惡業果報都會消除。 2即使是五無間罪，也都會漸漸消滅，不需要在五無間地獄經歷上億劫。 3將得到無量的福報，消滅無量的罪業。	1病人家中的眷屬，即使只有一個人，為病人高聲念一佛名號，專心持一佛功德。（得惠利1、2） 2病人自己也不斷地稱念佛號，持佛功德。（得惠利1、2、3）	第九品 詳見第242頁

法門（十三）

對象	惠利	方法	出處
受天福盡，有五衰相現，臨死前和死亡惡性互動，心中升起惡念，或將墮三惡道的天人。	1永不墮三惡道，並重新增長天福，繼續受生天道，享受快樂。 2獲得無量無邊的功德和福利。	1見到地藏菩薩形像，或聽到地藏菩薩名號，看一眼就頂禮一下，或聽一聲就頂禮一下。（得惠利1） 2再以香、鮮花、衣服、飲食、瓔珞等珍貴東西，供養地藏菩薩，然後布施給眾生，大作佛事。（得惠利1、2）	第十二品 詳見第298—300頁

法門(十四)

對象	惠利	方法	出處
一切臨命終的六道眾生。	1永遠不再墮三惡道。 2臨死的病人，若因罪惡業報的關係，本該受重病的折磨，但以布施供養地藏菩薩的功德，病很快地就能痊愈，而且能增長壽命。 3若得的是注定要死的病，則因布施供養的功德，所造的一切該讓此病人墮於三惡趣的罪惡和業障都將消滅，死後不墮惡道，受生人、天兩道，享受人、天兩道中殊勝的五欲之樂，終究消盡一切罪障。	1一聲地藏菩薩名號聽進耳朵。（得惠利1） 2若是人道眾生，臨終人的父母眷屬，還要代臨終人將他全部的動產和不動產，都捐獻出來，塑、畫地藏菩薩形像。最好能讓臨終人在死前知道這件事。（得惠利1、2或1、3）	第十二品 詳見第301—302頁

三、為惡業眾生而設的法門

法門(一)

對象	惠利	方法	出處
不行善、專行惡、不信因果、毀謗大乘、邪婬、妄語、兩舌、惡口，必墮惡趣的惡業男子、女人。	1必然從三惡趣中解脫出來。 2在未來百千萬億劫中，不只不墮惡趣，還能受生為天人，享受各種勝妙快樂。天福若盡，還能受生為人，在十萬劫中，常為人間的領袖，慧眼已開，能識宿命，了見自己從何而來，將往何去的因果本末。	1找到真正善知識，在他的導引下，立刻歸依地藏菩薩的深誓大願加持力。（得惠利1） 2如果再專心一意歸依地藏菩薩，並恭敬作禮，瞻仰讚歎，還用香、鮮花、衣服、種種珍寶或飲食來供養。（得惠利1、2）	第四品 詳見第111頁

法門(二)

對象	惠利	方法	出處
厭棄受生為女人身的女人。	1以此功德，成為能受持十善法戒的善女人。 2受完今生的女人身後，因承地藏菩薩大誓願力的加持，以及她自己的功德力，在百千萬劫裡不會受生到任何有女人的世界裡，再不受女人身了。 3除非依地藏菩薩大慈悲的願力，發願要再以女人身去度化罪苦眾生而自願自覺地再去受女人身外，只要不願，就可不再受生為女人，永受大丈夫身。	1盡心盡力地每天恭敬禮拜供養地藏菩薩畫像，或其他材料如土、石、膠、漆、銅、鐵等塑造的地藏菩薩形像。 2並用鮮花、香、飲食、衣服、繪彩、高幢、旗幟、金錢以及各種各樣的寶物，全部拿出來盡心供養。	第六品 詳見第153—154頁

法門（三）

對象	惠利	方法	出處
厭捨自己醜陋、多病身體的女人。	1千萬劫中，只要再受生為人，都是生得相貌圓滿。 2如果不厭捨女人身，在百千萬億生中，常常能生為宮中豪貴的公主、王妃、大姓豪門的女兒、大長者女，全身上下都長得端莊美麗。	全心全意地瞻仰禮敬地藏菩薩像。	第六品 詳見第155頁

法門（四）

對象	惠利	方法	出處
夢到這一生、過去十生、百生、千生的父母、兄弟姐妹、夫妻眷屬，已墮於惡趣，化作鬼神、畜生等各種形像，以悲哀、哭泣、愁苦、嘆息、恐怖的樣子，希望被救拔出離惡趣時。	活著的親人在睡夢中，就永遠不再見到這些形像了。	1活著的親人要在諸佛菩薩像前，信受奉持專心讀誦《地藏本願經》。若自己不能讀，就請別人替他讀，至少要讀三到七遍。 2活著的親人還要告訴這些來托夢的惡道宿世眷屬，一定要依如來種種善巧方便，要求地藏菩薩的救拔，發願出離惡道。	第六品 詳見第161頁
向活著的親人托夢求救，希望能得到福力，幫助他們出離惡趣的這些宿世惡道眷屬。	宿世眷屬就有了足夠的福力，得以解脫，出離惡道。		

法門（五）

對象	雖為奴隸、丫環、囚徒、勞改犯、流放犯或暫時被賣身等卑下輕賤，失去自由，而想要慚愧懺悔，消掉舊業的人。
惠利	依地藏菩薩的大願加持力，命終之後，千萬生中，會受生得很尊貴，不會再墮到三惡道中受大苦。
方法	全心全意地瞻仰禮拜地藏菩薩聖像。至少在七天之內，念滿一萬遍地藏菩薩的名號。
出處	第六品 詳見第162頁

法門（六）

對象	平日舉止動念，無不是罪，無不是業，甚至放逸其心地去犯殺、盜、婬、妄四重禁罪，但想要反省自己的罪業，並看清楚所犯罪業的因緣果報的眾生。
惠利	1在居家東西南北四方四千里內都沒有災難。 2家中的老少在百千歲中，都不會墮入惡趣裡。 3今生家裏所有的人，都沒有橫禍、疾病，也不愁吃穿。
方法	於每月一日、八日、十四日、十五日、十八日、二十三日、二十四日、二十八日、二十九日、三十日等「十齋日」中，每天在佛菩薩或是羅漢的聖像前，讀誦一遍《地藏本願經》。另外，在「十齋日」中，還要遵守一日一食，過午不食的戒律。
出處	第六品 詳見第164頁

法門（七）

對象	十歲前亡失父母、兄弟、姐妹，長大後思憶這些眷屬，想要知道他們受生何處的男子女人。
惠利	１死者若已墮三惡道中，雖然還要待上數劫之久，可以蒙受生者為他所作佛事的功德，馬上從三惡道中解脫，並在人、天中受生，享受人、天中殊勝、微妙的五欲之樂。 ２死者若因自已的善業力，已受生人、天兩道，將增進他們的佛緣，歸依三寶，得三寶加持，受無量快樂。 ３地藏菩薩將對生者現無邊身，並一一告訴他，他的眷屬現在受生的世界。 ４生者在睡夢中，地藏菩薩會現大威神力，親自帶領他去到他的眷屬受生的世界，見他的眷屬。 ５生者將終身得到地藏菩薩派遣附近的土地鬼神來護衛他；衣食豐溢，沒有疾病；家中不會發生意外事件；他的身體不會遇到意外傷害；最後終將得地藏菩薩為他摩頂授記。
方法	１親手塑、畫地藏菩薩形像，然後一瞻一禮，恭敬供養，並稱念地藏菩薩名號。連續做七天，保持願力和恭敬心不退。（得惠利１或２） ２做完七天後，再繼續做滿二十一天。全心全意瞻禮地藏菩薩形像、稱念地藏菩薩名號一萬遍。（除了得惠利１或２，還得惠利３或４） ３二十一天過後，繼續每天念地藏菩薩名號一千遍，持續念滿一千日。（除了得惠利１或２；３或４外，還得惠利５）
出處	第十二品詳見第303－305頁

法門（八）

對象	惠利	方法	出處
1衣食不足，凡事不如意的人。 2身體多病，常遇凶禍和不幸的人。 3家宅不安，親屬分散的人。 4常遭遇橫禍和意外事件的人。 5睡不好覺，惡夢不斷的人。	1不如意的事會慢慢減少，甚至不再出現，因而得到安隱快樂。 2衣食有餘。 3甚至於睡夢中，也能得到安隱快樂。	瞻禮地藏菩薩聖像，稱念地藏菩薩名號，並全心全意、恭恭敬敬念滿一萬遍地藏菩薩名號。	第十二品 詳見第317頁

法門（九）

對象	惠利	方法	出處
因造惡業，隨業報應，剛要墮到惡趣或已到惡趣門口的天道和人道的眾生	1地藏菩薩示現無邊身，為碎地獄，把他從地獄中或三惡趣門口救拔出來。 2受生天道，享受殊勝妙樂。	提起正念，念一佛名號、一菩薩名號、一句大乘經典、一首大乘經典的偈。	第十三品 詳見第331頁

四、為一般男子、女人而設的法門

法門(一)

對象	惠利	方法	出處
男子、女人。	1受到鬼王如對三世諸佛般的禮敬。 2受到鬼王派來的屬下小鬼，以及土地公等的衛護，不令惡事、橫事、惡病、橫病、乃至不如意事，接近舍宅，更不會進入家門。	作少許佛事，譬如小到懸一幡、一蓋，以一點點香、鮮花供養佛像及菩薩像；或讀誦佛經，哪怕只是燒香供養佛經中的一句一偈。	第八品 詳見第206—207頁

法門(二)

對象	惠利	方法	出處
男子、女人。	1．超度掉四十劫的生死重罪。 2．還會令其善心覺性，作無量無邊的擴大，得無量無邊的福報。	1聽到「無邊身如來」的名號，於其所體現的無量無邊的覺性和光明，以及其悲智具足的功德，立刻起恭敬之心。（得惠利1） 2除了起恭敬之心外，並作最光明、善良、美好的觀想，塑、畫如來真善美的形像，並供養讚歎其三十二相、八十種好。（得惠利1、2）	第九品 詳見第228頁

法門（三）

對象	惠利	方法	出處
男子、女人。	以直接回歸依止佛性故，即可踏上法王夷坦道，永不退轉。	聽到「寶性如來」的名號，及其寶愛佛性的功德，立刻發心歸依最珍貴的覺性，不再歸依己意己力。	第九品 詳見第232頁

法門（四）

對象	惠利	方法	出處
男子、女人。	是人死後，有一千次的生死，都會受生在六欲諸天內，享受殊勝的五欲之樂。	將「波頭摩勝如來」（PADMARABHA TATHAGATA，意譯「紅蓮花光明如來」，又名「華光佛」或「華光自在如來」）的名號，聽進耳裡，乃至專心一致地稱頌「波頭摩勝如來」的名號，並對「紅蓮花」作最殊勝的觀想：觀想地獄罪苦眾生皮開肉綻的瘡，像紅蓮花，以此起大悲心和慚愧心；再想到人間美麗的紅蓮花；再想到阿彌陀佛世界的紅蓮花和彌勒菩薩示現成佛世界中的紅蓮花。如是見紅蓮花放光，直入紅蓮花的實相，也就是把最深的地獄惡業轉為最光明的善業。	第九品 詳見第232頁

法門（五）

對象	惠利	方法	出處
男子、女人。	得遇無量諸佛並聽聞善法，終究蒙諸佛為他摩頂授記。	聽聞並專心一意、心無雜念地歸依「師子吼如來」的名號，及其能以說法而令眾生於顛倒惡夢中覺醒過來的功德。	第九品 詳見第234頁

法門（六）

對象	惠利	方法	出處
男子、女人。	是人於此劫每一次舉行的「千佛會」上，都以大梵王身份受生，終究蒙佛授記。	聽聞「拘留孫佛」（KRAKCCHANDA BUDDHA，意譯「欲定斷行佛」或「正斷佛」）的名號，志心瞻禮並讚歎其能令眾生覺悟「何者為善，何者為不善；何所應斷，何所應行；何所應欲樂，何所不應欲樂」的功德。	第九品 詳見第235頁

法門（七）

對象	惠利	方法	出處
男子、女人。	永不墮惡道，常受生在人、天兩道，並享受殊勝微妙的快樂。	聽到「毗婆尸佛」（VIPASYI BUDDHA，意譯「無礙無盡佛」或「普見佛」）的名號，並志心專念其「事事無礙，重重無盡」之正觀察、隨順觀察的功德。	第九品 詳見第236頁

法門（八）

對象	惠利	方法	出處
男子、女人。	永遠不墮惡道，常受生在天上，享受微妙殊勝的五欲之樂。	聽到「寶勝如來」的名號，並志心專念其能令一切眾生思量善事，寶愛一切法殊勝義的功德。	第九品 詳見第237頁

法門（九）

對象	惠利	方法	出處
男子、女人。	是人不久得阿羅漢果。	聞「寶相如來」的名號，起恭敬心，嚮往其三千威儀、八萬細行以及其三十二相八十種好的形像，以此為勝。	第九品 詳見第237頁

法門（十）

對象	惠利	方法	出處
男子、女人。	能消一百大劫內所造的生死罪業。	聽到「袈裟幢如來」的名號，並嚮往其以著袈裟出家為降魔伏怨旗幟的殊勝功德。	第九品 詳見第238頁

法門（十一）

對象	惠利	方法	出處
男子、女人。	是人會遇見像恒河沙那麼多的佛，廣為說法，最後一定自身成佛。	聽到「大通山王如來」的名號，並歸依其能拆除一切人我的隔閡，以及能通一切佛世界的功德。	第九品 詳見第239頁

法門(十二)

對象	惠利	方法	出處
男子、女人。	居家之地，可得以下十種利益； 1土地蘊藏非常豐富，有財寶；土壤肥沃，容易種植，也容易收成。 2家中各人及舍宅都能永保平安。 3已死的眷屬，會受生天道。 4活著的眷屬，壽命會延長。 5若有願求，都能稱心如意，達成願望。 6不遭天災，不被水淹，也不被火燒。 7身體、錢財、福報上都不易虛弱、耗損。 8不作惡夢。 9出入都有神明護祐。 10經常能起佛緣、種佛種。	在家中的南面牆（朝北），騰出一塊最乾淨的地方，用泥土、石頭、竹子或木頭做一個佛龕，其中放著地藏菩薩的畫像或用金、銀、銅、鐵所鑄造的地藏菩薩像，以鮮花、香供養，並瞻仰禮拜、讚美感嘆地藏菩薩的功德。	第十一品 詳見第274頁

五、為持上十善戒法的善男子、善女人而設的法門

法門(一)

對象	惠利	方法	出處
受持十善法戒的男子、女人。	1未來一百世受生忉利天。 2永遠不再墮三惡道。	聽到地藏菩薩名號，至心讚美稱歎、或瞻仰禮拜、或稱名、或供養，更進而彩畫、刻鏤、塑漆地藏菩薩形像。	第一品 詳見第42頁

法門(二)

對象	惠利	方法	出處
受持十善法戒的男子、女人。	可免除、消掉過去三十劫罪業。	聽到地藏菩薩名號後，合掌恭敬、讚歎、頂禮並對地藏菩薩眷戀仰慕。	第六品 詳見第152頁

法門(三)

對象	惠利	方法	出處
受持十善法戒的男子、女人。	1未來一百世受生在忉利天。 2絕不會墮到惡道。 3就算忉利天的天福在一百生享盡了以後，下墮到人間時，還是受生高處做國王，保證不失掉大利益。	1用彩畫來畫地藏菩薩形像，或用泥土、石頭、膠質、漆木、銅、鐵、金、銀等材料，來塑、雕、鑄或保護地藏菩薩形像。 2然後對做出來的地藏菩薩形像瞻仰禮敬。	第六品 詳見第153頁

法門（四）

對象	惠利	方法	出處
受持十善法戒的男子、女人。	在今世和未來世，都將得大福報，常有百千鬼神，日夜都來衛護，即使有惡事傳到耳裡，內心也不會被傾動去思量惡事，反而會使自己發起慚愧和悲憫，開啟智慧和覺悟，將惡事轉為善事。更不會受到橫禍災殃的折磨。	在地藏菩薩像前獻歌、獻舞、獻樂，用香、鮮花供養地藏菩薩，並歌詠讚歎地藏菩薩功德。同時勸人都這樣做，只勸一人也好，勸愈多人愈好。	第六品 詳見第156頁

法門（五）

對象	惠利	方法	出處
受持十善法戒的男子、女人。	1作為於佛道上勇猛精進，直至成佛的資糧。 2在三次受生中，享受快樂。	1在真正歸依上三寶、依正法修行的布施供養中，種下信、進、念、定、慧五種善根，哪怕只有一點點兒都好。把上述布施供養的功德與惠利，不自受用而迴向給十法界一切有情。（得惠利1） 2若把上述布施供養的功德與惠利，只迴向給自家眷屬，或自受用。（得惠利2）	第十品 詳見第261及267頁

法門（六）

對象	惠利	方法	出處
受持十善法戒的男子、女人。	1獲無量福，常受生在人、天兩道，享受殊勝、神妙的五欲之樂。 2登上菩薩位，成為真菩薩，其功德跟惠利，沒辦法用算術譬喻去衡量。 3在三次受生中，享受快樂。	1布施供養佛陀形像、菩薩形像、辟支佛形像或轉輪聖王形像。（得惠利1） 2把上述布施供養的功德與惠利，不自受用而迴向給十法界的一切有情。（得惠利2） 3把上述布施供養的功德與惠利，只迴向給自家眷屬，或自受用。（得惠利3）	第十品詳見第264及267頁

法門（七）

對象	惠利	方法	出處
受持十善法戒的男子、女人。	1獲得的福報是無量無邊的。 2登上菩薩位，成為真菩薩，其功德跟惠利，沒辦法用算術譬喻去衡量。 3在三次受生中，享受快樂。	1讀到大乘經典，或是聽到佛經的一句偈、一句法語，發起殷勤尊重的心思去讚美感歎，用最恭敬的心態去布施供養。（得惠利1） 2把上述布施供養的功德與惠利，不自受用而迴向給十法界的一切有情。（得惠利2） 3把上述布施供養的功德與惠利，迴向給自家眷屬，或自受用。（得惠利3）	第十品詳見第266－267頁

法門(八)

對象	惠利	方法	出處
受持十善法戒的男子、女人。	1發起辦佛事的善男子、善女人，在未來的受生中，常做轉輪聖王（擁有二地菩薩的福報和功德），以十善法戒來教化天下，並登上菩薩位，成為真菩薩，得以菩薩行來教化當時協助自己共做佛事、轉而受生為小國王的同伴們，增益自覺覺人，自度度他的功德。其功德跟惠利，沒辦法用算術譬喻去衡量。	1受持十善法戒的善男子、善女人，發現佛的塔廟跟大乘經典，如果是剛剛建立起來的，就去布施供養，恭敬地瞻仰禮拜、讚美感歎；如果是建立已久，遭到毀壞的，就去修復維修；不論新、舊，若無人經營管理，就去經營管理，安排日後的布施供養。他可以獨自發心去做這件佛事，也可以號召很多人一起來參與協助這件佛事。並把上述布施供養的功德和惠利，不自受用而迴向給十法界的一切有情。（得惠利1）	第十品 詳見第266－267頁
協助善男子、善女人辦佛事的人。	2協助善男子、善女人辦佛事的人，在三十次的受生中，常作小國王（擁有初地菩薩的福報和功德）。 3在三次受生中，享受快樂。	2協助善男子、善女人共同去作上述善事。（得惠利2） 3發起辦佛事的善男子、善女人，或協助善男子、善女人辦佛事的人，若把上述布施供養的功德與惠利，只迴向給自家眷屬，或自受用。（得惠利3）	

法門（九）

對象	惠利	方法	出處
受持十善法戒的男子、女人。	堅牢地神將不分晝夜地親自護念，不使水火盜賊之災、大小意外不幸，發生在他們身邊。一切惡事，都終將消滅。	1在住所供養《地藏本願經》和地藏菩薩像。 2並為他人讀誦此經，和他人一起稱頌地藏菩薩的功德。	第十一品 詳見第279頁

法門（十）

對象	惠利	方法	出處
受持十善法戒的男子、女人，並已供養、瞻禮地藏菩薩及為他人讀誦《地藏本願經》。	1得堅牢地神大神通力的親近、擁護、愛戴。不讓他們聽到任何恐怖或不如意的事。更不讓他們受到任何災害或不如意事的傷害。 2還能得到帝釋天王、大梵天王和其他諸天眷屬的護念。 3終究走上自覺覺人、自度度他菩薩行，畢竟出離生死苦海，得真常、真樂、真我、真淨的涅槃之樂。	依照地藏法門修行。	第十一品 詳見第281頁

法門（十一）

對象	惠利	方法	出處
受持十善法戒的男子、女人，欲發廣大慈心，救度一切眾生；欲修無上菩提；欲出離三界。	能在日後修行的路上，加速成就所發的誓願，永不再遇到障礙和磨難。	1見到地藏菩薩形像，聽到地藏菩薩名號以後，全心全意歸依地藏菩薩大願威神力。 2或以香、鮮花、衣服、寶貝、飲食供養瞻禮地藏菩薩形像。	第十二品 詳見第306—307頁

法門（十二）

對象	惠利	方法	出處
受持十善法戒的男子、女人，欲求現在、未來百千萬億等願，百千萬億等事。	1得地藏菩薩的加持力，能實現百千萬億的善願，成就百千萬億的善事。 2於睡夢中，得地藏菩薩為他摩頂授記。	1歸依、瞻禮、供養、讚歎地藏菩薩形像。（得惠利1） 2並再度發願祈求能夠永遠得到地藏菩薩大慈悲力的擁護。（得惠利1、2）	第十二品 詳見第311頁

法門（十三）

對象	惠利	方法	出處
受持十善法戒的男子、女人，深生珍重大乘經典，發心深入學習，雖遇明師教導多年，卻一邊讀一邊忘，因此發願消除不能讀誦大乘經典的宿昔業障。	於睡夢中，將見到地藏菩薩現無邊身，並得到地藏菩薩摩頂授記，感受到地藏菩薩的加持。等從睡夢中醒過來後，就變得神清氣朗，聰明敏銳，能和這部《地藏本願經》相應，只要一聽，就永遠記得，再不會忘記一句一偈。	1稱念地藏菩薩名號，瞻禮地藏菩薩形像，恭敬對地藏菩薩如實陳述自己的心願。 2再以香、鮮花、衣服、飲食、一切珍玩寶貝，布施供養地藏菩薩。 3再以淨水一杯供在地藏菩薩像前，經一日一夜後，合掌向地藏菩薩祈請加持，面對南方，虔誠恭敬地喝下這杯水。 4喝完水後，在七天或二十一天內，慎五辛、酒肉、邪婬、妄語和殺害。	第十二品 詳見第313—315頁

法門（十四）

對象	惠利	方法	出處
受持十善法戒的男子、女人為了下列四點原因，要進入山林，渡過河海，或危難叢生的地方： 1或為了自己的事業、收入； 2或是因公因私； 3或被生死所逼； 4或遇到緊急狀況。	所將經過的地方，都會有鬼神前來衛護，在行住坐臥中，都能躲過險惡，此行得到安樂。即使遇到老虎、獅子、狼等惡獸，也都不會被傷害。	在出門前，先稱念地藏菩薩名號一萬遍後，再出門。	第十二品 詳見第320頁

法門(十五)

對象	惠利	方法	出處
受持十善法戒的男子、女人。	依所作佛事的深、廣，願力的大小，以及過去善業、惡業的多少來決定得到二十八種利益中的哪幾種。 1 得到諸天和阿修羅道一切鬼神的護念。 2 所作善業的善果，日日增上。 3 累積發無上菩提心的資糧。 4 已發的菩提心，不會退轉。 5 日用所需，豐盛有餘。 6 不會感染到疾病和傳染病。 7 遠離意外的水火災害。 8 不被盜賊損害。 9 受到別人的尊敬愛慕。 10 有鬼神幫助、護持他。 11 厭棄今生女人身的女人，下次受生轉為丈夫身，脫離女身之苦。 12 如果願意繼續作女人，將受生豪貴，為王臣之女。 13 未來受生不論男女，都將生得品貌端正美好。 14 來生經常受生天道，不墮三惡趣。 15 有機會能受生為世間主、轉輪聖王或帝釋天王。 16 能得識宿命，擁有開啟宿命大神通的福報。 17 一切願求，都能如意達成。 18 身邊的眷屬，常在歡喜安樂中。 19 遠離意外不幸事件。 20 能出離六道輪迴。	1 瞻禮地藏菩薩形像。 2 讀誦學習《地藏本願經》。 3 以香、鮮花、飲食、衣服、珍寶布施供養地藏菩薩，並讚歎地藏菩薩功德。	第十三品 詳見第336－337頁

	21 一切去處通達美好，乃至出入地獄深處，都能自在無礙。 22 睡夢安詳快樂。 23 已死亡的眷屬，都能出離三惡趣之苦。 24 依過去的福業受生，不依惡業受生。 25 得諸佛菩薩的讚美和感歎。 26 眼耳鼻舌身意六根都非常明利。 27 有很大的慈心和悲愍心。 28 終將成佛。		

法門（十六）

對象	惠利	方法	出處
天人和阿修羅道眾生。	1 修行中，得勇猛精進加持力，能很快經過小中二乘的次第和果位，以及地前到十地的菩薩位。 2 得地藏菩薩加持力，盡消百劫千生惡業。 3 常得諸佛護念。 4 已發的菩提心，不會悔失退轉。 5 在已發的本願上，願力不斷的增長。 6 得宿命大神通。 7 畢竟成佛。	1 聞地藏菩薩名，常稱頌讚歎地藏菩薩名號。 2 並禮敬地藏菩薩。 3 同時還要學習並思考地藏菩薩依他本願所示現的菩薩行，與他同見同行。	第十三品 詳見第339－340頁

六、為世間主而設的法門

法門（一）

對象	惠利	方法	出處
有財富、有社會地位領袖人物的兒子，非常嚮往佛陀三十二相、八十種美好形像。	自身成佛，具足三十二相、八十種好。	發願在無量億劫中，行菩薩道，用種種方便，去救度解脫一切罪苦深重的六道眾生，等度盡這些眾生後，自己才要成佛。	第一品 詳見第42－43頁

法門（二）

對象	惠利	方法	出處
世間主——國王、宰相、重要官員、王室貴族、民間領袖、宗教界或學術界的領袖等。	1在百千次的受生中，常作七寶具足的轉輪聖王（擁有二地菩薩的福報和功德），還能享受衣食豐溢的福報。 2畢竟成佛。	1以大慈悲心、平等心含笑地親手布施給最貧窮下賤及六根不完具者，或是派部下去布施，同時還要用正確的因緣果報法去開導他們。（得惠利1） 2若把上述布施的功德與惠利，不自受用，而迴向給十法界的一切有情。（得惠利1、2）	第十品 詳見第247及260頁

法門（三）

對象	惠利	方法	出處
世間主——國王、宰相、重要官員、王室貴族、民間領袖、宗教界或學術界的領袖等。	1在三劫的受生中，常作帝釋天王（擁有三地菩薩的福報和功德），享受殊勝神妙的五欲之樂。 2在十劫的受生中，常作大梵天王（擁有八地或九地菩薩的福報和功德）。 3畢竟成佛。	1謙卑恭敬地親自營辦、布施供養佛的舍利塔、三寶所在的僧團，還有佛陀、菩薩、聲聞、辟支佛的畫像或塑像。（得惠利1） 2若把上述布施供養的功德與惠利，不自受用，迴向給十法界的一切有情。（得惠利2、3）	第十品 詳見第252－253及260頁

法門（四）

對象	惠利	方法	出處
世間主——國王、宰相、重要官員、王室貴族、民間領袖、宗教界或學術界的領袖等。 協助世間主辦理佛事的人。	1領導辦理這件佛事的世間主，在百千次的受生中，常作轉輪聖王（擁有二地菩薩的福報和功德）。 2共同協助世間主辦理這件佛事的人，在百千次的受生中，常作世間主（擁有初地菩薩的福報和功德）。 3畢竟成佛。	1世間主親自去經營辦理遭到毀壞或破損的先佛塔廟、經典和佛像的修復工程，或者勸他人一起來辦，甚至還號召到百千人等出錢出力一起來共同參與協作。 2不論是世間主或參與協助的人，把上述布施供養的功德與惠利，不自受用，並在先佛塔廟前，迴向給十法界的一切有情。（世間主得惠利1、3；協助的人得惠利2、3）	第十品 詳見第256及260頁

法門（五）

對象	世間主——國王、宰相、重要官員、王室貴族、民間領袖、宗教界或學術界的領袖等。
惠利	1永遠不墮惡道。 2在百千次的受生中，不聞苦聲。 3在兩百劫的受生中，常作六欲天主（擁有七地菩薩的福報和功德）。 4在一百劫的受生中，常作淨居天主（擁有九地或十地菩薩的福報和功德）。 5畢竟成佛。
方法	這些世間主們，見到了老人、病人、生產的婦女，如果能夠立刻發起不捨眾生大慈、同體大悲的心，及時布施他們急需要的醫藥、飲食、臥具，讓他們立刻出離緊急的匱乏，然後依正確的因緣果報法把他們從憂悲苦惱中開解出來，帶到快樂安隱的境界。
出處	第十品 詳見第258及260頁

國家圖書館出版品預行編目(CIP)資料

地藏本願經經法研探及地藏法門對照表 / 黃勝常編著 .-- 第一版 . -- 臺北市 : 東山講堂出版 : 紅螞蟻圖書發行 , 2016.06
面 ; 公分 . -- (地藏法門 ; 3)
ISBN 978-986-80086-8-7(平裝)

1. 方等部

221.36　　105003862

地藏法門 03

地藏本願經經法研探及地藏法門對照表

編　　著 ／ 黃勝常
編　　輯 ／ 東山講堂編輯部
E-mail ／ dongshaninst@msn.com

定　　價 ／ 300 元
出版日期 ／ 2016 年 (民 105) 6 月 第一版第一刷
總 經 銷 ／ 紅螞蟻圖書有限公司
地　　址 ／ 台北市內湖區舊宗路二段 121 巷 19 號 (紅螞蟻資訊大樓)
網　　站 ／ www.e-redant.com
電　　話 ／ (02) 2795-3656
傳　　真 ／ (02) 2795-4100
I S B N ／ 978-986-80086-8-7